U0092615

書齋談往

現代中國二十學人的口述人生

陳潔 著

致謝

這組人物訪談絕大多數最初都發表在《中華讀書報》的「人物」專版上，所以要感謝該版的前後兩任編輯：趙晉華女士和王洪波先生，我懷念與他們商量選題甚至一起採訪的日子，他們卓越的專業素養令人起敬。成一村小姐在最初幾次採訪中不辭辛勞地錄影錄音，讓我深為感念。

中國社科院近代史所的呂文浩博士是我最可貴的朋友之一，他一直給我鼓勵和指導性意見，我視其如兄如友，以己庸疏，憑他指點，受益匪淺，卻從未當面表達過，也從未在感恩節問候過他。

我的同仁劉曉蕾博士直率清淺，我們關於國民性的討論給我很多快樂和啟發。摯友苗岩女士一直給予我過高的評價，而我也一直捨不得糾正她的錯誤認識。未曾謀面的蔡登山先生和林泰宏先生的工作能量和效率都給我深刻的印象。

如果說，家嚴「老夫子」、家慈「太后」（中國傳統母親的典範）是我的土壤，那麼外子「紫禁城」和犬子「秒針」就是我的陽光和雨露。我是一株幸運和幸福的小草，春來自綠冬自萎。

目次

周有光——朝聞道，夕拾貝，樂何如哉

個人簡歷

一九〇六年一月十三日生於江蘇常州，在蘇州完成基礎教育，一九二三年進入聖約翰大學，主修經濟學，兼修語言學。一九三三年留學日本，一九三五年中斷學業回國，任教於光華大學，並在上海的江蘇銀行兼職。抗戰中先後供職於新華銀行、國民政府經濟部農本局（主管四川省合作金庫）、重慶新華銀行總行。一九四五年被新華銀行派駐紐約、倫敦。一九四九年回國，任教於復旦大學經濟研究所和上海財經學院，並在上海新華銀行、中國人民銀行華東廳兼職。一九五五年調到北京主持制訂中文拼音方案，任中國文字改革委員會研究員、第一研究室主任，兼中國社科院研究生院教授，在北京大學和中國人民大學講授漢字改革課程，文革中被打成「反動學術權威」，下放勞動。一九七一年回京，一九八〇年在《簡明大不列顛百科全書》和《不列顛百科全書》中譯工作中擔任中美聯合編審和顧問委員會中方三委員之一，一九八九年離休。

主要著作

經濟金融類專著有《新中國的金融問題》、《資本的原始積累》，語言文字類專著有《漢字改革概論》、《中國拼音文字研究》、《字母的故事》、《拼音字母基礎知識》、《漢字改革概論》、《拼音化問題》、《語文風雲》、《中國語文的現代化》、《世界字母簡史》、《世界文字發展史》、《語文閒談》（初編上下、續編上下、三編上下）、《周有光語言學論文集》、《現代文化的衝擊波》、《中國語文的時代演進》、《比較文字學初探》、《人類文字淺說》等，散文隨筆類有與張允和合著的《多情人不老》、《耄耋文存》、《百歲新稿》、《朝聞道集》（一百零五歲）、《拾貝集》（一百零六歲）等。

訪談手記

繞過朝內的人民文學出版社，後拐棒胡同裏，藏著一幢老式居民樓。輕敲周老家門時，我合十拜了拜天，表示感謝。這輩子恐怕再沒機會訪問一個比我大七十歲的人了，還帶著他新寫的書。《拾貝集》是周有光送給自己一百零六歲的生日禮物。九十二篇長短文章，記錄他退休後的讀書和思考，好些篇什後驕傲地標注「某年月日，時年一百零三歲」。

一見面，我就犯了個「嚴重」錯誤，遞過去一張繁體字版的名片。然後我們都笑了。他說：「這些字我也認得。」他耳雖不聰（要戴兩個助聽器），畢竟目明，面色紅潤，精神矍鑠，能侃侃而談。說到某書，順手就能指出放在書架某處。我遵囑取了書，他很快翻到需要的頁數，指點給人看。

外電報導說，他在晚年變成了政治批評者和公共知識分子，不再受官方歡迎。而他做的，不過是介紹不丹王國的民主化做法，批評太平天國的倒行逆施，呼籲全球化時代要「重估一切價值」等。他一百零四歲時寫文章引用李慎之的話說，民主沒有階級性，也沒有新舊之分。他還懷念自己就讀的教會大學，講述中共建國後三十年的悲苦和荒誕。所有這些溢出專業領域外的言論，以前他也說的，不過現在才被人們聽到。結果他的公眾形象一夜之間變成了怒目金剛的鬥士。其實，他只是一個靜靜坐在書桌前的老人，輕言細語地說幾句「理所當然的常識」，沒有任何對抗性。

老先生的書房九平米，桌子如中學生課桌一般大小，一個角壞了，露出裏面的纖維填料。房間的地板鋪著方格子的塑膠皮，是一九八〇年代初期的那種裝修風格，塑膠皮的年紀畢竟大了，在牆角疲倦地捲著邊，還有些褪色和殘損。

在整個聊天過程中，我的視線止不住地往窗臺上飄，那兒站著一隻雪白的喜羊羊，張開的雙臂和小腦袋不停地搖擺，憨態可掬。我家小兒也喜歡喜羊羊，我總嫌棄它幼稚低級，但喜羊羊站在一百零六歲老者的窗前，卻顯得格外的嬌癡動人。我想，童稚的喜羊羊陪伴著這位早逾期頤，相期於茶的老人，這就是周老所謂的「兩頭真」吧。

周遭有光沾，就是周有光

我算什麼名人，我身邊的才都是名人，張家四姐妹在上海中國公學讀預科時名氣就大了。還有沈從文、傅漢思，大家都知道，我沾了他們的光。

我生在清光緒三十二年，經過北洋政府、國民政府、新中國，人稱「四朝元老」。上帝糊塗，把我忘掉了。這一百多年，最艱難的，是八年抗戰和十年文革。抗戰中，女兒周小禾小小年紀得盲腸炎死了，兒子周曉平被流彈在肚子上打穿五個洞，送到美國的空軍醫院開刀，才撿回來一條命。文革被批鬥時，張允和幾次想自殺。但都過去了。

我們家以前很開心的，有一次張允和跟別人講笑話，把大家都說笑了。我不服氣，說，我也講個故事，一開始講，大家笑得更厲害，原來就是剛才她講的那個。我耳朵不好，鬧笑話。現在家裏很安靜了。

人啊，得服從自然規律。（二〇〇二年）張允和心臟病去世很突然，九十三歲。半年後，三妹張兆和（沈從文夫人）也突然去世，也是九十三歲。真是晴天霹靂，我很苦悶，不知道要做什麼。我們結婚七十年，婚前做朋友八年，一共七十八年。就這個小書房，一個桌子，兩把椅子，紅茶咖啡，舉杯齊眉，大家都說「兩老無猜」，從沒想過有一天兩個人會少一個。昔日戲言身後事，今朝都到眼前來。元稹的話，現在真的來了。

後來我想起一個哲學家說的，個體的死亡是群體發展的必然條件。人如果都不死，人類就不能進化。這理論很殘酷，但是自然規律。那時我九十八歲，（二〇〇三年四月二日）半夜寫了篇文章〈殘酷的自然規律〉。我編輯整理張允和的遺作《浪花集》和《崑曲日記》，又用兩年的時間，終於感動了上帝，書出版了，是對她最好的紀念，我很欣慰。

我自己沒啥說的。我的曾祖父在常州當官，也做生意，太平軍攻打常州時，他支援清軍，提供軍餉。後來城破了，他投水自盡，家產也破了。我是五代單傳，寶貝得不得了。小時候家境一般，書倒是不少，都是文言文的，我看了不少。十歲時搬家到蘇州，我進了新式學堂。

中學畢業後本來要讀師範的，不要學費嘛。可我考上了聖約翰，大家幫著湊夠了兩百塊學費，我就去聖約翰了。坐獨輪車去的，土包子進洋學堂。大學是很美好的。那時我們都愛國，五卅慘案，學生鬧運動，反對教會帝國主義，聖約翰的學生很多都去了光華大學，我也走了。

一九二七年畢業，同學都當外交官，我沒錢，不行。隨便過了幾年，一九三三年結婚，收了兩千塊禮金，就拿這錢兩人一起去日本留學。也想去美國，可是錢不夠。我年輕時身體不好，生過肺結核，得過憂鬱症。結婚的時候，算命先生說我婚姻不到頭，活不過三十五歲。我不信，結果活了三個三十五歲。第二年，結婚周年紀念日，兒子出生。就這麼巧。

我本來在東京大學讀書，崇拜河上肇（日本馬克思主義經濟學家），就轉去京都帝國大學，我都不知道他已經被捕了。我有左傾幼稚病，跟丁聰一樣。都愛國，都相信共產黨真的會搞民主。左傾幼稚病幫了共產黨很大的忙。在國外的都回來了，我也是一個。在美國時，我是銀行高級職員，中美兩邊都給我錢，每年有旅遊，條件很好。一聽說解放，就回來了。我算是幸運的，（一九六九年冬）下放到寧夏平羅的五七幹校，勞動了兩年多，我帶各個語種的《毛主席語錄》去做比較研究。我會英法日語，還有漢語。勞動對健康有好處，百治不癒的失眠症居然好了。在農村褲子破了沒法補，我就用橡皮膠布貼上。聶紺弩看到了，作詩說：「人譏後補無完褲，此示先生少俗情。」

所以，我算是好的，跟我一樣回國的人，很多都倒楣得很，我認識一個在美國聯合國當醫生的，待遇好得不得了。回來成了右派，死在牢裏。那麼多人回來，情況都不太好。現在不同了，倒過來了，中國人都喜歡往美國跑。這沒啥不好。全球化時代了，我們的世界觀和國家觀都要改變了。以前我們是從國家看世界，現在要從世界看自己國家。二戰後，我們小學有篇講愛國主義的文章，叫〈最後一課〉，現在不應該提倡這樣的愛國主義了，要不德國人也愛國，法國人也愛國，打起來會沒完沒了。狹隘的「愛國主義」不好，現在要提倡「愛人類主義」。

欲問平生功業：金融、拼音、簡化字

我前半輩子搞經濟、金融。解放後取消了「經濟學」，只有「政治經濟學」，用的都是蘇聯的教材。人民大學請蘇聯經濟學教授來上課，他一上來就大罵凱恩斯。學生說，我們不知道什麼凱恩斯，您給介紹一下吧。他說，我不能介紹，介紹就是為反革命宣傳了。所以不介紹，只批評。院校調整，華東十四個大學的經濟系和經濟研究所，都合併到上海財政經濟學院，當時不知道為什麼，「反右」以後知道了，便於一網打盡。上海經濟研究所所長沈志遠是新中國成立前唯一一個從莫斯科大學回來的，馬克思主義經濟學家，自己人，那時自殺了。還有很多教授成了右派，改造二十年，平反回家都老病無能了。

我是運氣好，一九五五年讓我來北京參加全國文字改革會議，會後就留下來工作了。反右時，上海主要就是搞經濟學界，我躲過去了。張允和到北京後，在人民教育出版社當歷史編輯，「三反五反」打老虎，她莫名其妙成了「大老虎」，氣得回來當家庭婦女、讀書、跟俞平伯一起辦北京崑曲社。幸虧回家了，後來的運動也躲過去了。還有抗戰在重慶的時候，我坐滑竿下班回家，一個炸彈在身邊炸了，旁邊的人都死了，我飛起來掉到溝裏，沒事。都是運氣好。

我們有很多說法不對，說資本家只剝削剩餘價值，不對，他們也創造價值，資本家有三種功能，創業、管理和發明。按馬克思主義搞的國家，經濟都一塌糊塗。另外，說中國人重精神而西方人重物質，中國學術長於綜合而西方學術長於分析，也不對。中國生活是缺乏物質，中國學術是短於分析。但西洋生活並不缺精神，學術也不短於綜合。不要用自我安慰來欺騙自己。

現在對於拼音基本上已經沒爭論了。中國的拼音，最早是利瑪竇用拉丁字母為漢字注音，後來經過傳教士改良。早期的中文拼音以南京官話為藍本，後來才開始拼北京官話和廣東話。一八六七年，英國駐華公使湯瑪斯・威妥瑪創立了一套威妥瑪拼法，影響很廣，流行了一百多年，現在臺灣用的就是這個，一批有影響的華語辭彙，功夫（Kungfu）、太極（Taichi）、道教（Taoism）、易經（I Ching）、清明（Chingming Festival）、宮保雞丁（Kungpao Chicken），還有清華、北大的校名（Tsinghua和Peking University），臺北（Taipei）、臺中（Taichung）和高雄（Kaohsiung）都是威妥瑪拼音。

但現在國際上普遍承認和使用的還是中文拼音，獲得國際標準（ISO7098）認證的。那個會是我去開的（指一九七九年國際標準化組織在華沙召開的文獻技術會議，一九八二年投票，認定中文拼音方案為拼寫漢語的國際標準）。臺灣現在也開始建議大家使用中文拼音。中文拼音好啊。衣食住行信，資訊，人生五大需要。現在手機發簡訊，用的就是拼音。我一百零三歲自創了一個手機段子「手機時代，人手一機。拇指微動，簡訊遠飛，我打拼音，你看漢字」。

當然，拼音是幫助漢字，不能取代漢字。不是說技術上做不到，是從歷史、文化和習慣來說不可能。我們以前開玩笑，說英文是象形文字，bed就像一張床，eye畫的就是兩隻眼睛，中間夾著個長鼻子。其實英文是全音素文字，漢字不能是。從清末到民國，到今天，還有人在討論用拼音取代漢字，不，五百年也不可能。拼音文字技術性強、藝術性弱，跟漢字正好相反。中國人還是審美的，始終不會拋棄漢字的藝術性。

簡繁體字改革現在還有爭議。文字改革也好，拼音文字也好，有三個層面：群眾文化運動、學者研究和國家政策。學者討論怎麼說都行，但作為一個國家的政策規定，就不同了。中國有《語言文字法》，簡體字是法律規定，規範字要有國家標準。我們小時候，看的字和寫的字不一樣。看到的是楷書，寫出來的是行書。書法家還可以創造不同的寫法，一個字有很多寫法。這個以前是可以了，現在不行了，為什麼？因為第一，用電腦了，漢字字形要規範統一。第二，以前是少數人讀書，現在讀書人多了，一人一個寫法，還不亂套了？所以我們的規範字要有標準。

搞漢字簡化時，我們確定了需要規範的七千個通用漢字，其中只有兩千個字存在簡化問題。一九五六年公佈（規範字）時就說，我們的原則是「述而不作」，大家都以為我們在簡化漢字，亂改，其實我們沒有創造過一個字，都是從各種草書裏選的簡化字，一共五百來個，少數字有所修飾。

那個書架第二排，左邊，對，那本語文出版社的《簡化字溯源》，作者（之一）張書岩是我學生。你看看就知道了，收集了四百八十二個簡化字和十四個簡化偏旁的來源，一百八十四幅圖，都是古代碑拓和文物上的簡化字，你看，簡化字改革並不是光我們在搞，也不是當代才有的，從甲骨文開始就有繁簡之別，「漢」字的簡化體「汉」，東漢就有了。簡化的「书」字出現在居延漢簡和敦煌漢簡裏。簡化字絕大多數都開始使用於古代，王羲之就經常寫簡化字。還有大家常說的「後」與「后」之別，「王后」「皇后」才用「后」，表示時間和位置靠後的「後面」「後來」「以後」應該是「後」字。其實並非如此，《大學》一開篇就說，「知止而后有定，定而后能靜，靜而后能安，安而后能慮，慮而后能得。」連著五個都是簡化的「后」字。現在有的老先生提倡讀古書要讀古文、原文，什麼是原文？《論語》的原文是魯國古文字，早就被秦始皇廢掉了，曲阜的壁中書漢代就已經沒人認識了。刪繁就簡是一切文字發展的規律，漢字也不例外。馬寅初反對簡化字，可他根本就是外行，有些政協提案反對簡化字，也是舊腦筋。

簡繁體字之所以有爭議，一部分是政治原因。簡化字運動以前是文化運動的一部分，從五四時期就開始了。蔣介石早就在搞簡化字改革，他簡化了三百來字，在國民黨內部被反對得不得了，就沒弄了。後來我們在他的基礎上，再加上兩百字。就簡化了這麼多。國民黨在臺灣，本來還要簡化字的，可是見我們搞了，他們就反對，全面保留了繁體字，他們叫正體字。其實這只是政治態度，我們是敵人嘛，凡事敵人做的，我們就反對。

被動讀書，主動寫書

我以前看的主要是專業書，八十五歲退休回家，才開始補課，看書、讀報、寫雜文，就是要一點點求「真相」。考古不易，考今更難。年輕時天真盲從，老了開始探索真理，這叫「兩頭真」。人老了，活一天少一天，我反過來想，從八十歲開始從頭算起，多活的每一天都是賺的。九十二歲時，一個小朋友送我賀年片，寫：「祝賀十二歲的老爺爺新春快樂！」

退休後寫的這些書都是休閒讀物。我老了，沒法去書店，現在看書都是「被動看書」，美國、香港的親友寄給我什麼，我就看什麼。看到好的就摘抄下來，有感想就順手寫幾筆。都是零碎文章，寫了給人看著解悶。

有一次我看到軍事作家劉亞洲的一句話，「美國是由千千萬萬不愛自己祖國的人組成的國家，但是他們都很愛美國。」很震驚，就記下來。二〇〇二年《群言》上文章說，五四和新文化運動時期並沒有提出「打倒孔家店」這樣激烈的口號，只是胡適在一九二一年給《吳虞文集》作序時，誇吳虞是「隻手打倒孔家店的老英雄」，其實吳虞不僅沒全盤否認孔子，還說過「不佞常謂孔子自是當時的偉人」。我要把這歷史誤會廣而告之。丁力勞改時寫的打油詩「讀書要紅的，幹活要重的」、「寶書天天讀，思想夜夜查。私字一閃念，給它幾釘耙」，我也記下來。九十八歲時，我還用標準的八股文，寫了篇〈學習「與時俱進」〉的文章。

生活條件不重要的。我剛調到北京，住在沙灘老北大校內，一所民國初的小洋樓，原來是給德國專家的，算「名勝古蹟」，但很破舊，不合適居住。我家五口人住其中的兩間半，我寫過一篇〈新陋室銘〉：

房間陰暗，更顯得窗子明亮；
書桌不平，要怪我伏案太勤。
門檻破爛，偏多不速之客；
地板跳舞，歡迎老友來臨。
臥室就是廚房，飲食方便；
書櫥兼作菜櫥，菜有書香。
喜聽鄰居的收音機送來的音樂；
愛看素不相識的朋友寄來的文章。
使盡吃奶氣力，擠上電車，借此鍛煉筋骨；
為打公用電話，出門半里，順便散步觀光。

房子小是小，照樣過得開心，心寬室自大，有書無齋也沒關係。老伴去世後，我晚上就在沙發上屈腿過夜，不再回臥室了。

二〇〇三年底，我去醫院檢查身體，住進病房不到五分鐘，主治大夫就發了份「病危通知單」，我有個習慣，到一個新地方先檢查一下防火通道之類的，以便突發情況時能夠應對。結果我正在看消防通道，七八個護士醫生到處找我，把我抓到病床上，平躺，不能動。我要他們別著急，慢慢來。她們都很緊張。那年我九十九歲生日就在醫院裏過，醫院送我一個大蛋糕，一大盆花。我成了觀賞動物，大家都跑來看我這個高齡的稀有品種，說我好嫩的面相，應該是吧，我九十七歲去體檢時，醫生以為我老糊塗，寫錯了年齡，自作主張給我改成七十九歲。說明我不顯老。大家來參觀，我就隨便給人看，我是大熊貓嘛。

人生是一場長跑，不要太在乎。來時迎，去時送，萬事順應自然，莫要勉強。

張中行——流年碎影，都付順生瑣話

個人簡歷

一九〇九年一月七日生，河北香河（今天津武清區）人。一九三一年畢業於通縣師範學校，考入北京大學中文系，一九三五年畢業後，先後在天津中學、保定中學、貝滿女中、北京大學任教，曾任佛學雜誌主編、副刊編輯。建國後長期供職於人民教育出版社，從事中學語言教材的編輯，退休後任人民教育出版社特約編審，直至一九九七年。二〇〇六年二月二十四日去世。

主要著述

人稱「雜家」。一九八〇年代開始散文創作，出版散文集《負暄瑣話》、《負暄續話》、《負暄三話》、《禪外說禪》、《說夢草》、《順生論》、《流年碎影》、《望道雜纂〈順生論〉外編》、《鄉園舊夢》、《步痕心影》、《月旦集》、《橫議集》、《散簡集存》等，另著有《文言與白話》、《文言津逮》、《詩詞讀寫叢話》、《佛教與中國文學》、《作文雜談》等，收錄於《張中行作品集》六卷。與啟功、金克木合著《說八股》，主編及參編的著作有《文言常識》、《文言文選讀》（三冊）、《古代散文選》（三冊）及中學通用語文教材等。

訪談手記

老實說，我並不忍心採訪張中老。不忍之一，長者宜靜養，不耐俗世中人橫加擾亂。而人間最堪傷者，「美人遲暮英雄老」而已，所以周作人念念不忘「壽則多辱」。況且我以景慕之心，見衰弱之人，相見實不如不見，此二不忍。

但我到底還是去了，在春節前一周。穿過醫院長長的走廊，依稀記得十多年前，第一次邂逅先生的文字，說老北大的衣食住行、奇人異事，文氣散淡飄逸，平和中庸，驚為天書。後來，在中華書局的一次會議上，第一次見到先生，他已垂垂老矣，卻雅達如故，記得他與吾儕小輩說話，也必定站起身來，且輕言細語，好似怕驚擾了他人一般；記得他把飯吃到最後一粒，碗如洗過一般乾淨；還記得他長得出奇的耳朵——在佛教中，這每每是高僧大德的表徵

——而他的眼睛也未必忒小了。

再後來的幾次接觸中，才知道他的軟語溫言也可作獅子吼，才知道他於慈眉善目之下，對人間還有「決不寬恕」的怒目金剛，對人生還有斷不回頭的決絕。聽他坦言過平生憾事，婉道過人間百態，包括他的情事家事，才知道，必要諳熟透了方內，才能真的超然方外。

先生到晚年（八十歲上）才「暴得大名」，人稱「老旋風」，竟至今不衰。古人有言：仁者壽。誠哉斯言。人壽文亦壽。

今天的先生靜臥床上，身體各個器官都運轉正常，令人不敢置信的是，醫生說這個剛過完九十七周歲生日的老人，「身體沒有任何毛病」。他卻固執地滴水不沾，像辟穀的高僧。家人和看護人員耐心地哄他：「喝點水，就一點，好不好？」他固執的搖頭，乾脆把杯子端到他嘴邊，他緊緊地抿著嘴、咬著牙、擺動頭部、再用手推開。

他的身體也在拒絕外物，營養液通過靜脈輸入，卻不吸收，手腕上鼓了好大一個包，換隻手再打吊針，還是一樣。

他就這樣躺在病床上，身上插著管子，薄得像一張紙，和窗外的冬雪一樣明亮而安靜，無聲無息，無欲無求。我當時就想到禪林裏的很多高僧，俱是預知了自己的大限，摒退左右，絕食枯坐，獨自面對終點。我自來就是怕死鬼，那一刻，心裏卻於淒婉中升起肅然莊重。

張中老是所有被訪人中，唯一沒有對我講述的一個。張老的四個女兒，張靜、張文、張采、張瑩，輪流看護在側。在照顧老父親的空檔，她們零星地說到父親，先生在一旁，似聽非聽，一直懶怠說話。但過了一段，他用枯瘦如柴的右手筆劃著，示意要坐起來。坐下後，他點點我手裏的書，那是我行前特意從書架上取的一本《詩詞讀寫叢話》，他自言自語地念叨著我的名字，給我簽了名。我應該是行公生前最後一個採訪他的人，他給我題的字，或許也是他平生寫的最後幾個字。

二〇〇六年二月二十四日上午的陽光稀薄而渾濁，我在風中接到電話：行公溘然長逝了。恩怨如風文如山，斯人已駕鶴歸去。

並不吃驚，但還是覺得突然。年後，張文還在電話裏說，她們全家在醫院過了年，挺好的，已經給行公做了皮下靜脈埋管，再不至於出現打不進針導致營養嚴重不良的情況了，人也比我看見的那時胖了一點，潤澤多了。我不禁為張老高興，以張老的恬淡性情，便是茶壽也不為過的。

哪裏知道，天地到底不仁，先生終究仙逝。他直到生命的最後一刻仍然意識清醒，而且安詳平和，只是一貫地默然。也許對他來說，沉浮恩怨都隨風，不留片語在人間。

行公簡易的靈堂當天就在他家搭起來，不斷有人前往悼念。送去的花圈中，有部分是以紅色系為主花的。據說這是有講究的，上了七十，花圈裏才能配紅色。說起來，行公是真正的壽終正寢，可謂「喜喪」。

行公一生，概而言之：讀書、買書、編書、寫書而已。書以人立，人以書名。紀念行公，自然也離不開書：書裏的人生，書外的世界。所以，我把兩篇文章都收錄於此，張文談父親的口述文章，和〈書裏書外張中行〉的紀念文章。

老實說，我們不算很瞭解父親，或者說，我們眼中的父親跟外界宣傳的那個人不太一樣。父親的很多事情，我們還是通過各種媒體才知道的。而我們記憶深刻的事情，媒體可能並不關心。我們現在收集父親發表的文章、別人採訪他的文章，有一大摞呢。

父親的人生：平淡中有坎坷

父親生在一個普通的農家，他的名字有點來歷，本來他叫張璿，學名張璿，他的字「仲衡」是小學老師劉秀才給起的，是《尚書》的典故：「在璿璣玉衡，以齊七政」。北大畢業後，他去掉「仲」的人字旁，「衡」字中間的魚，減縮成了張中行。其實「中行」兩個字也是有典故的，《論語》說「不得中行而語之，必也狂狷乎」，還有《易經》的「中行無咎」，父親還刻過這方閒章。

父親的人生經歷總的來說挺簡單的，年輕時一直讀書，北大畢業後在貝滿女中等學校教書，四〇年代，他還幫巨贊編過《現代佛學》雜誌，後來巨贊出國了，他就代主編工作。《現代佛學》就是現在的《法音》，中國佛教協會的刊物。建國之後，他在人民教育出版社一待就是近半個世紀。

父親在「文革」中吃過一些苦。父親雖然出生清貧，卻被定了個「富農」成分，開始是跟隨單位的人一起發配到安徽的鳳陽幹校勞動改造。還挨過批鬥，因為他夜裏看星星，別人說他是想變天。還有一次是挑水的時候把水桶掉井裏了沒撈上來，是破壞「抓革命，促生產」，還有他喜歡唐詩宋詞，不鑽研紅寶書，也挨過批評……

一九七一年五月底，他剛從幹校回來，就接到命令，要他回香河老家，可老家早就沒地方住了，本來這是個很好的藉口，可以不離開北京的，可是說起來我們當時也真是單純，就是很傻，催著逼著鄉下趕緊把房子搞好，十月他就一個人回了香河。當時張瑩大學畢業剛結婚，在唐山勞動鍛煉，送他去的，到了後給他挑滿一缸子水，也不敢久留，當天就回來了。

那時候他已經快七十的人了，老家並不要求他幹活，但他自己出門常撿了糞送到生產隊積肥。父親一個人住在農村老家，生活是很艱難的，他用煤油爐自己做飯，不像別的農家那樣燒炕，冬天就很冷、老鼠又多。就是這樣，他還寫了不少詩詞。說是樂觀吧，也談不上，他就是安靜，凡事心平氣和，整個人生都看得透，不管有什麼狀況他都能接受和順應。

他在幹校的時候還有工資，我們每月到人教社在北京的留守處去領，記得朱光潛的夫人就在留守處工作，每次把錢交給我們還要囑咐一句：「拿好錢啊，別丟了。」可是父親回香河就沒有工資了，戶口都打回去了，不過還吃商品糧。按照那時的政策，攝氏四度是一個界限，只要氣溫低於四度，他才能回北京，住在張文的家裏，每次回來我們還要趕緊去辦臨時戶口，而且臨時戶口有效期只有三個月，要是超過了，必須當天去續，否則被查出來就不得了了。現在想起來，當時都不知道怎麼過來的。

一九七七年，父親終於回京。八十多歲時，我們才想起他在人教社工作了幾十年，怎麼都沒分房子，這才去要。於是在燕園分了一套三居，很普通的，用父親自己的話說，只有「頂棚一張，牆四面，地一片」。在這之前，他一直跟我家一起住，都想不到向單位要求什麼。不過，單位對他也是蠻好的。

父親的家教：身教重於言傳

對我們來說，父親的身教重於言傳，他對我們的教育是西方式的，完全自由開放，甚至放任不管。他從來不參加我們的家長會，我們讀幾年級他都不記得。我想，要是我留級了估計他都不知道。在家裏，他和我們非常平等，大家都很自由。

父親很重情。他一九三六年跟母親結婚，「過起了用小煤火爐做飯吃的生活」。父親總說母親人好，忠厚善良，能忍耐。他們的感情很深。父親寫過一句詩，「添衣問老妻」，大意是他吃飯不知饑飽，老妻不給他盛飯了，那就一定是他已經飽了；穿衣不知冷暖，老妻沒有給他添衣，就說明他是暖和的。他們就是這樣的彼此相愛，生活和諧美滿。母親去世後，我們一直瞞著他，說母親在醫院裏。前幾天他自己人在醫院裏，還跟人說，他出院後還要寫散文出書，掙稿費給妻子看病用。

要說起他的善良，故事就多了。有一次他的一個同事被偷了，很難過，父親知道後，就給了他被盜金額的一半，說，就當是我們兩個人都被偷了。我還記得父親有一次抱了隻貓回來，說牠被丟在外頭怪可憐的。回到家才想起，要是這貓原來有主人，找不到怎麼辦，於是又趕緊出去貼條，說一隻什麼什麼樣的貓在誰家。這樣的事常常發生，我們家養過很多流浪貓呢。

對貓尚且如此，對人就更不用說了。父親對人很好，有人總結說，他是對朋友熱情，對保姆客氣，對子女嚴厲。對於向他索字、要簽名、要書的人，他不但來者不拒，還常常自己裝裱好了才送人。他常常上午寫字，下午題款，說是「還文債、字債」。不但如此，他還幫別人向啟功、金克木他們索墨寶、要簽名，金克木一般不給人簽名的，他就把筆硬塞到人家手裏，命令他「簽」！可是他從來不為我們向別人索墨寶，他自己的字也不給我們，他說他是天生的左撇子，字寫得並不好，但別人向他要，他不能拒絕。久而久之，我們也知趣了，不找他求字畫，所以到現在，我們家都沒有什麼名人字畫。

曾有中學生給父親寫信，說很喜歡他的書，但是沒錢買。父親認為他很誠實，把書寄給他。他這樣給很多人寄過書，他常說，人家是我的讀者，肯花時間、花錢看我的書，應該感謝人家。但也有人寄了錢來，說買不到他的某一本書，要他代買，他就很生氣，說我又不是賣書的，把人家的錢退回去了。

父親做人很實在，也很節儉，出去吃飯總要打包。他有些言論，我們從別的渠道知道後都會很吃驚，比如唐老鴨（唐師曾）回憶有一次父親考他，說根據聯合國統計，女人的平均壽命比男人多五歲，為什麼？唐老鴨答不出來，父親就自爆謎底：「為了讓男人死在自己女人的懷裏」，他曾說過「從一而終是社會的要求，不是自然的要求」，還曾把婚姻分成「可意、可過、可忍、不可忍」四類，我覺得不是真正的性情中人，是說不出這樣坦蕩率真的大實話來的。

父親的古文造詣很深，反正他寫的很多東西我們是讀不懂的，但是父親一點都不老朽，我們小時候和讀中學的時候，他常常給我們講自然科學知識和愛因斯坦的故事，帶我們認星星，我們現在還記得，父親說宇宙是「有限無邊的」，我們都覺得很難理解，不知道他在說什麼。他到老了還關注新事物，跟得上現代科技，比如一九九九年世紀之交的時候，「千年蟲」說得很厲害，他就挺在意的。他還是個有生活情趣的人，他喜歡書法、喜歡收集硯臺、喜歡考古、喜歡戲曲，還喜歡喝點小酒。他在北大我家裏住的時候，常去圓明園散步，總會帶一些小石頭什麼的回來，洗乾淨了，後頭寫上字，磨一磨作硯臺用。別說，還挺漂亮的。我們出門就發現不了這些瓦礫石頭。

父親的思想：教育的成功在於讓人不信

父親常說，教育的成功就在讓人不信。外界對他的評價很多，什麼雜家、學者、語言學家，但他認為自己首先是思想家，因為他一生清醒、不糊塗、不盲從，或者說，就是不信，凡是都存疑，就不容易受騙。他曾告誡年輕人要「多念書，少信宣傳」，還推薦羅素的《懷疑論集》。他自己說他是羅素的懷疑主義和康德理性主義的結合。

父親一生都很懷念大學生活，他總說老北大比新北大好，因為老北大讓人疑，新北大只讓人信。我們家三代一共有八個北大人，但除了他，只有小女婿一個是學文的。

父親做學問的面很寬，但主要從事的是文史、語言、研究。自大學高年級起，他就對人生哲學感興趣，一直思考，後來專門寫過本《順生論》，就是他對人生總的看法，他說那是他花力氣最大寫的一本書。

說到民族的優劣性問題，父親曾提出過一個簡單的標準，就是把一個無辜的人綁起來，讓別人可以隨便打，打了白打，看有多少人會動手。殘害同類的是糟糕的民族，只有寧可自己挨打挨罵也絕不打人罵人的，才稱得上優秀。

父親平生的理想很簡單，他自己曾說，他一不做官，二不發財，就是希望做點學問，看點書，寫點書，安安穩穩的過小民適然的生活。如今，父親已經過了九十七周歲生日，就前幾天，他還是沒怎麼說話，但下了地兩個來小時，高高興興的。他現在就是不肯吃東西，很怪的。我們都希望他能健康長壽，因為，不管他是不是國寶，他可是咱家的寶貝。

書裏人生

行公編書

一九五一年，葉聖陶擔任出版總署副署長，有編教材的任務，需要人手，經教會學校貝滿女中校長陳哲文的介紹，張中行被調到出版總署工作，擔任編輯工作，具體任務是編中學語文教材。他就此開始了長達近半個世紀的編書生涯。在散文創作出名之前，他一直默默無聞地從事語文教材和文史讀物的編寫工作，曾主編《文言常識》、《文言文選讀》（三冊）、合編《古代散文選》（三冊）、《文學讀本續編》等，因為歷史的原因，多數都沒有公開署名。

行公初到出版社的工作任務是編高中語文教材。他語文功底深厚，加之工作認真，他編輯的書質量都很高。當時葉聖陶具體分管教材編輯，他通文史，又有事必親躬的習慣，凡是語文、歷史方面的書稿，都要親自細心審讀，發現不妥的地方就親自動筆改。而凡是出於行公之手編訂的教材，他都非常滿意，基本上沒有改動。

因為長期的工作原因，也因為個人志趣所在，行公始終關注語文教育問題。他認為學語言的秘訣只有一個字：熟，不斷重複，熟就能生巧。他曾告誡教材編者和教師，不要對教材抱太大的奢望。最好的態度是僅僅把課本當作範例，不要讓學生以為學習課本上那一點就夠了。而且，在語文學習中，語法等語文知識的作用並不大，主要是靠熟練而不是靠知識。

但是強調多讀多寫，以學生為主，教師為輔，要實行起來有困難，一是讀物供應不足，二是師資問題，三是學制需要大變。相對於教材而言，行公更注重語文教育的師資問題，他曾表示，教師高明，教材再差甚至沒有教材也能把語文教好。

行公對於編輯教材有相當的使命感，他曾說，編教材是一件苦差事，卻是關係到子孫後代的大事。他在選擇可以當作範文編入教材的文章時是非常精心的，也比較開放，他認為課本應該好壞文章都選，好文章告訴學生為什麼好，以期「取法乎上」；多病的文章「作用相反，教學生如何避忌」，另外，他還很推崇古文和古典詩詞的閱讀學習。

本著將上課由照本宣科變為陪讀陪寫的教育理想，行公曾編寫過很多課外讀物，以彌補

「讀物供應不足」的問題。比如八〇年代早期的《文言文選讀》。三冊由淺入深，每一本都按照歷史順序，排定一百八十個題目，三百篇文章。行公在選文時力求方面廣、質量好、可讀性強，不僅注解詳細，而且重點在「解說」中評介古籍，以期學生在讀了這三本書後，還能夠有興趣找別的相關圖書進行更廣泛的閱讀。行公為了激發學生對語文閱讀的愛好，可謂煞費苦心。

但是，因為特殊的歷史原因，行公對語文教育、教材編寫的眾多有建設性的意見和想法並不能付諸現實。如一九六二年，人教社中學語文編輯室編完了《古代散文選》中冊，其中選了文天祥的〈指南錄後序〉。在送呈某部審查時，部長卻說要選〈正氣歌〉。他只想到了政治第一，而沒有想到〈正氣歌〉根本就不能算散文，可是當時竟然沒有人敢去提醒。於是，「散文選」中卻收了一首五言古詩。

一九九八年前後，社會上興起了關於中學語文教育的大討論，而其中語文教材編寫的改革是爭論的焦點。行公對此一直比較關注，他還不顧年時已高，參加了一九九九年四月人民教育出版社中學語文編輯室召開的「語文教育與語文教材研討會」。

行公為人謙和，和共事們相處頗為融洽。比如他與同事蔡超塵合作得很好，工作中沒有什麼爭執，每每一本書很快就編完了，順利通過審查。張厚感是六〇年代北大中文系的學生，與行公共事多年，在《詩詞讀寫叢話‧前言》中，他寫到行公「有詩人和哲人的氣質，有悲天憫人之懷，屢說『愛國不在人後』。看電視，喜歡動物世界；遇到精彩的足球比賽，即便午夜進行，到時也會一骨碌起來。」

也許是因為飽受老北大精神和西方民主思想影響，張中行先生崇尚自由和容忍，他說：「心裏有所疑就說，是自由；聽者不以為忤，是容忍」「對不同意見，我一是尊重，二是歡迎，三是未必接受，四是決不爭論。」表現在編輯工作中，就是對作者非常尊重，他一般不輕易改動作者的原稿，他曾說自己：「沒有萬分把握，不改人家的稿子。」（而後來張先生自己的稿子卻每每被編輯任意刪改，如把「娑婆」世界改為「婆娑」。殊不知前者是佛家術語，指眾生煩惱的大千世界，後者是描述舞蹈的形容詞。還有編輯望文生義，將他文章所引的《詩經》典故「七月流火」改成了「赤日炎炎，酷熱難當」。）

行公寫書

行公說到自己寫書撰文時，總是很輕快，聲稱「趁著閻王爺下海經商，忘了我這老頭子的功夫，忙裏偷閒再寫點東西。」其實他寫作極其嚴肅，堅持「忠於寫作，不宜寫者不寫，寫則以真面目對人」。用張厚感的話說，「行公一介寒士，半生坎坷，而晚景見晴；還是老習慣，不卑不亢，不欺世，不媚俗。他活得超脫而充實，有滋有味。低頭念書寫作，抬頭望星月風雲。餘暇練練字，玩玩硯臺，會會友朋。一日三餐要求不高，有時喝幾口老酒。」日本東京大學北京代表處代表、特任教授靳飛曾在行公生前為其撰擬輓聯「知堂法脈同宿命，楊子歧途歎順生」，並於行公病榻前誦讀，行公亦不以為忤。正是有了這樣恬淡的心態，行公筆下才能龍走蛇遊，文思泉湧。

行公文革後從「發配地」香河老家回到北京，寄住在北大朗潤園二女兒的家裏。當時家裏人很多，住得很擠。行公每天早上散步鍛煉之後，就坐在一個小板凳上，以一個方凳為桌子，開始趴著寫作，一寫就是一上午，中午休息一會兒。他規定自己每天要寫兩千到三千字。他不會電腦，也沒人幫助整理稿子，但他寫東西很少改動，常常是一氣呵成，文稿很乾淨。後來條件好了，他有了自己的房子，還能比較舒展地寫字寫稿了。

行公的文章有五四遺風，啟功對行公的《流年碎影》評價甚高，說是張中行的自傳，而且是「寫思想的自傳」。「一般的自傳都是寫事，張先生的自傳卻是寫思想。」張厚感曾感慨行公「動手晚了」並表示惋惜和遺憾。行公聽了沉默片刻，輕輕的說一句：「那時能寫嗎？」

相比而言，行公對自己著作的「經濟效應」卻一點都不關注。二〇〇五年的十月，中華書局編輯樊玉蘭告訴他，《詩詞讀寫叢話》銷售情況很好，馬上就要重印了。行公卻頑皮地眨眨眼說：「我的書還有人讀？沒讓你們賠錢嗎？」被人問到他的書有什麼用時，他總是幽默道，他的書最大的用處，就是讓讀書人多耗費一點錢。

除了散文，行公還喜歡作古詩詞，有代表作《說夢草》為證。他稱自己當初是「吃飽了，閒著沒事」就寫起詩詞來了，學著謅幾句古詩詞是很苦的，但是如果能得到甜的回報就不苦了。佳人高興了，付出的努力就值了。哼哼幾句古典的詩詞，騙現在的佳人，也能騙上。寫情詩來幾句古詩詞，比翻來覆去「我愛你」這樣的大白話要好些吧？

行公的女兒曾說，寫作是父親的生活方式，是一種需要。直到一個月前，他還曾與看護聊天，說，等自己病好了，還要再寫點文章，稿費給老妻治病（行公的妻子二〇〇三年去世，家人怕他受刺激，一直瞞著他。）看護問他寫什麼，他說，還是寫散文吧，散文讀者愛看。他對於人生的祈願，除了男女之情，恐怕也只是繼續寫文章而已了。

書外人間

編行公的書

行公最重要的兩本書：《順生論》（用力最多）《流年碎影》（最完整的「自傳」），都是白樺責編的。白樺與行公有十多年的忘年之交。說起來，白樺第一次編行公的書還是「無心插柳」之舉。九〇年代初，白樺供職於鼓樓西大街的中國社科出版社，而行公作為人民教育出版社的特約編審，每週去沙灘北街上兩天班。正好是白樺每天騎車上下班的必經之地。遇到行公上班的日子，白樺總早點下班去他那裏小坐。

白樺回憶說，大概是一九九二年冬天，一次聊天時行公說起他有本寫了幾十年的書叫《順生論》，最近被出版社退稿了，原因是「沒有引徵馬列主義的言論」。白樺好奇地要求看看，結果一看就難以釋手了。《順生論》很快作為一九九三年的重點書推出，在讀書界廣獲好評，被譽為「最有價值的人生哲學著作」和「現代版《論語》」，市場表現也很好，初印的一萬冊很快告罄，又連印了好幾版，風靡一時。行公很高興地贈了白樺一本《順生論》，並題簽：「無其鼎力此作難面世也」。

此後，他們開始了一系列愉快而有意義的合作，白樺先後策劃出版了《流年碎影》、《散簡集存》和《張中行作品集》（計畫八卷，已出六卷）。白樺說，他最敬佩行公的就是他清醒不糊塗、敢於說真話的耿直風範。

行公於二〇〇五年與中華書局簽訂的再版《詩詞讀寫叢話》、《禪外說禪》、《順生論》的合同，是先生生前最後簽約的出版合同。樊玉蘭就是這三本書的責編。她說，二十四日一早上班，得知行公謝世的消息後，整整一天，她只是不停地到出版部查看今天就要發印的《禪外說禪》、《順生論》兩書的正文片子，去美編室商量兩書封面的最後改動和用紙，和市場部、發行部討論張先生三部著作的整體營銷方案……這兩本書，再過幾天就可以漂漂亮亮、乾乾淨淨躺在我的面前了。而她的內心，卻一直無法在忙碌的工作中得到少許的平靜，先生的表情，先生的面容，先生說話的語調，彷彿就在眼前，就在耳邊。

就在行公去世前三天，即二月二十一日，樊玉蘭還見了先生最後一面，她去醫院送還用於新版《禪外說禪》和《順生論》的照片，當時行公已經患了肺炎，正在輸液，明顯瘦下去，喉嚨裏發出艱難呼吸的嘶啞聲。樊玉蘭印象中的行公，是一個講究禮節的平和的文化老人，一個認真坦誠的謙謙君子，更是一個可愛的孩子氣的老人。他很有老式文人的講究，比如有客人來，他必不肯拄四角拐杖，而一定要獨立迎接。即使是在醫院床上的時候，也要催促家人將他扶起身來，穿好外衣，坐在沙發上跟客人說話。

樊玉蘭真誠地希望大家都靜下心來好好讀讀行公的文字。她說：「大家都說張先生是文化老人。文化老人是什麼樣的？對先生最好的瞭解，不是來自媒體的介紹和家屬的描述，而是對先生文字作品的閱讀。先生的語言平淡而有意味，《詩詞讀寫叢話》、《文言津逮》等許多古典文學知識讀物在愛讀書的人中間流傳，而《禪外說禪》、《順生論》等講述人生哲理的書，最適合我們在心浮氣躁的時候讀一讀，漸漸平復下來，重新想想我們生活的目的。」

寫行公的書

行公一生最大的成在其思想成果、國學修養和散文創作，而最為人津津樂道的則是他與楊沫半個多世紀的恩怨情仇。對此兩人都有過回憶文字。

一九三一年，二十出頭的北大學生張中行與十七歲逃婚在外的楊沫相識。當時的張中行已經在家庭的安排下與一個相貌平平、裹腳不識字的沈姓舊式女子結婚五年。楊沫在張中行的幫助下前往河北香河縣立小學教書，不久回到北京，兩人開始同居，這是兩人都彌足珍貴的炙熱初戀。楊沫很快懷孕，她感覺到張中行對她的冷漠，搬出去獨居，並獨自在小湯山生下一個男孩萍，孩子寄養在農村，一歲多時死於白喉病。對楊沫來說，這是她終生不能釋懷的一件事，她到了晚年還曾把自己比作《復活》裏的瑪絲洛娃。張中行卻曾對他和楊沫的女兒徐然解釋說，「當時生活艱難，加上她懷孕就更困難，心情沉重，你媽就以為我負心，冷淡了她……」

後來張中行和楊沫又一起生活了五年，其間楊沫與革命青年馬建民相愛，同時受妹妹白楊影響，於一九三六年離開張中行，當時她已經懷著他的第二個孩子，就是徐然。（馬健民和楊沫一起生活了近半個世紀，生育了一個男孩馬波（老鬼）。馬建民去世四年後的一九八九年，楊沫經人介紹與小她幾歲的李蘊昌結婚。）張中行隨即與傳統型女子李芝鑾結婚，兩人廝守了半個多世紀，並生育四個女兒。

楊沫和張中行在建國後還直接間接打過交道，比較重要的幾次有：一九五八年，楊沫的《青春之歌》出版並被改編為電影和戲劇，影響很大，作為余永澤原型的張中行生活受到影響。楊沫曾當面向張中行解釋，小說是小說，不該當作歷史看，張中行當時沒說什麼，只是心裏想，如果我寫小說，不會這樣寫。後來李芝鑾曾表示要找楊沫，被張中行以「不過是小說」制止；文革期間，專案組找張中行外調楊沫的問題，張中行頂住巨大的壓力表示「她直爽、熱情，有濟世救民理想，並且有求其實現的魄力」，為此楊沫很感動；一九八七年，黑龍江的《小說林》雜誌第一期登載了〈楊沫的初戀〉，涉及粗俗的一面，為此引起楊沫激憤的「名譽權糾紛案」，是我國最早的知識產權糾紛之一。文章的來源是文革期間專案組的調查材料，楊沫卻懷疑是張中行暗中指使或者主動爆料，而張對這樣的人格猜疑亦難接受；一九九四年，楊沫與徐然在學苑出版社出版《青藍園——楊沫母女共寫家事和女性世界》合集，收錄了楊沫的長文〈我一生中的三個愛人〉，張中行感覺嚴重受傷。以至於一九九五年，楊沫因肝癌逝世，張中行獲得消息後，表示不參加遺體告別儀式，因為欲見最後一面，是因為「或敬重，或情牽」，而他現在兩者皆無。

老鬼是從記者的電話裏聽說行公逝世的消息的。他說的第一句話是：「可惜啊，他是個好人。」其實老鬼並沒有跟行公打過交道，從來沒有。唯一的一次間接交接，是他去年寫《母親楊沫》，想用一張行公的照片，通過出版社的一個熟人轉告行公的女兒，再轉告到本人，回答是不同意。「所以我的書裏沒有他的一張照片。」老鬼坦言他對行公的逝世沒有太多的悲哀，因為彼此很陌生，但他對行公沒有任何惡感，很中立的。他說：「印象中我媽媽指責他很多，而他很少說我媽什麼。」「解放後他們的每次見面都以吵架告終，沒有一次例外。就連那次他文革外調時說媽媽革命，媽媽事後知道了，很感動，給他寫了信，還送了照片。回頭見了一面，最後還是吵。」如果先走一步的是行公，楊沫可能也不會去參加他的追悼會。

遺憾的是記者沒有採訪到徐然。老鬼介紹說，爸爸（馬建民）對姐姐（徐然）一直很好，她在河北老家一直長到八歲才被接回北京。直到文革中大家互相挖互相咬，才揭露出她的身世。四十多歲才知情的姐姐大哭了一場。一九七八年，她第一次給生身父親寫信，很快收到了回信。後來，媽媽和李叔叔結婚，徐然與李叔叔性格不和，此後十來年，她一直沒怎麼跟我們來往，包括媽媽捐獻版權的儀式、九十周年誕辰活動等，她都沒參加。其實爸爸死後，姐姐挺想找她親生父親的，挺願意跟他交往，他們父女倆一起吃過飯、說過話，可他對她很冷淡，不怎麼理她。他們最後一次見面是一九九三年，他也從來沒見過她的孩子們，老鬼說，「我覺得他不缺女兒，如果姐姐是個男孩子，他對她可能會好一點。」當然，也可能是《青藍園》的原因。楊沫再婚和《青藍園》出版兩件事，徐然都隱瞞了張中行。現在，年近七十的徐然在美國亞特蘭大，跟她女兒住在一起。據《北京青年報》記者的越洋電話採訪報導，她通過記者獲知父親去世的消息後哭了。

不管怎麼說，恩愛情仇都隨風，行公自己也曾說過，「尤其曾經朝夕與共的，有恩怨，應該多記恩，少記仇」「錯，是人生旅途的一個段落，一種水流花落的境，應該珍視，也值得懷念」。如今兩位老人都已謝世，而兩人留下的或雋永沖淡、或激情革命的文字，卻將更長久地流傳於世。行公一生不過一介書生，作為讀書人，書裏的行公才是真實的行公。

何茲全——期頤老者，紅塵煙雲

個人簡歷

一九一一年九月出生於山東菏澤望族，一九三五年從北京大學歷史系畢業後，赴日本留學，翌年因病回國，在《教育短波》雜誌社工作。一九三九至一九四〇年接受中英庚款董事會的專款資助，在中央大學歷史系研究魏晉南北朝史，並講授「中國通史」課。一九四一至一九四四年任國民黨中央訓練委員會編審。一九四四年秋任中央研究院歷史語言研究所助理研究員。一九四七年就讀於美國哥倫比亞大學，後在霍普金斯大學國際學院工作。一九五〇年回國，執教於北京師範大學歷史系，任資深教授、博導，魏晉南北朝研究所所長。主要研究領域為魏晉南北朝政治制度史、中國社會史。二〇一一年二月十五日去世，享年一百歲。

主要譯著

《魏晉南北朝史略》、《中國通史・魏晉南北朝時期》、《中國古代社會》等，重要論文包括：《中古時代之中國佛教寺院》、《魏晉時期莊園經濟的雛形》、《南北朝隋唐時期的經濟與社會》、《魏晉南朝的兵制》、《關於中國古代社會的幾個問題》、《漢魏之際封建說》、《關於古代史的幾個理論問題》等。

訪談手記

人生第一捱不過的，是歲月荏苒，世事蒼茫。我的面前坐著一個九十九歲的白壽老人，慈眉善目，笑得很喜樂。他坐在輪椅上都不太能動了，見我進門就脫羽絨服，居然還費勁地問：你這樣冷不冷？

交談不是很流暢，需要我很無禮地衝他大聲嚷嚷，他聽清楚了，輕言細語地回答，對比很是鮮明。被光陰浸泡得太久，漸漸會喪失時間感，老人已經不能很順序地回憶平生，說的都是單件的事情，而且在時間軸上前後穿插跳躍，需要時不時問身邊的博士生：我是哪一年畢業的？我是哪一年進的史語所？人生的點滴人和事堆壓在一起，前後會錯位，但大小濃淡卻是確定的。所以，他記得抗戰逃亡，記得陶希聖和仙槎大哥，記得童年的青椒炒雞蛋，卻「不記得」文革了。

他講的人和事，都是大半個世紀前的，落滿了歷史的塵埃，而此時，初春的陽光正照耀著他。我總記得老先生的笑，他說到自己的魏晉封建說是第一時，伸出左手食指，在陽光下得意地晃了晃，咧著沒牙的嘴，笑了。眉眼彎彎，嘴角彎彎。他給自己的定性是，一輩子做學問，一輩子不忘情政治。算起來，他在社會上「晃蕩」的時間和在書齋做學問的時間還真差不多。可惜社會政治活動並沒有帶給他多少快樂的回憶，可以讓他在陽光裏晃著指頭說：「我是第一」。

從哪裏開始講呢？從長毛（太平軍）開始吧。鬧長毛的時候，我的曾祖父在當縣令，他抗擊長毛，父子雙亡，曾祖母將女兒推入井中，自己再投井自盡。一共四條人命，換來了一個「世襲雲騎尉」，往下傳給了我祖父和大伯父。大伯父的兒子何思源，我叫他仙槎大哥，是對我影響極大的一個人。

我們何家在山東菏澤算是有門第的，菏澤要是編名人錄，政經學軍界，一半都是我們何家。山東很多人說到老家，都是從山西洪洞縣老鴰窩遷來的，我們家也是，明洪武年間的大遷徙。

何家重傳統，有祠堂，有族田、族長，還有何氏宗親聯誼總會，何家花園是菏澤第一批市級文物，裏面的牡丹很有名，叫何園紅。族裏講究班輩，我這一代上下是：恒、思、芳、淑、茂。我叫何思九，字子全，後來自己把「子」改成「茲」，用字當名了。我輩分高。還是小孩子時，就有老人叫我爺爺、老爺爺（曾祖）。現在我算是族長了，可惜時代不同了，族長沒威風了。

我父親從保定軍官學校畢業後，當上了軍官，我出生在清宣統三年，一九一一年，生正逢時，從小嬌生慣養，私塾也不好好上，整天盼著僕人來叫「少爺，回家吃飯」。後來轉到初小學堂，開始學數學等「現代知識」。我小時候的主要記憶就是玩，跟著大兵學推牌九，也算是眾星捧月中長大的，還好沒學壞。我天性有善良和軟弱的一面，貪玩、膽小怕事。

隨父親駐軍遷居幾個地方後，我在菏澤進南華學校的高小班，開始接觸英文。私立的南華學校有進步青年和國民黨地下組織，我受影響，參加了童子軍，升入南華初中（南華師範學校）後，大概一九二六、一九二七年，就加入了國民黨。少年時我愛國、政治積極性高，家裏藏著國民黨南華分區的大印，常參加黨內活動，策反土匪，創辦《警鐘》刊物，還曾經負責把手城門，抓拿共產黨嫌犯，結果嫌犯來了，是我的同學。我比他還緊張慌亂，到底把人放走了，回去挨批評。我心軟，凡事求一團和氣，幹不了政治。

一九二七年前後，北洋軍閥和國民革命軍打仗，菏澤是前線戰場，學校停課了。有人在文廟裏開辦一個國文補習學校，我去參加，知道了梁啟超的國學書目清單，但找不到書，只學了《詩經》和《左傳》，但這事兒讓我有了向學之心，對政治已經沒那麼熱心了。何況當時國民黨分成了左右兩派，我是左派，受陳公博、周佛海影響，堅持三民主義，反對蔣介石，但也反對激進。

戰打完後，我轉到公辦的省立六中，就是今天的菏澤一中。潛心讀書，不過還擔任學生會主席。任上遇到過一次學潮，教訓是：新派往往是對的，但因為辦事沒技巧，操之過急做傻事，學生群情激奮被利用，最後獲勝的總是保守舊派。那之後，我就真的「篤志好學」了。

一九三〇年初中畢業後，闖蕩到北平讀高中，考上輔仁大學附中，語文老師是臺靜農。輾轉了幾個學校，終於高中畢業，一九三一年報考清華、北大、山東大學，被後兩所錄取，我當然選北大啦。

但生計成了問題。在北京讀書，要兩百塊大洋，是地方高校費用的一倍。還好，仙槎大哥當時是山東省教育廳廳長，不僅負擔我的花費，還為我寫信給傅斯年。我拿著哥哥的信，受到了傅斯年的熱情接待。他交代我要學好外語和古漢語。可惜我兩樣都沒學好。

老北大錄取學生不分系，文理也不分科。進校後自行選系，自由轉系。我從政治系轉去歷史系。上過胡適、傅斯年、錢穆、陳寅恪、王鏞的課，影響最深的是陶希聖，持續到今天。他讓我接受了馬克思主義歷史理論，辯證唯物主義和歷史唯物主義，說到「辯證唯物主義」，你們現在不講這個了吧？你們年輕的，都不信了吧？我們還是信的。

大三時，我第一次發表論文〈北宋的差役與雇役〉，之後又發表〈魏晉時期莊園經濟的雛形〉等六篇文章，其中〈中古時代之中古佛教寺院〉得了五十多元稿費，買了個德國相機，好不得意。畢業論文《中古大族寺院領戶研究》，指導老師陶希聖給了八十八分。感覺我好像在史學界嶄露頭角了，其實不是，那個時代的史學界出了很多大家，我不過附時代驥尾而已。那真是個好時代。

大三時還有一件事，對我的人生來說是重要的。我們圈子裏的朋友形成了一個號稱「瑪寧寨」的非正式組織，因為大家見面就問好「morning」（瑪寧）。大家思想接近，都愛國、關心社會和教育、認同民主、溫和改良，部分接受社會主義。一九三四年，北師大教育系朱啟賢為頭兒，大家創辦了《教育短波》，一份給鄉村小學教師增加資訊的綜合性刊物。雜誌得到陶行知等人的支持，請錢玄同寫的刊頭，找陳立夫要到的資助。發行量一度高達五萬。

一九三五年，我畢業了。傅斯年接收我去中央研究院的歷史語言研究所，仙槎大哥要送我去日本留學。可惜我在日本的一年極不愉快，緊張、迷茫、徬徨，找不到人生的方向，報國無門，讀書又靜不下心，結果嚴重神經衰弱，只能回國靜養。

那時我的志向是做學問，研究中國史，回國後本來可以也應該去史語所，但我怕研究所裏的科研壓力大，就去了《教育短波》，半休養半調整。這是我人生選擇的一大失誤。

朱啟賢清高狂狷，給陳立夫寫信都以兄相稱，跟九十多歲的杜威論辯也毫不禮讓。我和他一起做事，本來是最好的朋友，理想一致，但性格不合，人又都有私心，後來幾乎鬧到絕交，反正就是在社會上瞎混，好多年。

其實在雜誌社時，我也抽空寫了《中國中古寺院經濟史》，原定要在商務印書館出版的，可惜「八一三」淞滬打仗，出版社被燒了，稿子下落不明。

然後就到了一九三七年七月七日，我去前門車站送朋友，車卻宣佈停開。誰都不知道，盧溝橋已經兵變了。

我們考慮把雜誌社遷去南京。七月下旬的一天，社裏派我先行南下考察選址。當時我正在翻譯日文的《農業資本主義》，通知來得急，我想著去兩天就回，譯稿攤在桌上都沒收拾，被子也沒疊，便走了。沒想到這一走，就是十多年。再回北京，已經是一九五〇年了。

從南京到武漢，一路南下逃難、跑警報，反正是兵荒馬亂的，人心惶惶。在武漢滯留期間，我繼續辦刊，結識了陳獨秀，又在國民黨組織的青年戰訓團裏擔任教官，給流亡學生講「中國民族革命史」，期間的一件大事，是我「抽空」跟郭良玉結了婚。

我的婚姻，是真正的傾城之戀。我們在北京就認識，「八一三」時，我們都在南京，我設法弄到了兩張去漢口的船票，連夜帶她走。不久，南京就淪陷了，然後是大屠殺。

我們到了漢口就結婚了。哪有婚儀慶典，就仙槎大哥給了四百元禮金，我們也一直沒捨得用，存到抗美援朝，捐給國家了。郭良玉是個急性子，小時候就幻想著要練飛簷走壁的功夫，抗戰期間在國際宣傳處的對敵科上夜班，負責收聽日本廣播再翻譯成中文，蠟紙刻印了供國民黨中央做參考。結果她跟領導吵架，丟了工作。晚年她坐在輪椅上要我推著走，還口吃伶俐地指揮人。什麼都是我聽她的，現在沒得聽了。

陶希聖被汪精衛接去香港，臨走前給我留了一千元。跑到重慶後，《教育短波》倒閉了。我生活困難，先後幹過很多事，在國民黨中央訓練委員會當編審，寫教材，申請中英庚款的學術補助，寫《日本維新史》，在中央大學歷史系講「中國通史」課，那時候有孩子了，我左手抱著小孩，右手寫文章，小孩子手一拍，不是稿紙破了，就是筆飛了。我的兒子何芳川多災多難，才一百天，被送到托兒所，結果被蚊蟲叮成瘧疾，打擺子，幸好度過了危險期。不滿周歲又患病，連夜冒雨送到重慶市立醫院動手術。後來他考到北大，從東語系轉到歷史系，留校任教，還當了北大副校長。沒想到二〇〇六年病逝，才六十七歲。白髮人送黑髮人，我夫婦倆打擊很大。

戰亂中可說的事多了，最能見世道人心。二房東兩百元一年租下房子，再四百元租給我一家；四川省教育廳長曾經被抓了壯丁，廳長亮出身份，保甲長也不買賬。我也沒少受罪，還管閒事。想到抗戰總會結束，之後國共兩黨總有矛盾。我為這個給傅斯年寫信，說國民黨應該承認共產黨的民主權力，而共產黨應該承認國民黨的領導和統一。後來才知道，傅斯年一九四五年去延安見過毛澤東後，對國共的和平根本就不抱希望。

一九四四年，我從重慶到昆明史語所工作，才安逸了一陣子，沒有飛機轟炸，生活也無憂，每天讀書寫文章，有時候去營造學社聽林徽因「訓話」。

大學期間我就參加了社會分期問題的討論。中國的封建社會始於何時，學界有不同看法，西周說、春秋戰國說、秦漢說等，還有的認為中國古代社會是家族宗法本位和帝國時代，根本沒有歐洲所謂的「封建社會」。我提出了魏晉封建說，史語所期間，我更加意識到魏晉南朝跟東羅馬帝國相像，寫了三篇文章：〈東晉南朝的錢幣使用和錢幣問題〉、〈魏晉的中軍〉、〈魏晉南朝的兵役〉，完善「魏晉封建說」。還研究了「獠」族的資料，可惜沒有寫成文章。後來這觀點跟官方結論不同，我也沒改過口。這是我最重要的學術成果，我是第一。

抗戰勝利後，仙槎大哥當了山東省政府主席，又轉北平市長。我因此獲得山東省公派出國機會，一九四七年，我拿著胡適寫的介紹信，到哥倫比亞大學歷史研究院，學習歐洲古代史和中世紀史。一九四九年九月得到約翰霍普金斯大學的資助，轉到他們的國際政治學院，協助法蘭西斯教授將范文瀾的《中國通史簡編》翻譯成英文。

那時我有三種選擇，一是將妻兒接到美國定居，那時我有研究生獎學金，幾年內生活無憂，二是去臺灣歸隊，史語所還保留我的職位和我的一部分書物，三就是回大陸。

最終，我決定歸順剛成立的中華人民共和國。一九五〇年回國，由白壽彝推薦到北師大歷史系教書，給我的是副教授，三十年後才扶正做了教授。我是老國民黨員嘛。三十年的副教授，全國恐怕只此一家，別無分店了。

我從美國回來時，把自己積攢的十九兩黃金全數捐給國家了，對新中國的「投降」很徹底，所以，之後的幾十年裏，除了普通的批鬥、遊行、抄家、下放之外，我沒怎麼受罪。挨打總是要挨的，不厲害，猛的說起，我都想不起來了，沒啥事，就是可惜，沒受罪，也沒再做什麼事。然後就老了。

楊憲益——雲淡風清了無痕

個人簡歷

一九一四年生於天津，祖籍安徽泗縣。一九三六年進入牛津大學莫頓學院研習古希臘羅馬文學和中古法國、英國文學，獲希臘拉丁文及英國文學榮譽學士、碩士學位。一九四〇年畢業回國後，歷任重慶、貴陽、成都等地大學教師，一九四三年起供職於重慶北碚國立編譯館，開始翻譯生涯。一九五二年調北京外文出版社（今外文局），後任《中國文學》主編。並兼中國作協理事、名譽顧問和中國文聯委員等多項社會職務。二〇〇九年十一月去世。

主要譯著

著有文史論文集《零墨新箋》，隨筆集《譯餘偶拾》，詩歌集《銀翘集》等。分別從希臘文、德、法、英文中譯過荷馬史詩《奧德修記》、《羅蘭之歌》、《蕭伯納戲劇集》等，英譯的中文作品包括《史記》、《資治通鑒》、《楚辭》、《長生殿》、《牡丹亭》、《宋元話本選》、《唐宋詩歌散文選》、《魏晉南北朝小說選》、《十五貫》、《紅樓夢》、《儒林外史》、《聊齋志異》、《老殘遊記》、《魯迅全集》等百餘種。

訪談手記

二〇〇九年十一月二十三日是星期一，一周剛剛開始。我大清早趕到單位，為了開所謂的「思想政治」會議。會上，有學生提到一黨專政的問題，一個從北京大學馬克思主義哲學專業畢業的青年教師馬上糾正說：「我們不是一黨專制，是一黨領導下的多黨合作。」他還說：「我們的學生其實覺悟挺高的，不像我們想像的那麼反動。」我終於藉故提前離會，去圖書館透口氣。就在半路上，手機送來友人的一條簡訊：楊憲益今晨去世，享年九十五歲。

我在路邊的石頭上坐下來，心裏一陣淒涼，而且恍惚。流水般的歲月裏，這一天是其他任何一天的重複，山川大地、樓宇草木，都沒有變化，而有個人已經不在了。太陽明晃晃的，不管人間事。天地不仁，以萬物為芻狗。

我還記得，什刹海的銀錠橋上遊人如織，人聲鼎沸。十米開外的小金絲胡同裏，獨院的老式木門一關，就隔開了萬丈紅塵、市井喧囂。果然是大隱隱於市。多年前第一次去楊憲益家，第一次敲他家的木門，無端有「輕叩柴扉」的感覺。

迎出來的是先生的女兒，她每年冬天都從貝克萊大學回來陪老父。我們採訪的時候，她就在一邊打太極拳，這是她唯一非美國化的表現。

老先生坐在沙發裏，醇厚而溫婉，像一壺陳年花雕。他緩慢而認真的回憶，聲音、目光和神情都很柔軟。他抽煙前會問：「介意嗎？」我臨走手忙腳亂收拾包的時候，他指著採訪筆，溫然淺笑：「這個別忘了。」

先生嗜煙酒、嗜收藏、嗜詩文、還嗜情，都是終身不渝。但近百年的滄桑，終於淡盡了貴賤情仇。他幾乎散盡所有的譯作和藏品，只留亡妻戴乃迭的一幅肖像朝夕相處，是老友黃苗子所作。他說「我的愛人」時，聲音像在撫摸她。我問他人生中譯作、打油詩和煙酒哪個最重要，他飛快地答：「都不重要。」他生命中唯一的重要在天堂，先生的心和精神也隨著飛升，不墮紅塵，這才是先生真正的傳奇和輝煌，翻譯、榮辱、平生功業，都算什麼？

後來因為各種因緣，又多次登門造訪。每次他都慢慢地戴上假牙，慢慢地抽煙，慢慢地說話，清楚又準確。只要我說到酒，他就會笑瞇瞇地說：「好啊，我們來一杯吧。」然後被身邊的人嚴厲制止。我在他房子裏轉悠，不時從小臥室那單薄的書架上抽出某本書來，這時他最常說的話就是：「喜歡就拿去。」幾次之後，我到底起了貪心，舉起一本泛黃發脆的《希臘擬曲》，問：「那我拿這個可以嗎？」他看都不看，點頭說：「可以。」這本書周作人譯，商務印書館中華民國二十三年初版，定價大洋肆角，現在就站在我的書架上，它陪過老先生的人生一程，又陪我一程，始終安靜得好像不存在，是高貴的沉默。

有一次，我順口對書架上一個小佛像評價了幾句，他依然淡淡笑道：「你要喜歡，就拿走。」我雖不識貨，也能看出那是個古物，一時錯愕無以應對。從此，再「不敢喜歡」他家的任何東西。

趙瑞蕻和楊靜如（筆名楊苡，楊憲益妹妹）的女兒趙蘅說：「憲益舅舅是我們家的魂。」在我接觸過的所有「大人物」中，楊憲益也是我最毫無保留敬重和欣賞的一位。他架腳執煙的樣子、招呼我孩子吃巧克力糖的微笑、說到自己平生作為時那種不以為然和漫不經心的語氣、那種恨不得及身而散的做派，還有他的口頭禪「無所謂」和他家院牆上畫的魚「皆若空遊無所依」的意趣，都雋永清新，值得銘刻於心。每次從他家出來，我都會在銀錠橋頭的柳樹下稍立片刻，回味他那份歲月洪流激蕩洗滌後的沖淡和婉轉，心想，到我老了，修練得出這麼一道若仙若鶴的氣度麼？

天津和牛津

小時候我家裏的生活很舒服，在天津的日租界裏，很大的院子和花園，養貓養狗，我整天玩。但是我五歲時父親去世了，於是人人都說我是白虎星，命硬，會剋人。媽媽懷我的時候曾夢到老虎。後來我的兒子也死了，說起來好像還挺靈驗的。但我還是不信命。

父親是天津的中國銀行行長，當時銀行是私有的，北洋軍閥都很感謝父親給他們錢發軍餉。他曾帶我去他的辦公室，也許他對我有期待，繼承家業，搞金融。但我沒有興趣，只是玩。

我沒有讀過小學，家裏給我請了教私塾的老秀才，叫魏汝舟。他的家被八國聯軍毀了。讀的書是當時最普通的「三百千」（《三字經》、《百家姓》、《千家詩》），之後是儒學經典《論語》、《孟子》、《禮記》、《詩經》，也讀《楚辭》、唐詩宋詞、《古文觀止》，還有史書。所有的書都不怎麼解釋，就是要背。我記憶力還可以，一般讀個兩三遍就可以背了，所以基本上沒挨過打。家裏別的孩子對這個很嫉妒，到現在還常常說。其實我背不出也不會挨打，我是家裏唯一的男孩子，沒人敢打的。

十多歲後我才出去讀教會學校，但還是不認真，玩得比較多，班上總考第一名的那個學生非常努力，很認真，我就不跟他爭，所以我總考第二名。小時候有過各種各樣的幻想，最早想當孫悟空，大一點時的偶像是諸葛亮，說明有點政治上的理想，不過沒過幾年就只想做杜甫、陶淵明。

現在想起來，小時候看書是很多的。我家裏有很多藏書，都是線裝古書，經史子集都有，還有筆記小說，很多都帶插圖，很好看。不那麼古舊的書我記得有成套的「說部叢書」，林琴南翻譯的。這些書放在家裏，沒有人規定我要看，也沒有人禁止我看，我就隨便翻，很自由，完全是憑興趣選擇。

我買書很多。當時天津有個玩的地方，叫「大羅天」，裏面有賣書的，最早是先生帶著去，後來我也自己去。我買書的習慣是寧濫勿缺，幾乎是能撈到什麼書，就先搬回家再說。有的書只是覺得插畫好看，有的只是覺得書名有趣，就買了，買回去也不一定看。如果是成套的，則一定要買全了。

我有個很要好的中學同學喜歡古詩，我受他影響，讀了很多漢魏古體詩和陶淵明，也學著寫，主要是五言體，七言的律、絕就很少寫了。唐詩我偏愛中晚唐的，唐以後的詩很少看，黃遵憲和康梁的詩或可一讀，但詩味畢竟差一點。至於白話詩，比如胡適的《嘗試集》，還有郭沫若、艾青他們，我覺得根本就不是詩。我對白話的五四新文學一直沒有感覺，那一批作家，除了周氏兄弟，其他如茅盾、巴金，我都不佩服。魯迅非常優秀，我沒有翻譯完魯迅全集是很可惜的。

到教會中學新學書院讀書之前，我沒有接觸過現代科學。上新學書院後我開始對自然科學感興趣，我不相信世界上不可能有「永動機」的說法，想自己造一個出來，為此看了很多科學方面的書。可惜到現在也沒造出永動機來。

不過我讀的最多的，除了古書，還是英文書。對英文詩歌，小時候我喜歡朗費羅和丁尼生，還有拜倫和雪萊，年齡再大一點兒喜歡波德賴爾、蘭波、馬拉美等，還有古典作品，像古希臘的薩福，也都喜歡。

上中學起，我開始能看古典的英文，比如莎士比亞。我還有個偶像，就是義大利的馬志尼，我中學看過他的《人的天職》，狂熱地喜歡他，後來到英國留學時，我買到了他的英文版全集，都高興壞了。讀了拜倫的詩〈哀希臘〉之後，我對古希臘很嚮往。要瞭解西方文明，就要瞭解它的源頭古希臘和古羅馬，我決定學習希臘文和拉丁文。我買了拉丁文語法書自學，又請了個希臘人教希臘文，可惜他只是一個商人，沒有太多的文化，對我幫助不大。我到英國留學，學的就是希臘文和拉丁文。

父親去世後，經濟來源斷了，不過家裏有積蓄和股票，生活還不錯。我是獨子，母親當然還是希望我能繼承家業，讀中學時我也參加過幾次中國銀行的董事會會議，可我不感興趣，她也就算了，她對我很寬鬆，沒要求過什麼。但她對我有件事不滿，就是家裏請了個教英文的老師，我第一次見她就笑，說她的名字「徐劍生」可以對下聯「快槍斃」。她是中山大學畢業的，因為丈夫池大夫喜歡別的女人，她總是不開心，後來就自殺了。有一段，我們算是正式談戀愛了，她比我大十多歲吧。

中學畢業後我考上了燕京大學，但還想考清華或北大。這時我中學的英國老師要回國休假了，母親本來想要我大學畢業再出國的，現在為了把我和徐劍生分開，就讓他帶我走了。

一九三四年秋天我到了倫敦，先補習希臘文和拉丁文，第二年春天通過入學考試，但牛津不怎麼重視亞洲學生，當年沒有招生指標，我只好等了一年多，到處玩，一九三六年才正式入校。我那時候是有點奢侈，到處玩都坐頭等艙，別人就當我是日本人，因為從來沒有中國人坐頭等艙的。

當時牛津規定，要先學一年半的古希臘文和拉丁文，再學一門專業，一共四年，畢業考試通過，分四等，才能得榮譽學士學位，要在《泰晤士報》上公佈，很隆重的。我的指導老師曾跟我說：「你要是用功一點，可以考二等，如果不努力只能拿三等，因為不可能給外國學生一等。」結果畢業時我拿了四等，當時一般都是三等，少數優秀的二等，考四等是很少的，一兩個吧。

我是一個壞學生。小時候讀書就很隨便，沒花什麼精力。在國內就是這樣，對什麼都感興趣，看書很雜，都是閒書，沒什麼目的性。也看當時時興的雜誌，比如《學衡》。總的來說，讀書全憑興趣，覺得這樣讀書才是快樂，否則就成苦差事了。

牛津每年三個學期，我只有一個學期在校，三分之二的時間都在外頭玩，在地中海、歐洲旅遊。後來還跟愛人一起去過巴黎、回國時經過加拿大。也買了很多書，尤其愛逛舊書店。英國的書跟中國相比很貴，留學生中像我這麼買書的不多。很多哲學和社會科學的書都是那時候才看的。和小時候一樣，我買的書也不一定都看，比如我買過一套法文的凡爾納全集，結果讀不下去。

不過總的來說，那時的精神並不愉快，因為家鄉被日本侵略。畢業前半年的樣子，家裏來信說，因為抗戰爆發，家裏破產了，不能再給我寄錢了。我不知道自己其實讓母親為難了，她本來是窮人家女兒，被賣給父親作妾，只因為十八歲時給楊家生了唯一的兒子，就是我，後來才成了夫人。她當家，家裏自然也有人說閒話，說都是我把家裏的金子花光了，書也沒好好讀。他們說的也沒錯。

我從來沒有儲蓄的習慣，錢早就用完了，只好把書賣了當生活費。英國的書店回收舊書，一般是半價。我靠著賣書撐過了最後一個學期。但經濟壓力對我來說並不是什麼問題，沒什麼好吃的就少吃點，就這樣吧，沒什麼要緊的。

愛情和親情

我在牛津認識了我的愛人，她叫 Gladys Margaret Tayler，中文名字戴乃迭，她父親是英國傳教士，她出生在北京，六歲才回英國，是牛津大學歷史上第一個學中文專業的學生，但她學得不算很好。我們在一起一般講英語，算我照顧她吧。她後來還開玩笑說，她喜歡的不是我，是中國傳統文化。又說她漢語講不好是因為我講英語太多了。她長得很好，比我好多了。

那時我們常一起玩，一起划船，牛津和劍橋每年都要舉行划船比賽，她還參加過。她是個很單純的人，說話很直率，也很愛國，對英國有很深的感情。

她母親反對我們倆在一起，說如果我們結婚的話，我們的孩子一定會自殺——這一點確實叫她說中了。我母親也反對，主要是擔心我娶了外國老婆就不回來了。後來知道我要回國，也就沒什麼了。那時在戰爭中，天津已經淪陷了，母親和妹妹把家變賣了，離開老家搬到四川重慶去住。

我畢業時收到了兩張聘書，一個是哈佛大學，一個是西南聯大吳宓和沈從文的信，都要我去教希臘和拉丁文。我想去西南聯大，可母親希望我留在身邊，而且一九四〇年秋天，昆明轟炸得很厲害，她不准我去。我們還想過去延安，家裏有親戚就在延安，但地下黨有人叫我們留在後方，我就和戴乃迭一起接受了中央大學（後來的南京大學）的聘書。如果我去西南聯大，國民黨管得少一些，可能我就跟聞一多一樣被槍殺了，所以也沒什麼後悔。

母親租了羅家倫的房子住，他是中央大學校長。這個學校的名聲不好，但羅家倫人還不錯，我們一家人在抗戰中第一次團聚，還是很高興的。

我和愛人在重慶只待了一年，那時候可真不容易。我回國時帶了四大箱書，大部分是外文原版書。結果過海關的時候被日本人盯上了，他們一聲令下全部沒收了。戰後，我通過一個朋友去追查這批書，在日本的圖書館裏找到了一部分，上面都蓋著藍色的方形印章，顯示是「楊氏圖書」。這些書的命運挺坎坷艱辛的，輾轉幾個國家，幾易其手，不過後來又回到我身邊來了。

沒有被日本搜走的小部分書，後來也命運多舛，有的還不如這些有印章的書。它們陪著我從重慶到貴陽，走了很多地方，抗戰勝利後，我趕往南京與家人會合，結果從西南沿江而下時遭遇沉船，又損失了一批書。連耗子都會成為圖書的剋星。重慶山地多老鼠，只要一隻耗子，一摞書一夜之間就可以化為齏粉。

當時重慶也有書店、圖書館，但基本上沒什麼書。市面上流行的大多是關於時局的書報，像唐瑜創辦的《救亡日報》航空版，後來印刷廠被炸毀了。也有共產黨的《新華日報》賣，不過是違禁的。也出版《日寇暴行實錄》這樣的圖文書。至於學校圖書館，有的都是很普通的書，像二十四史、四書五經之類。外文圖書尤甚，中央大學只有一兩本《莎士比亞戲劇》什麼的。我給學生上課，根本就沒有教材，更沒有參考書，就憑我自己講。所以那時候學生的學習主要是靠老師，如果有幸遇到好老師就很好了，最好的書就是老師腦子裏的書。

要說起來，也不能斷言那時候的讀書環境就差得不行，現在的閱讀環境恐怕還不如那時。那時雖然書不多，條件艱難，但總的來說比較開放，日本轟炸重慶，大家都成了閒人。有時間讀書，也好學。而且大家對國民黨官方的宣傳普遍不是太相信，習慣於獨立思考，有自己的見解，也別有一種精神在。不管是學生還是學者，學習熱情都很高，有真癡迷學術的。

一方面，大家都關心時事，我和乃迭幫著學生把口號宣言譯成英語傳到國外，我妹妹楊苡夫婦簽名捐款支持學生。另一方面，我們也搞翻譯，傳播文化。

妹夫趙瑞蕻在內地買不到像樣的書，一九三八年途經香港時買了本法文的司湯達的《紅與黑》，後來他在中央大學分校教書，開始翻譯該書，一九四四年大功告成。趙瑞蕻的法語老師很高興，說他做了件很不容易、振奮人心的事情。在炮火連天中，既積極參與抗戰宣傳和學生運動，又潛心翻譯名著和搞研究，是那個時代的「奇異」現象。

抗戰後期和解放初期的通貨膨脹太厲害了。在重慶的時候，上午發了薪水，就要火速趕去換成黃金或大頭，然後再去買生活用品。否則到了下午，法幣的薪水就要縮水一小半。解放初期，梅蘭芳的演出還是兩萬元一張票，大概相當於現在的兩塊錢。

你說的對，我的書裏是有一些歷史痕跡。是的，都是商務印書館的小冊子，一九三六年前後的「叢書集成初編」，每冊一兩角錢，一九五〇年的《敦煌曲子詞集》定價四千元，嚇死人吧？到了一九六一年，向達著的《鄭和航海圖》定價回復到零點四八元。這幾種書的字數和頁碼都差不多，價格差了一萬倍。

對了，說到陪讀重慶的文化界、文藝圈，還可以說說二流堂。抗戰期間，文藝界很多人「流落」到重慶，居無定所。唐瑜外號阿朗，是個仗義疏財的報人，他自費建房，「收容」了一大批文藝界名人。在重慶中一路下坡，唐瑜從租地、買地，到繪圖設計、施工監工，全程一手操辦，先後蓋了六七棟樓，著名的有碧廬、依廬等。呼朋喚友來聚居，吳祖光、夏衍、丁聰、盛家倫、沈求我、高集、高汾、薩空了、金山、張瑞芳……，這些劇作家、演員，都在他那裏住過。

阿朗是南洋華僑，有一個有錢的哥哥做他堅強的經濟後盾，他從南洋回國時，帶了滿載的小轎車、大卡車到重慶，後來車賣了，車上的物質食品都分給朋友吃了。吳祖光到晚年還回憶說，有一次他和唐瑜一起出門，走到中一路四德村，馬上就要到他們的家「碧廬」了，唐瑜突然看著遠處一輛豪華大轎車發呆。轎車飛馳過來，濺了兩人一身的泥水。唐瑜才如夢方醒，喃喃地說：「這是我的車，賣了……」

戰時的重慶，文藝工作者沒有合適的聚會場所，朋友們碰頭，大多泡茶館，但茶館無一例外貼著「莫談國事」的招牌，不能暢談。於是，二流堂就成了大家聚會的首選之地。黃苗子、郁風夫婦、戴浩，還有我們都是自己有居處的，平時也樂於去二流堂歡聚議事。

二流堂這個名字也是開玩笑來的。他們那群風雅放達的文化人，看了延安過來的秧歌劇《兄妹開荒》，學會了一個陝北名詞「二流子」，表示無所事事、遊手好閒的人。搞文藝的大多生活自由、做法散漫，大家便互稱二流子。郭沫若去碧廬聊天時，說要寫一塊匾額「二流堂」，二流堂的名號就這樣叫開了，唐瑜榮登二流堂堂主。可悲的是，解放後的反右、文革歷次運動中，二流堂被《人民日報》點名，當作「中國的裴多菲俱樂部」被大肆攻擊，打擊的主犯吳祖光、新鳳霞更是命運悲慘，令人感慨。

音樂家盛家倫也有一些趣事。他的藏書甚豐，其中有買的、借的、拿的，還有偷的。上海的南京東路沙遜大廈樓下有一家洋人開的大書店，盛家倫常常去站著看一天書。碰到書店打烊他還沒看完，或者站得太累，書又實在愛不釋手，他就順便「把書帶回家去看」，還說偷書不算賊。最有趣的是有一次，他見到一個書呆子窮教員，很喜歡一冊外文書，但買不起，猶豫良久還是悻悻然地出了書店大門。豈料盛家倫已經在門口等著他，把那冊書塞給了他，那人對如此神偷，只有瞠目結舌的份。

譯事和逸事

我說我愛人很單純，在政治上沒什麼頭腦，當時重慶買得到《新華日報》，但總是受限制，不讓看，她就常常買了看，還說過三青團的人像法西斯，反正就是這些國民黨不愛聽的話，別人就把她當共產黨。又因為我認識英國大使館的人，有人就告發我們，說我們是英國特務。大學的聘書是一年一發，第二年她就沒收到聘書，我有聘書，但也不幹了，就離開了中央大學。這時香港大學要我去，可我不想離開大陸，就沒去。這樣換了幾個學校，在貴陽、成都很多地方待過。

這時梁實秋在重慶主持國立編譯館，覺得只有把外文翻譯成中文的，沒有把中文翻譯給外國人看的，不好。他是我在牛津的同學，就想到要我們兩個去做這個工作。其實我更喜歡搞歷史研究，並不喜歡翻譯。我答應有兩個原因，一個是戴乃迭也懂中文，但教書到底吃力，一起作翻譯對她比較好一點。另一個是教書沒什麼意思，學生很複雜，比如有很多三青團，就是特務，我們應付不來。翻譯比較單純，輕鬆一點，就去了。本來也沒打算以此為生的。

翻譯的是《資治通鑒》，譯了不到四十卷，從戰國到西漢那一段，也沒出版，我看沒用了，丟了也浪費，就給了一個澳大利亞朋友，不知道他後來怎麼處理的，我也不管。那一段在梁實秋的領導下，在北碚的生活很好，後來剛解放時，在南京生活也不錯。

一九五二年，我們到了外文出版社。因為他們社長劉尊棋很熱情，準備有系統地向外國介紹中國文學，從《詩經》開始拉了一個單子，一共有一百多種中國古典文學名著，我覺得這還不錯。我們翻譯了一部分，有的出了單行本，有的發在《中國文學》，雜誌對全世界發行，大概每一期發一萬多份。主要在巴基斯坦和印度，美國也有一點，英國銷路不大。

不過我們的計畫沒有完成，因為後來領導換了，劉尊棋被打倒，這件事就沒了。很可惜，這事要做成了還有一點意思，另外，如果有機會多翻譯一點魯迅我還是很樂意的，《墳》就沒有翻。

周揚作文化部副部長，想起我會希臘和拉丁文，就把我調去譯荷馬史詩，後來又被出版社拉回來翻譯《紅樓夢》，反正讓我幹什麼我就幹什麼。《紅樓夢》只有兩個全譯本，一個是英國霍克斯翻譯的《石頭記》，一個是我的。我認識霍克斯，他是真的喜歡紅樓夢，花的功夫比我大，十幾年的時間。

所有的翻譯都是我跟愛人合作，我拿著書直接口譯，眼睛看著英文，嘴裏說中文，或者倒過來。她就打字，打得飛快，我念完她也打完了。然後再一起修改。她做事比我用功。我們的翻譯很快，大躍進嘛，什麼都要快，最快的時候，翻譯魯迅的《中國小說史略》，要求越快越好，結果我們一個禮拜就譯完了。無所謂質量，就是要快。我自己覺得翻譯比較滿意的是《宋明平話小說》，還有就是《史記》。

座上賓和階下囚

我經歷了袁世凱復辟、軍閥混戰、抗日、國共兩黨對抗和合作、共產黨統治，還是抗日影響最大，影響我人生最重要的事，第一個就是抗日，愛國。然後是我回國教書以後，對國民黨完全失望了，願意為共產黨做一點事情，這是第二個理想，人生影響最大的事。後來還有別的理想，比如研究歷史。

剛建國那一陣，毛澤東常邀請大家坐坐，好像是在懷仁堂吧，有幾十個人。周恩來很客氣，介紹說我是翻譯《離騷》的，翻譯很好。毛就一邊跟我握手一邊問：「離騷也能翻譯嗎？」我當時也很簡單，就回答說：「什麼都能翻譯。」

當然也有我不翻譯的。錢鍾書被調到北京負責毛選的翻譯，他也是我牛津的同學，學問很好，但英語並不是他的最強項，他想要我去合作，給的條件很好。不過我拒絕了，也沒別的什麼原因，我剛在南京買了房準備定居，而且政治文章我翻不好，毛選我也沒怎麼看過，沒什麼意思，也不喜歡，我一般只翻文學作品。

運動當然誰都逃不過，我大躍進就挨過批鬥，文革中坐噴氣式飛機，都過去了，不說也罷。一九六八年，我們被懷疑是英國特務，進了監獄。那天晚上我們沒事做，在家裏喝了半瓶麯酒，十點多有人來敲門，要我去辦公室，去了就說軍委會要逮捕我，還問我有什麼問題，我當然有問題，我問：「什麼地方可以小便？」他們告訴我了。別的我也沒什麼要問的。那天抓了很多人，大概有幾十個吧，都擠在一個炕上，沙丁魚似的，我就要別人挪個地出來睡覺，旁邊的犯人聞到我身上有酒味，說好香啊，問我是不是喝醉酒鬧事被抓的，我說不是，然後就睡了。為什麼睡了？因為都快十二點了，也該睡覺了。別的犯人也在睡覺，我就睡了。文革那時候經常亂抓人，前一個禮拜我們的一個鄰居，是外國人，剛被逮捕，所以我們也不是很吃驚。黃苗子是朋友了，他寫過〈詠酒呈憲益〉的打油詩，有兩句是：十年浩劫風流甚，半步橋邊臥醉囚。

一共就審訊了一次，是夜裏，很多人拿著槍，帶刺刀的，好像要槍斃我似的。問我認識什麼人，要我寫基本情況，我想了想，就寫了中國的朋友和親戚一百五十個人，外國人有一百個。後來也沒判，就這樣糊裏糊塗關了四年，我還教過獄友英語和唐詩。後來有一天突然叫我去，胸口掛塊牌子，上面寫著我的名字，給我照相，又以為是要被拉出去槍斃。當時也沒怎麼想，槍斃就槍斃吧，也沒什麼。結果不是，放了。說對不起，關錯了，就這樣子過去了。又過了快一年，公安局來了很多人來道歉，還說關於我的材料很多，一大堆，你要就拿去。我也不要。

我的愛人也被抓了，同一天。一九五四年中國成立外國專家局，我的愛人成了外國專家，工作還挺高的。文革中有人說「外文局有特務」，她是外文局的外國人，就是「帝國主義特務」。她也有思想準備，只是沒想到連我也一起抓了。她們外國人都關在一起，都是太太小姐們。她們的條件比我們差，暖氣不夠，還要幹一點擦窗戶之類的活。她也只被審過一次，就沒有下文了，直到被放出來。她就是那時候頭髮全白了。

遺恨和遺憾

我們坐牢的時候，兒子在湖北工廠工作，兩個女兒下放到農村。文革結束後把孩子調回身邊，兒子楊燁回來時精神就有點不對，他本來想讀清華大學的國防專業，成績也不錯，但媽媽是外國人，不是自己人，不能學國防，所以去了北京工業大學，之後去了工廠。再回北京時，他說自己是英國人，只說英語，整天往大使館跑。我們沒辦法，把他送回英國，不久他就在那邊自焚了，在耶誕節前。

我愛人知道兒子出事後，當時就不行了，我餵她飯也不吃，什麼都不吃。於是我們就計畫回英國一趟。她跟我到中國後，這一輩子就這麼一次因私回家鄉。當時組織上還不准，我們就給周恩來寫了信，這才讓走的。從那以後她身體就一直不好，特別是一九八九年以後病情更加重了，住了幾次院，差不多十來年的時間吧，我什麼也不做，就是照顧我的愛人。直到她一九九九年底去世，我沒留她骨灰。我們在一起六十多年，從來沒有分開過。

一九八九年對我來說也是一個檻。本來我整天在家，對外面的事都不知道的。「六四」那天凌晨，有年輕人給我打電話，在電話裏哭，說開槍了，死人了。我知道後很憤怒，後來有外國媒體來電話採訪我，我就說了幾句。為什麼找我，也許是因為我能說英語吧，據說這個採訪有一些影響，很多人都聽到了。接受了這個採訪後，我就申請退了黨。倒不是要抗議什麼，只是在採訪中說了黨的壞話，這麼做不符合黨章，說明我不是合格的黨員了，當然就要退出。不過申請報上去後，就沒有消息了，也不說同意還是不同意。後來再開黨會也會通知我，我反正一直是不去的，就這樣不了了之。

跟菲律賓前總統阿基諾夫人和諾貝爾和平獎得主德蕾莎嬤嬤，一起被香港大學授予名譽博士學位這事兒沒啥說的，是一九九三年的事，我已經〈自嘲〉過了，「南遊四日太匆匆，港大嘉儀似夢中。相鼠有皮真鬧劇，沐猴而冠好威風。西天聖母心腸善，菲島夫人意態雄。回國正逢迎奧運，唯憂歡喜一場空。」是的，我以前也寫點打油詩，好事者集成了《銀翹集》，你說的那首是〈全國第五次文代會〉，「周郎霸業已成灰，沈老蕭翁去不回。好漢最長窩裏鬥，老夫不吃眼前虧。十年風雨催喬木，一統江山剩黨魁。告別文壇少開會，閒來無事且乾杯。」打油詩嘛，總得有點火氣的。說說而已，業餘的業餘，沒啥意思。

對我來說，翻譯一直都只是一種職業，我翻譯的東西，我做過的事都不重要。如果機會合適，我能夠做一點歷史研究，也許成就會大一點。也不是說什麼事業，就是自己感興趣吧。不過沒條件，也就算了。我愛人喜歡翻譯，我就跟她一起做了翻譯。我自己興趣最大的是古代史，從春秋戰國到唐宋那一段。也寫過一些文章，但總是沒條件，也就沒搞了。歷史研究需要很多書，我去的地方都沒有好的圖書館，也沒有時間，翻譯很忙。所以一直沒有做。這當然有一點遺憾啦，不過也就這樣了，無所謂。我現在生活得很好，孩子也很好。活了九十多年，差不多了。沒有什麼可留下的，也不要留下什麼，就這樣吧。

任繼愈——為「官」終究為學問

個人簡歷

一九一六年生，山東平原縣人。一九三四年考入北京大學哲學系，一九四二年西南聯合大學北京大學文科研究所畢業，留北大哲學系任教。一九五六年加入了中國共產黨並晉升教授，一九六四籌建中科院哲學社會科學部世界宗教研究所，任所長、研究員。一九八七至二〇〇五年任北京圖書館館長，兼北京大學教授、中國社科院研究生院博導、哲學所學術委員會委員、宗教所榮譽所長。中國社科基金宗教組召集人、國務院學術委員會前兩屆哲學學位評議委員會召集人、中國無神論學會理事長，第四至八屆全國人大代表。二〇〇九年七月十一日，與季羨林同日去世。

主要著述

專著有《漢唐佛教思想論集》、《中國哲學史論》、《任繼愈學術論著自選集》、《任繼愈學術文化隨筆》、《老手全譯》、《中國佛學論文集》（合著）等。主編《中國哲學史》（四卷本）、《中國哲學發展史》（七卷本，已出四卷）、《中國佛教史》（八卷本，已出三卷）、《中國道教史》、《宗教詞典》、《中華大藏經》（漢文部分，一〇六卷）等。

訪談手記

在秘書的辦公室稍坐，便見一老人拄著拐杖緩緩走來，他摘下帽子，極有分寸地禮貌微笑，透著不怒自威的莊嚴，這就是任先生。

任先生是忙的，整個採訪過程中，他三次起身，到裏間接電話；任先生也是莊重的，西裝筆挺，每次重新坐下時，都要一整衣冠；任先生還是嚴謹的，美編一架上攝像機，他馬上正對了鏡頭端坐，採訪中，他時時注意採訪機的位置；任先生更是謹慎的，他惠贈我書，我自然請他簽名，他問清楚我的名字，寫上了，卻堅持不簽自己的名字；但任先生偶爾也能流露出，他是性情的，說到軍閥韓復榘的笑話、說到研究生培養的黑色幽默、炫耀自己的醫術時，他兀自嘿嘿地，邊說邊笑，自逗自樂。

十點半，非常準時的，下一個來訪者出現在門口。任先生幹練而果斷地跟我們道別，臨了不忘吩咐一句：「寫好後給我看一下。」果然是對自己公眾形象負責到一絲不苟的學人大家風範。

青少年時期埋下哲學的種子

我父親是國民黨軍官，小時候家庭條件不錯，只是比較動盪，部隊總在轉戰，家屬得跟著軍隊走，所以我的小學換了很多，直到九歲在濟南「省立第一模範小學」讀書，以後才穩定下來。受的教育就比較雜，總的來說是中西合璧——既讀《龍文鞭影》等蒙書和四書，學寫文言文，也學科學、音樂和體育。經過小學教育後，讀古文基本上沒有問題了。

我印象最深的是，老師在課上傳授一些性知識，比如結婚以後要有所節制，要保養身體。這些我們當時似懂非懂的。現在回想起來，那時候的教育觀念還是很先進的。那時候除了上學，我額外讀的書好像不多，倒是玩得比較多。我的成績還可以，學習沒有感覺到壓力。在小學的時候，我開始養成思考的習慣。那時候我喜歡自己琢磨一些事情，比如這個世界到底是什麼樣的，各種事物背後的真相到底是什麼。

我從小學到中學，成績一直中等偏上，不是最好的。我強調不是最好有這樣一層意思，現在很多成功的人，把功勞都記到自己頭上，好像完全是自己刻苦努力出來的，其實自學成才也需要環境，機會也有關係，需要別人的幫助，所以把自己看得太高，這是不對的。

我讀的高中是北平大學附屬中學，這個學校只辦了四年就關了，卻是非常好的學校。教師很好，很多都是北大畢業的，其中一個教「黨義課」的老師魯滌平，把課堂當自己發表政見的講壇，上課喜歡用「大家聽聽可笑不可笑」開頭，專門攻擊「三民主義」。

透過他們，我知道了引領思想界的那些大家：梁啟超、胡適、魯迅，並且開始讀他們的書。那幾年我讀了很多課外書，有的是老師指定的課外閱讀資料，有的是自己找到的。我現在深深體會到，讀書初期，老師的影響是非常重要的。世界上的書太多了，完全憑興趣讀怎麼讀得過來？好老師能把你引向好書。我對哲學史感興趣，就是因為國文老師提到了學術界關於老子生活年代的爭論，我就搜索不同學者論述這個問題的文章，很有收穫。

在他們的影響下，我決定報考北京大學的哲學系。高中畢業後就順利考取了。北大哲學系是我的最高理想。我從小就喜歡刨根問底，很自然地就喜歡哲學，哲學就是要追問個為什麼，思考根本性的大問題，比如，人活著幹什麼？為了找工作混口飯吃？為了成個家？這樣的目的太小了，我覺得不夠。

學哲學不好找工作，當時我倒沒有想這麼多，充滿浪漫主義空想。喜歡就喜歡，不多想別的。年輕人還是需要些浪漫主義，太實際了、急功近利不好。不過做哲學真的不容易，當時一同入學的十幾個人，最後堅持下來、終身做哲學的只有三個，一個留學美國，一個在人大，都去世了，就剩下我一個。胡繩跟我同一年考上了北大，他不喜歡唯心論，不喜歡西方哲學，上了一年就參加革命去了。他中學底子打得好，是蘇州中學畢業的。以前的中學了不得，葉聖陶、魯迅都教過中學的。高中生出來，就有相當功底。跟現在是兩回事。

到北大以後，我讀書就比較專了。我剛考進去時，北大還在沙灘。圖書館設在一個叫宋公府的四合院裏，館裏藏書很多，書的質量也很高。《四部叢刊》、《諸子集成》、《古今圖書集成》、《二十六史》、《冊府元龜》這些工具書和叢書不用說，《四庫全書》、《永樂大典》也有。當時的館長是毛子水，他留學雖然是學科學的，卻精通文史，對古籍鑒定非常精通，買進了很多善本古籍。

圖書館是全天候全方面完全開放的，任何人都可以進任何一個閱覽室隨便看書，不一定要是北大的學生。只有進書庫才需要借書證或學生證。無論中外文閱覽室都是開架的，書架旁邊就是桌椅，看書很方便。我有時候去看一整天的書，中午出去吃飯，書和包就攤在桌上，回來再接著看。在全開放的情況下，圖書館也從來沒有聽說丟過書。那時候的經歷讓我形成了一個觀念：圖書館裏的書，不是為了收藏的，是為了給人看的。收得很好，不讓人看，要書做什麼？

北大圖書館的環境也不錯，四合院裏有很多古樹，幽深肅靜，非常適合讀書。但冬天館裏很冷，簡直坐不住。兩年後，新圖書館蓋好了，用的是鋼筋門窗，在當時是最時興的，就沒有那種冷得讓人受不了的痛苦了。

那時候我看了很多哲學方面的書，既是我的專業，也是自己愛好所在。讀書的時候會感覺生命非常充實。我還喜歡進書庫去看書，不一定有太明確的目標，碰到什麼書都翻一翻，常常會有意外的收穫。發現重要或感興趣的問題，再通過圖書索引卡片去找相關的書，借出來集中地看。這樣能做到在駁雜的基礎上精專。

北大整個讀書期間一直受日本干擾。上著課就有掛太陽旗的飛機在半空轉，聲音很大，老師就停一下，等噪音過去了再接著講。抗日的情緒就是這樣被日本培養出來的。我們從中學開始，每個人心裏都有一本帳，就是日本佔領了中國，我們一定要報仇。

到了大三，打起來了，七七事變，北京被佔領。我們當時放假在家裏，報上廣告說北大、清華和南開聯合南遷，連名字都沒取，就叫「臨時大學」，要學生開學時到長沙去報導，我就從山東直接去長沙。十月才開學，人到不齊。不過當時黃河以南的社會還不亂。

時事動盪中的第一次學術轉型：從西哲到中哲

半年後南京失守，長沙也不能待了，我們轉移到雲南蒙自縣。

當時的轉移路線有三條：一是從長沙到香港，轉渡輪到越南河內，再到昆明。二是由國內公路到廣西桂林，再轉昆明。馮友蘭走的就是這一條線。坐船比坐火車便宜點，也合適身體不好的女生。第三是從湖南步行到昆明，叫「湘黔滇旅行團」，一共兩百多人，包括老師聞一多、生物學家李濟同，還有學校幾個醫生，都是男的。先報名，體檢，合格的打瘧疾、傷寒預防針，寫志願書，這才出發。當時路上要過深山老林，山裏有瘴氣，其實就是瘧疾。一路是很艱險的。

我們走了差不多兩個月，很艱難。湘西土匪很多，不過他們對讀書人還好，比較客氣。貴州有的縣裏還發公告，說北京的學生來了，市場上不准高抬物價。我們看了都很感動。中國的傳統，對讀書人還是很尊重的。

這三千多里路對我影響非常大。之前我沒真正接觸過中國的底層農民，現在我們住在農民家，旁邊就是豬圈，睡覺鋪稻草，對農民的生活簡直太熟悉了，中國農民怎麼生活，想的是什麼，我慢慢都知道了。我強烈的感到中國民族的希望寄託在他們身上。魯迅的《阿Q正傳》寫國民性批判，那是恨鐵不成鋼。其實我們的國民性還有另外一面，就是無怨無悔、犧牲了一切為了這個民族。這種精神讓我很震動，我就想，為什麼會這樣呢？他們又不識字，應該有一個文化的傳承才對，我對這個產生了興趣，覺得中華民族的民族精神很值得深入研究，就從西方哲學轉到中國哲學方面的研究了。

西南聯大生活很苦，做學問有一定困難。從湖南遷雲南，可以說是顛沛流離，一路上很多東西都丟了，書也一樣。三個學校的圖書館都不同程度地被毀。清華還搶救了一部分書運到雲南，北大完全沒有，被一把火燒光了，不過當時滇黔鐵路是通的，國外的書和雜誌都能看到，普通的書也能買到。昆明在當時是個國際大都市。有好書大家也抄。另外，我們這一輩人小時候都要背書，腦子裏記了很多東西。所以做學問還行。當時很多老師的著述都是在幾乎沒有任何參考書的情況下完成的，他們的功底很深。

我們那時的學習，主要不是靠讀書。師生住在一起，朝夕相處，我們聽老師們討論學術問題，辦學術講座，這就是最好的學習。

我畢業後繼續讀研究生，然後畢業留校。北大有文理法三個學院，當時教育部規定必須有三個學院的才稱大學，否則叫學院。我屬北大文學院，主要做中國哲學史研究。學校規定剛研究生畢業的年輕教師只能教選修課，必修課——比如「哲學概論」——是打基礎的課，必須要老教授講，和現在大學裏的情況正好相反。我開了宋明理學（朱子學）和佛教課。為了上課，我非常積極地準備，因為選修課如果沒人選，老師很沒面子的。

當時聯大的同學分三大塊，一是搞革命工作，用學生的身份做掩護，他們經常轉系，多方開展工作，比如王漢斌、彭佩雲。我是他們的老師，汪子嵩、張世英都聽過我的課，汪子嵩好像是地下黨員。另一派是國民黨三青團的，黨部掛著牌子公開活動，這是一左一右。絕大部分則是中間派，有正義感，不願當亡國奴，也參加活動和遊行，比如打倒孔祥熙、一二・一，在重慶遊行不起來，在雲南就可以。遊行的時候我也參加，朱光亞、鄧稼先都是這一派，運動來了就參加，運動完了再回去學習。

在抗日方面，老師也有共同語言，左的是吳晗、聞一多，右的是馮友蘭，但抗日愛國的情懷都是一致的。馮友蘭是國民黨員，但是沒為國民黨做過什麼事，這是肯定的。他入黨是因為當時有規定，系主任必須是黨員，才能申請到護照。當然也有例外，我們哲學系主任湯用彤就不是國民黨員，不過他後來也沒參加共產黨。

我現在體會到了，黨的政策有三大法寶，統一戰線是其中之一。黨的統戰工作非常成功。它為什麼厲害呢？它把大多數人團結在一起。任何時候，左派和右派都是少數。「抗日」是最吸引中間派的，只要有這一點，別的一切都好說。「抗日」的口號和願望符合多數人的要求，這一點非常得民心，愛國主義是團結廣大師生的紐帶。當時大家形成共識，我們一定會勝利，有演講會、歌詠隊、話劇團、學術報告、時事報告、詩朗誦，文化活動很活躍，聽不過來。絕對沒有亡國的悲觀論。

政治形勢下的第二次學術轉型：從哲學到宗教

一九四五年西南聯大準備解散，一九四六年我回北京，繼續在北京大學哲學系教書。五〇年代全國只有北大一家哲學系。集中了全國二十八個哲學教授，力量很強的，一門「中國哲學史」課程，四個人講，馮友蘭講第一段，先秦，我教第二段，魏晉，因為有佛教嘛，張岱年講第三段，宋明理學，石峻是第四段，近代部分。陣容很完整的，後來再沒有這樣上過課了。

一九五二年的院系大調整並不是為了學術，主要是為了思想改造，是搞運動。當時我很真誠地參加，覺得自己對社會主義瞭解不夠，對馬克思著作研究不多，需要補補課。當時對哲學也有成見，認為以前的哲學都是唯心論，是不對的。要思想改造，大家都突擊俄文，我也突擊過，學馬恩全集，還買了蘇聯版的列寧全集讀。

一九五九年，毛澤東找我談過一次話。後來一九六三年周恩來出訪亞非十四國，為此要成立十四個研究所。毛澤東看了報告，批示加個「宗教所」，點名由我籌建。再後來，毛主席說學制要縮短，教育要革命，於是我們就去了幹校。

當時是真誠的，也聽到有些老幹部說是上層的鬥爭，可我也不懂，後來才慢慢清楚了。當時在鄉下不准看書，也沒別的事可做，我就學針灸，看《皇帝內經》，治打擺子，扎針兩小時後，白血球會增加。針灸跟陰陽五行關係很密切，我下放在信陽的羅山，農村很苦，缺醫少藥，我很受歡迎，別人都不知道我是來幹校改造的，都說我是北京來的老中醫。

毛澤東吃虧就吃虧在沒出國看看，出去過就會好得多。他和農民的緣分很深，所以蔣鬥不過他。可他成功在這裏，侷限也在這裏，搞社會主義建設了還是自給自足的小農經濟思想，那時說我們「沒有內債也沒用外債」，是很驕傲的，其實要有債才好。這就是思想意識的限制。

一九七二年，我回來了。因為毛主席說要學點哲學史，但沒有教科書，於是就把我調回來編，我說還需要幾個人，就把汝信和李澤厚撈出來了，當時有楊榮國寫的中國思想史，以儒法鬥爭為主線，江青很欣賞，我們沒有這麼做，還是從哲學史來講哲學史，所以不受歡迎。不過沒關係，我又不想當官，做教授怕什麼。

儒教是宗教和研究生培養問題

到宗教所以後，我提出過一些觀點，比如儒教是宗教。中國有皇帝的時候就有宗教：儒教，兩者結合在一起，皇帝是教主，政教高度合一，皇帝就是教皇，天壇就是宗教的祭壇。

儒釋道是中國文化的三足鼎立，都是宗教。三宗教結合點就是政治，儒教居正統，政治地位最高，但社會地方可能不如佛教那麼廣泛，信佛教的群眾多。我都不信，我是無神論學會的理事長，我只是研究宗教的，以前宗教研究所招人有個要求，就是不信宗教。宗教就像廣告實行三包那樣，承諾能滿足你什麼願望。別的學派慎重，這樣不負責任的話只有宗教才敢說。不過宗教也有好處，能暫時給人安慰。

我就是覺得，中華民族並不把血統看得很重，我們重文化。文化這個東西和政治不一樣，政治可以切斷，從一九四九年開始，就是不一樣的。但文化不是這樣，是切不斷的。就是砸了孔廟也沒用。中華民族這個大一統的傳統很好，可以保證我們從整體的角度考慮，過去豐能濟歉，各地之間資源可以調配的。

我很重視教育問題，認為教育是立國之本。現在到處宣傳上車要排隊、布隨地吐痰，這些都是常識，是幼稚園就要教的。現在還要來教大人。你看二戰後，日本那麼困難，可他們就堅持中小學教師的工資不降低，他們注重發展教育，重新發展起來就比較快。日本那麼小，沒有什麼自然資源，他們就搞智力資源開發。德國也是，決不放鬆教育。我們國家的發展，不能只看經濟進步，那是二十、三十年就可以做的事情，只看這個太近視了。

我們現在的教育，有一點很不好，就是一定要找個標準答案。這不利於百家爭鳴。小學老師問，月亮像什麼？小學生說，像船、像香蕉，多好的回答。可標準答案是像船，回答香蕉就不對。可見有了標準答案就會禁錮思想。另外，我覺得我們頒獎，總是獎給成功的人和事，還不夠，要設立「失敗獎」。這麼說不好聽，那就設立「經驗獎」，打敗仗的經驗很重要啊，鼓勵大家不怕失敗，有意義的失敗，以後就通向成功了。

現在的研究生培養方法很成問題，我們讀書的時候，不要求發表文章，也不要求聽課，就是讀書，導師根據學生情況開單子，學生看，過一段時間有一次談話，我的副導師是賀麟，也要開單子、定期談話。這樣的侷限是量不能大，不像現在，老師一帶十來個，人都認不過來。現在只說發文章，文章質量怎麼樣，是不是抄的都不管。現在研究生教育的辦法不行，我那時候的辦法也不行。

我現在不看研究生論文了，給別人不及格也不好，乾脆不答應，就說我忙不過來，你找別人看吧。現在招學生的時候就想著要他畢業，有一次答辯，外校一個老師問了幾個問題，學生都答不上來，結果導師急了，說「你是考他還是考我啊」，就讓學生過了。

我發現一個問題，我們圖書館有「博士生文庫」，收的論文質量逐漸滑坡，這是個危險的信號，文科不行，整個人和民族的精神面貌都受影響，這些問題我很憂慮。

老驥伏櫪，壯心不已

我的社會兼職很多，是很多書的主編，這一點我很無奈，很苦惱。比如剪綵，好好的綢子一剪兩半，我挺心疼的，建議用繩子，好剪。我給自己規定幾條：不過生日，不出全集，不參加宴會。過生日最沒意思了，坐在那裏不動，大家都說重複的話，說了好多年的那些話。在外面吃飯也沒意思，吃多了亂七八糟的東西還不消化。現在精力也不夠了，以前熬一夜能寫個萬把字的文章，現在早上不超過五點就起來工作，沒有電話打擾，人也清醒。午飯後就差一點。還有一個眼睛看不見，所以要用拐杖，測距測不準，筆都插不進鋼筆帽。用一隻眼還很累，不能休息。

我現在手頭有兩項任務，一是主編《中華大典》，七億多字，我每週來國家圖書館兩次，就是為這個。還有《大藏經》，已經完成了一億多字，現在編的續集，兩億多字。

這兩件事上了軌道運轉起來後，我還想搞點自己的事情，寫個簡單的「中國哲學史」，再做點無神論方面的工作。我是堅定的無神論者，一九五六年入黨的。共產黨員都是無神論者。現在的人考大學要算卦求籤，好像有外在的力量操縱命運，這就是有神論，這種思想指導工作是無效而且有害的。

馬克思主義的基礎是無神論，愛國主義的基礎是歷史。西南聯大的時候，很多留洋的學者都回國，現在的青年不同了，往外跑，誰的錢多給誰幹活。我想到這些就很憂慮。我們的歷史很長，優秀事蹟很多，有很多可宣傳的，可歷史教學很短，不是主課，這對於愛國主義宣傳不力。日本成立滿洲國不准講中國歷史，香港的中學歷史教材裏沒有鴉片戰爭。所以說欲亡其國者，先亡其史。

我總的一個原則是知識來自社會，要回報社會，我做的所有工作都是這樣一個總的目的。

何兆武——史中人生，愧煞人間

個人簡歷

一九二一年出生，一九三九年考入西南聯大的清華大學，直至一九四九年研究生畢業。曾在國家圖書館和陝西師大工作，後長期在中國社科院歷史研究所從事歷史哲學和思想史研究，翻譯了大量西方經典著作。一九八六年調任清華大學中國思想文化研究所教授，並兼美國哥倫比亞大學和德國馬堡大學客座教授。

主要著述

《中國思想發展史》及其英文版《*An Intellectual History of China*》，《歷史與歷史學》、《近代西方思想史》、《當代西方史學理論》，論文集《歷史性批判散論》。參編《中國思想通史》、《中國近代哲學史》、《中國思想史綱》、《宋明理學史》等。重要譯作包括商務印書館「漢譯世界學術名著」中的《社會契約論》、《西方哲學史》、《哲學問題》、《歷史的觀念》、《歷史理性批判》、《思想錄》、《法國革命論》等，另有《論科學與藝術》、《德國的浩劫》、《人類解放的故事》等。

訪談手記

何兆武的家簡樸到清寒的程度，進門都不要換鞋。逼仄的小公寓，一間給了保姆，另一間便是何老先生的客廳、書房兼臥室，室內只有一把籐椅，我坐了，老先生就只能坐床上。幾個小時的談話中，我始終坐得極端正，因為我若前仰，會撞到何老先生的頭，我若後合，又會碰倒他的書。

但何先生家裏的一切都極乾淨而整齊，每一樣東西都放得規規矩矩，沒有一張紙是捲邊的。老照片和資料都用密封塑膠袋裝著，上面作了文字標注。

如此簡陋而謹嚴的生活，讓我心疼。

何兆武八十大壽時，清華大學人文學院和《史學理論》打算祝賀一下，他極力辭謝，祝壽活動終於改成了學術研討會的形式。可開會那天，他竟臨陣脫逃，人間蒸發。誰也想不到去清華圖書館逮他，他得以偷得浮生一日閒，看了一天的閒書。

當我問到這件事時，他平靜地說，人應該有自知之明。「我夠不上。我是廢品，我們是報廢的一代」。一個在當今史學理論界可持牛耳的耄耋老者自稱廢品，我聽著不覺癡了。如此荒唐話，個中的辛酸，誰又能解其中味？

童年：政局流轉中的少年

我記憶中的父親形象很模糊，好像上小學後就沒見過他了。他在清末受的是新式教育，不上私塾、讀經子，念的是湖南高等師範學校和湖南實業學堂。畢業那年正好趕上辛亥革命，成立了國民政府。他應邀去南京工作，後來隨政府遷到北京，我就在北京出生的。

我讀小學時比較淘氣，喜歡看小說雜書，還參加過童子軍，後來在北師大附中讀書時，也關心時事政治，看一些時政雜誌。

一九三七年升高中那一年，抗戰爆發了，我們全家回到湖南老家，當時的中央大學從南京遷到重慶，中央大學附中在長沙，我在那裏讀了兩年，高三跟著學校轉到貴陽。戰爭中物價飛漲，開始餓肚子了，學校吃飯不要錢，可要搶到夠吃卻不容易，搶飯吃要手腳快、力氣大，動作慢一點，飯就沒了。我總是搶不過人家。一年後，我考上了西南聯大。

讀中學的時候，我的成績還是不錯的，但是完全不知道自己以後要幹什麼。高中畢業填志願時，有個同學對我說：「我這樣讀書不行的只好讀文科了，你們成績好的當然讀理工科了。」當時就是這樣的意識，沒用的人才學文科的。

我也準備學工。因為當時讀了一本豐子愷寫的書《西洋建築講話》，很喜歡，就決定學建築，其實也是很盲目的。現在想起來，幸好我沒學建築，否則我蓋出的房子塌了，會壓死人的。

中學生是不可能知道自己的，所以現在的中學教育分科太早不好，像我們那時候，大人也不給什麼指點的，就是給你足夠的自由，什麼都開放，文理法工隨便你自己看，自己喜歡，這樣在廣博的基礎上，慢慢的就能找到自己的興趣，可以自然發展了。

我的大學：永遠的西南聯大

我跟西南聯大的關係，這麼說吧，我就生活在聯大的圈子裏，我的同學、親戚、最好的朋友，都在這個圈子裏。我們家四個孩子，我，兩個姐姐分別學化學和經濟，一個妹妹學中文，聯大的。姐夫和妹夫、我老伴，也都是聯大的。

我曾跟人說，在西南聯大的日子是我人生最美好的時光，讀本科和研究生，從十八歲到二十五歲，也是人生最好的一段時間。其實那時從物質上來說，是最苦的一段時間，常常餓肚子，而且還要跑空襲，警報一響就往最近的防空洞跑。可就是這樣，還覺得非常美好，是因為自由。生活自由，思想也自由。這也是當時的具體環境決定的，雲南的地方勢力和蔣介石的中央勢力有矛盾，黨化沒有深入到高校。

在西南聯大讀書，在雲南街上的茶館裏論學，這些美好我就不用說了，大家都知道的。那時候生活很簡單，沒有娛樂，就是學習、清談。老師和學生之間很平等，既是學問上、人格上的平等，也有共赴國難的意思。還有就是最大限度的自由，思想的開放和自由。我總覺得，人就應該給他最大的自由，這才是真正的人權，根本的人權。

我在清華大學前後讀了四個專業：本科是工程和歷史，研究生是哲學和外語，不過一樣都沒學好。第一年讀工科，目的是為了以後學建築，土木工程。我們一年級不分具體專業，學的是工科的公共必修課，微積分、物理，還有投影幾何、製圖課，就是要畫畫，我最不擅長了。慢慢的就覺得很苦，沒興趣了，覺得還是文科比較性靈，後來改學了歷史。那時候轉系很簡單，只要學分修夠了，隨便轉。

其實讀歷史也是糊塗選擇的，不知道為什麼。不過學的時候感覺很幸福，很喜歡。大四開始，我在中學兼職。大家都很窮，日子很苦，能在外面賺點錢生活就改善了。當時昆明的幾十所中學基本上都被聯大學生和老師包了，朱自清在聯大是我老師，在外頭成了「同事」，教同一個中學同一個年級的語文，我們各教一班。還有的學生到外地去教書，考試時才回來，學校也不管。

畢業後我接著上研究生，學的是哲學。研究生兼課的工資又高些，生活還不壞。誰知剛讀了半年，我生病了，肺病，吐血吐得很厲害。當時也有點害怕。我們有些同學就是這樣死了的，都是成績很好，很有才華的，很可惜，但也沒辦法。當時生活條件差，沒病不預防，病了也不知道是怎麼病的，也不治，好了就好了，不好就死了，完全是自生自滅，自然淘汰。

我病休了一段時間後，就轉外文系學西洋文學了。法語、德語，都是那時候學的。後來還搞了一點翻譯，像我這樣沒有在海外留過學的人作翻譯是很少的。我沒讀畢業，研究生最後一年，課上完了，但論文還沒寫，正趕上一二・一學生民主運動，西南聯大又說要北上回去了，要分家了，形勢很亂，大家也都沒心思了。

另外一個原因是我母親在臺灣病了。一九四五年抗戰勝利後，國民黨去臺灣接收政權，姐夫在教育廳工作，便過去了，姐姐跟著到臺灣女子師範學校和臺灣清華大學教書，母親跟他們一起。姐姐說母親的病很嚴重，當時的意思是要趕去見最後一面。一九四五年深秋，我離開雲南清華，去了臺灣。

在人間：從舊社會到新社會

後來母親的病好了，可是解放戰爭開始了，兵荒馬亂的，我就滯留在臺灣，在臺灣一所極好的中學建國中學教書。教了兩三個月，又吐血了。

在臺灣的日子總的來說心情很不好。一個是臺灣的天氣又熱又潮，我不習慣，另外又沒有熟人，語言不通。最苦惱的是，我發現臺灣人對祖國的認同感不強，印象最深刻的是有一次我去買東西，當然難免要討價還價，想不到他說：「你不要還價了，這可不是在你們中國。」我非常震驚。臺灣被日本控制了五十一年，他們的皇民教育太深了。我對此估計不足，離心離德的，感覺很不舒服。

好不容易捱到一九四七年春天，形勢稍微好一點了，我的病也穩定了，就離開了臺灣。之後我便與姐姐一家斷絕了往來，幸虧斷絕了，否則以後我還不是現成的裏通外國的間諜？他們後來一直在美國。去年我去美國，我們見了面，我回國一個月，她就去世了。

離開臺灣後我首先回了岳陽老家，我另一個姐夫是湖南省十一中學的負責人，我就在那裏教了一年書。我前後教過五六個中學，文科類的幾乎都教過，語文、外語、歷史、地理。

湖南和平解放後，一九五〇年，當時有個華北人民革命大學的政治研究院，因為面臨全國解放，缺少幹部，招些中學生去學習三個月，就派出去代表共產黨接收政權了。我想對新的政府有所瞭解，以便適應新社會，就去學習了半年，學馬列理論，黨的政策，進行思想改造吧。畢業後被分配到北京圖書館工作。

我願意去北圖的初衷，是在那裏可以看很多書。可是去了以後才知道，根本沒法靜下來看書，整天是運動，運動。在三反中我還被記過了，還有個人被開除了，很奇怪。因為三反是反貪污、浪費和官僚主義，要當官的才有可能的，我沒官沒職的，怎麼也觸上了「走資本主義當權派道路」？反正這件事教育了我，以後說話做事要掌握分寸。

在北圖待得不如意，我就想到學校去。一九五二年院系大調整，西安西北大學的歷史系分出去師範學院了，就是現在的陝西師大，我就去工作了四年，但不是很舒暢，環境不適應。

一九五六年，我遇到了一次機會，中央提出向科學進軍，做了個十二年的遠景規劃。中國科學院大擴軍，今天的社科院當時也屬中科院，西北大學校長侯外廬被調到社科院歷史所當副所長，搞《中國思想通史》，我也參與撰稿。郭沫若是院長兼所長，本來要請陳寅恪的，可他在上海不肯來。

我是五〇年代在北京結的婚，對象是外文系的老同學曹美英，我開玩笑總叫她「帝國主義」，她年紀還比我大。

我是一九五六年底調來的，可是來了就不務正業。一來就趕上大鳴大放、一九五七年夏天的反右，然後是大躍進、三年困難時期，最後是文革，全部的時間和精力都投入運動。歷史所的不研究歷史，就是不務正業，當時所有的人都在搞運動，都是不務正業。我在社科院三十年，真正搞業務的時間不到三年。當時我們都幹了什麼？查什麼地震資料，編這裏那裏的地方誌，還有就是幹粗活，體力勞動。西直門的城牆就是我們歷史所的人拆的，很可惜。八百年的帝都卻不保留。香港到處是高樓是可以的，因為他們以前是荒島。巴黎、維也納就不行，他們的古堡、凡爾賽宮都保留得很好。

如果說跟業務相關的活，就是給你一個論點，一個結論，你從史實中找點能證明的例子。這不是研究，而是宣傳工作。正常科研的結論應該是研究的結果，而不是前提。當時的情形是相反的。研究也不強調個人興趣，只講集體需要，要服從安排，滿足組織的需要。那時候沒辦法。這樣干擾學術的正常發展不好。到現在還有這個問題。

現在的學術界也有問題。我曾跟北大一個中年教師說，他們趕上好時候了，沒有政治上的強制任務，可以按自己的興趣做自己的事。結果他說，不行啊，他們也安不下心來做學問，因為「心理不平衡」。

一九七一年，我被打成「現行反革命分子」，作為人們內部矛盾處理。最主要的罪狀有兩條，其中之一是「惡毒攻擊敬愛的江青同志」。怎麼惡意攻擊了呢？就是那時報上老登江青的照片，我在一次私人閒聊時，就說，她總是拋頭露面的，這樣不合適。就被告發了。

還有一個罪狀，說起來是個笑話。五〇年代，羅素在西方宣傳和平運動，就是反美國霸權。所以我們很喜歡，邀請他來中國，他也答應了。可他九十多歲了，身體不行了，沒來成，只是把自己的《西方哲學史》送了一本給毛澤東。毛把書交給下面的人，要他們翻譯出來。那時的出版社出什麼類的書，規定很嚴格的，所有的外文翻譯都是商務的事。書交到商務印書館，商務因為跟我合作過，又交給我，任務就是這樣一層層派下去的。

我譯了前面一部分，後面的也懶得搞了，就擱下了。這事兒到了文革，毛澤東思想工宣隊，按說當然是維護毛澤東思想的，可他們說羅素是資產階級，我翻譯他的書就是「為中國資本主義復辟招魂」。沒有毛澤東的命令，商務別說不敢翻譯，也拿不到那個原版書啊。這不成了打著毛澤東的旗號反毛澤東嗎？

另外還有些小的罪狀，比如我們以前中午都不回家，在單位吃飯。可食堂人太多，排隊要二十多分鐘，我為了省事，就自己帶飯。可是帶飯菜吧，涼了不好吃，所以我就帶麵包。其實我也不喜歡吃麵包，但麵包可以涼的吃。這就成了「崇洋媚外」。我現在想起來覺得很好笑，布希父子倆來中國的時候，我們電視臺報導說，他們很喜歡吃中國菜，那這對美國總統豈不是崇華媚夏？他們那時候有特殊的思路，和正常的不一樣。沒法說的。

我是一九六八年被揪出來的。不過我運氣好，當時批鬥的高潮已經過去了，衝擊不大。侯外廬就不行了，他是早一批被揪的，他壓力大，癱瘓了。而且那一次的重點是抓五・一六反革命陰謀集團，我是「單幹戶」，不屬於任何一派，他們對我比較鬆，沒有關起來，而是派我負責送飯，還是有一點自由的。哈哈。

老者的人生感慨

一九八五年清華成立思想文化研究所，我願意回母校，就調來了，每年上一門課，一九九一年離休後又返聘了幾年。

我有個看法，就是在治學方面，過去有一個缺點，不准發表不同的意見，搞一言堂。這不對，學術就必然有不同的見解。我來清華後，期末考試，教務處要我出題，我出了，他們又要我提供一份標準答案。我說沒有，學生怎麼發揮都行。他們說不行，必須有。我只好寫了一個給他們，這是體制的問題，他們也沒辦法。其實以我為標準，是很荒唐了，這樣學生就沒有創造性了。

現在，我的身體還可以，做過一個心臟病的小手術，就在我做手術的那一天，我的妻子去世了。這也許是解脫，她得了十年的老年癡呆症，不認得我。我以前還每天出去散散步，去年年底摔了一跤，骨折了。現在就不怎麼出門了。

每天呢也還是看點書，好些雜誌都給我寄，我也就翻翻，看著玩，是遊戲。《讀書》、

《萬象》、《博覽群書》、《書城》等等。《讀書》現在不如從前了，不如沈昌文那時候，現在太專了，我能看的只有一兩篇，我覺得它定位不對，其實真正專業的文章人家又不在《讀書》上發。《萬象》的定位好像也有點偏，舊上海灘的太多了。今年我還給萬象寫過一兩篇稿子，九期有一篇〈有關張蔭麟及其他〉。還有別人送給我的書，我多少要翻一下的。

我也會找些自己感興趣的書來看，主要是關於文革的書，各種回憶文章。當然不是研究，算是獵奇吧，因為自己親身經歷過文革，是生命中很重要的一段，就想瞭解一些真相。但現在正面研究的很少，我就看一點港臺版的，包括一些地下流傳的書，我也好奇翻翻。比如最近看到香港一本講林彪的。當年《毛主席選集》的再版前言就是林彪寫的，我們都能背，每天早上都要背一遍的。有一天早上背了，上午突然通知到大食堂開會，軍宣隊的人上來就說「林賊叛國」。變化很快，當然我們也不意外，因為類似這樣一夜之間從天掉到地的變化太多了，陳伯達、劉少奇、戚本禹，都是，所以不吃驚。可到了現在，我就想知道一點真相。獵奇而已。今年我印象最深的書，是章詒和在香港出版的《最後的貴族》，寫得不錯。周一良的書我也看過，還有些看法的。

我對現在的書最大的印象是，錯字太多了，印得都那麼漂亮，卻錯字。以前商務印書館的書，沒幾個錯字的，現在不同了。我的《上學記》錯字就很多，每次別人找我要，我都要把錯字都改了再送人，一本要改一個多小時。我不知道為什麼，也許是現在校對工資不高，工作就沒那麼認真了？很可惜。

還有一個可惜：現在的舊書店少了。以前北京有很多舊書店，去逛逛，發現一本老書，真是大樂趣。現在都賣新書了。我家離萬聖書店不遠，有時我會走過去看看書，還不錯。但我買的不多，沒地方放，家裏的書還要清理了賣呢，沒辦法。

我現在最發愁的就是我的書，有精力的時候就清一清，賣掉，值得留的以後送給學校。研究嘛，還寫點小打小鬧的小文章，大東西是做不了了。正經的書我是不能看了的。我是搞思想史研究的，但現在不看正經的思想史了，更談不上研究。這麼多年，我沒有成就，或許做了一點工作，大部分是任務，也有少數是自己感興趣的，但談不上成就。

人啊，十四五歲到二十四五歲那十年，是思想定型的時候，以後可以有技術性的改變，但基本方向不會變了。語言習慣也是這樣的。四五十歲以後就只能吃老本了，不可能有大的突破和發展了。藝術更早些，十幾歲就定了，有多大能耐都使到頭了。

我們說活到老，學到老，但不能進步到老。人是有極限的。所以，我們這一代人是報廢的，比我年輕的那一代人基本上也是報廢了的。報廢了。

林斤瀾——一事能狂即少年

個人簡歷

一九二三年六月一日生於浙江溫州，初中畢業後走向社會，參加抗日活動，一九四五年畢業於國立社會教育學院，一九四九年後為北京市文聯專業作家，中國作家協會會員，參加過北京作協的籌建工作。曾任《北京文學》主編、北京作協副主席、中國作協理事、名譽全委等職。二〇〇七年獲北京作協「終生成就獎」，以創作短篇小說見長。二〇〇九年四月十一日去世。

主要作品

戲劇集《布穀》，成名作《臺灣姑娘》，小說集有《春雷》、《飛筐》、《山裏紅》、《石火》、《滿城飛花》等，代表作《矮凳橋風情》等，文論集《小說說小》等。

訪談手記

林斤瀾說話，一句是一句。問他，據說您「遠看像趙丹，近看像孫道臨」，劉心武也說，稱您為美男，實不過譽？他哈哈笑，說，嗯，溫州出來的文人長得都不錯，經看。

再問，有人說您世事洞明，往好裏說是機智，往壞裏說，是世故？他還是哈哈笑，說，嗯，世故也是涵養。

最後吹捧他，說，您信佛，都說您和汪曾祺是一佛一道？林斤瀾笑得更哈哈了，說，這個就不對了，佛講的是無欲，對世界無所求，可我有所求的。求什麼？求名利，求世俗，總之求的東西多了。

這麼個可愛的老頭兒，平白清淺如水，說話乾脆俐落，回答問題、處理事情，都清澈透明，一點不拖泥帶水。他的小說，怎麼就那麼九曲迴腸，讓很多人看不懂呢？

一生一事，一個人

我父親一生只做了一件事，就是辦學校，還是小學。我的一生也只做了一件事，就是寫小說，還是短篇。

父親臨丙坤主張教育救國，一九一四年創辦了滄河小學，學校現在還在溫州。我小時候，他盡忙著學校的事，外面的事，社會的事，沒空，根本不管我。他有十個孩子，四男六女，管也管不過來。

我是一九二三年出生的，日子是農曆四月十七。一直記得這個日子，到老了才知道，那一天的陽曆是六月一日，兒童節。呵！奇怪的是，我身份證上的出生日是八月二十五日，為什麼錯得這麼離譜，我也不知道。也想過去派出所更正，可戶籍警跟我說，這個改起來太麻煩，「你就湊合著用吧」，所以我就一直湊合著。

我的名字說起來也很囉嗦。本來叫林慶瀾，後來改名林斤瀾。可老伴一輩子都叫我「阿傑」，是因為小時候外祖父喜歡我，給我改名魯林傑，跟他姓。小時候父親不是不管嘛，我就長期住在外祖父家。外祖父教私塾的，每星期給我講一篇《古文觀止》，都要求背。也講傳統小說，《三國》、《水滸》、《紅樓》什麼的，講完了再要我講。還規定我必須每天寫篇日記，好在我從小喜歡作文，也不覺得苦。

外公是很開明的人，他的三個女兒都放了足，都送去讀書，我初中畢業要去鬧革命，家裏有意見，最後還是外公點了頭才算數。

我一九二九年進的小學，就是父親辦的海坦鎮滄河小學。然後讀中學，溫州中學。那時候就對兩件事感興趣，一個是文學，一個是革命。

初中剛讀半年，一九三五年「一二・九」運動來了，影響到溫州，我們也遊行，好多學生，還準備一起去拆日本人開的一家「東洋堂」雜貨鋪，喊著口號走到半路，被員警截住了，沒砸成。但熱情是高漲的。

其實我讀書時是好學生，聽話，成績也好。中學時，我們有個「廚房會」，說起來很好玩，就是一干同學，下課後溜到廚房大師傅的宿舍裏去，那裏有茶、有煙，廚房後牆上還有個洞，平時用竹筒堵上，聽到外面賣餛飩、賣魚丸面的敲梆子聲，食物和錢就從洞裏出入，不必跑出學校院子去。

當然，廚房會主要還是讀書，讀得多的是文學書，外國文學、中國文學都看，來者不拒。我訂了很多進步文藝雜誌，《中流》、《譯文》，知道了魯迅、茅盾，也讀救亡刊物《大眾生活》、《世界知識》，也算禁書，都藏在廚房師傅床鋪的褥子下。

廚房會的創辦者是趙瑞蕻，楊憲益的妹夫。後來由馬驊接管。我是年齡小的，跟在他們後面跑。後來，廚房會發展成正式的讀書會，叫「野火讀書會」，高中部的同學也參與進來搞，那時候我已經快畢業離開了。

十四歲那年初中畢業，趕上盧溝橋事變。我們那個熱血啊，沒心思讀書了，要抗日！還記得畢業考試，考數學，一交完卷，我就把鋼筆當投標，射出去，釘到了黑板上。老師同學都很驚怪，我平時很規格的，聽話，是優秀學生，今天怎麼一反常態，狂態畢現？瘋了！

然後就是沒日沒夜地參加抗日救亡宣傳，我可是一九三七年入黨的老黨員！選擇共產黨，倒不是別的，只因為國民黨實在太腐敗。

我們成立了「永嘉戰時青年服務團」，在牆頭刷漫畫和口號。有戰時青年服務團讀書室，我把自己訂的進步刊物都捐了。又有「前哨劇團」，我在裏面演戲，演過很多角色，大多是小生類的，年輕的，比如曹禺的《雷雨》，我演周萍。演戲的時候我認識了谷葉。她那時叫谷玉葉，我們都是演員，十多歲就在一起演戲。

再後來，覺得這是小打小鬧，不夠，不過癮。那一年冬天，我們幾十個人，男男女女的，坐著小火輪，到了「閩浙邊抗日救亡幹部學校」，校長是粟裕。學校裏面也有派系鬥爭，兩個負責人都喜歡同一個女孩子，爭風吃醋得厲害，本來與我無關，到底殃及池魚。

從幹部學校出來，就去了溫臺山區，在溫州和臺州交界處，發展抗日武裝力量，明裏教書，暗地裏搞地下活動，聯絡員。那真是腦袋拎在手裏過活的日子。

這樣在江湖上闖蕩了幾年，一九四〇年秋，我十七歲，想要去延安。組織上安排了路線，第二年到了重慶，到一家書店去接頭，向店員說了暗語，他竟然呵斥我，「去去去，我們忙著呢！」搞得我莫名其妙。其實當時國共合作已經出問題，第二年就皖南事變了。

失去了組織聯繫，我在重慶晃蕩，不知道該怎麼辦，就想去新疆讀書。其實新疆主席盛世才也就是地頭蛇，一方霸王，不過表現得又文明又進步。我就給茅盾寫了封信，說明自己的情況。茅盾當時在迪化，就是現在的烏魯木齊，是新疆學院的教育系主任和新疆文化協會委員長，我想投奔他，可是他回信來說，要我別去新疆了，就近入讀。我當然不知道，那時他和盛世才已經不太好相處了，過不多久，他自己就離開新疆、去了延安。

有時候，一個小細節就可以決定人生、改變人生，這封信對我的人生起了關鍵作用。我就進了國立社會教育學院讀書。學校有社會藝術教育和電化教育兩個專科，老師還是很厲害的，朱自清、梁實秋等，一流吧。就是在那時侯，我開始了我的文學夢。

一九四六年，我讀了三年書，畢業了，也想家了。從重慶回到溫州，找家人。我們家已經搬走了，因為一九四二年溫州淪陷，父親帶著家小到鄉下避難，最主要的還因為他是「溫州教育三巨頭」，怕偽政權要利用他，任命什麼職務。他當然是不合作的，但還好，偽政權對他這樣辦教育的，也沒怎麼為難。不過這到後來卻成了罪名。一九五三年肅反，父親被揪出來批判，罵他是「三紅人物」，就是在國民黨、偽政權、共產黨時期都風光。父親是有氣性的人，受不了這個侮辱，回家後爬進了自家的大水缸，院裏擱個水缸，高不過肩，防火用的，他就把自己生生溺死在裏頭。

找家人，還要找谷葉。她當時正在溫州聯合中學（現在的溫州二中）教務處工作。她跟我是同鄉、同庚、在前哨劇社是同臺演出的「同事」、在閩浙邊抗日幹部學校是同學，沒有理由不結婚的。那年冬天，我們就結了婚。我一生只做一件事，寫短篇，一生也只有這一個女人。

結婚後，我就離開了溫州，直到三十多年後的一九七九年才重回家鄉。其實我是很有家鄉情結的。先隻身去臺灣，決定那邊還不錯，再寫信叫她過去。她就去了，在臺中中學教音樂。她很有天賦，後來還是中央音樂學院的第一屆學生。

在臺灣，我經歷了人生當中最大的驚險，是兇險。我那時表面的身份是彰化職工職業學校的老師。在一九四七年的「二・二八」運動中，我被捕了，是被人供出來的。在監獄裏關了一年多，其間眼看著很多人被槍斃，我也總被他們威脅要送到火燒島去，那是個荒島，去了鐵定是個死。幾乎都絕望等死的時候，又把我放出來了，其實是他們搞錯了，供我出來的那個人家裏有錢，保他出來，不知道怎麼回事卻捎上了我。剛放我出來，他們就發現錯了，又派人四處搜捕。那時我正躲在一艘煤船的暗倉裏，要是重新被捕，估計就交待了。還好，最後讓我逃回上海了。那一次命懸一線，終生難忘。

兩個布穀，兩重天

到上海，已經快解放了。一九四九年成立了蘇南新聞專科學校，據說是為了培養接受幹部的。我進去了，還當了學生會主席。在新專，我有個同學是林昭。林昭是叛逆的女性，我給她的畢業留言你肯定猜不到，是「生不逢辰」四個字，她在校大概是年紀最小的，表現得性格很突出。

過了一年，蘇南新專停辦，我到了北京，進了人藝。我在重慶的國立社會教育學校不是有了文學理想嗎，現在就開始寫劇本了。

寫了一個四幕劇《布穀》，還寫了四個獨幕劇，一九五七年結集出版，書名就是《布穀》。是我的第一本劇本集，中國青年出版社出版的，定價四角五分，印了三千兩百本。當然很高興，就是這一年，我的獨生女出世了，起名叫「布穀」，兩個布穀，兩大豐收。

其實這之前我已經發現，自己不合適寫劇本，寫的劇本也沒人演。一是因為劇本要生生死死，很多情節、故事，悲歡離合，跟我的性情不合適。另外，當時的政治氣候也不合適，要跟形勢走，能應景，這個我做不好。

所以後來我就轉寫小說了。隨後調到北京文聯創作組，成了專業作家。寫小說，而且專寫短篇。寫短篇有個好處，可以避開路線問題。長篇就不行，長篇必須要寫時代，要有中心思想，要寫成史詩。孫犁五〇年代寫《鐵木前傳》，主人公不是革命戰士，生活作風還不好，就說他偏離了路線鬥爭，批鬥很厲害，身體都搞壞了。可流行的「文學加革命」，我又寫不來。短篇小，不顯眼，可以偷生，不至於成大毒草。

建國後運動多，一個接一個，我那時算青年作家，凡有運動就要下去。作家是螺絲釘嘛，讓擰到哪兒就是哪兒，說是體驗生活，其實是佈置主題思想讓寫命題小說。我跑過很多地方，一九五一年參加中央土改團到湖南，後來又在石景山待了幾年。插隊去的平谷縣。反右後帶戶口下放到門頭溝，那兒真窮真偏僻，把人餓死了。我身體一向壯實的，一九六〇年回來，查出了心肌梗塞。

來來回回中，我還是堅持寫，一九五七年第一期《人民文學》發表了我的〈臺灣姑娘〉，從那以後，我在《人民文學》發表小說算是比較密集的，比較破例。一九六二年一年當中，北京市文聯還連續三次召開了「林斤瀾作品座談會」，也是很破例的。算一個創作的高峰吧。

不過好日子也不長。一九六四年，《文藝報》發表了近兩萬字的文章，評我的作品，基本上是全盤否定，中心思想是批評我太注重藝術。這個罪名是很重的，沈從文宣稱「我的神廟裏供的是人性」，胡風說「政治也在生活中」，他們的處境，大家都知道的。咳，「文學」不就應該注重「藝術」嗎？在當時，重藝術就是罪過，表示淡化政治。要求的是政治第一，文藝第二，其實是政治唯一。

歷次運動，我基本上都是平安度過的，說起來，我十多歲就在社會上摸爬滾打，人間世故還是見過的，我寫過一篇散文〈籀〉，拆開了就是「個個留一手」。從那次評論文章出來後，一直到文革，我只寫了一篇小說，文革十年，我完全擱筆，一個字都沒寫。我在文革前出的集子，統統沒有「序」，也沒有「後記」，不請人寫，自己也不寫，就這麼禿著，免得被揪。

當然，也有驚險。一次是一九五七年，有一次葉至誠、陸文夫、高曉聲、方之四個人在一起聊天，說現在的文藝界沒有特點，他們想在藝術上有所創新和突破，決定創辦一個同仁刊物《探求者》，還在醞釀中，反右開始了。《探求者》撞了個正著，一下子成了「有組織、有綱領的典型反黨集團」，康生親自負責抓。我和他們是朋友，北京文聯秘書長田家乘機成立「林斤瀾專案組」，但沒有材料，躲過去了。我倒不怪田家，他後來文革中在西北被整得很慘，死去活來的，最後死在那裏。

再一次，是一九六一年我們幾個人一起被派去西雙版納採風，到了文革，同行的一個人出來揭發我，說我當年準備經雲南叛逃出國。這事審查再三，也沒有證據，又躲過去了。還有人揭發我以前是三青團，結果我被軍宣隊從牛棚裏揪出來，前後審訊了三次，最後也不了了之。

文革中我也挨過批鬥，老舍當然是首當其衝，我敬陪末座。批鬥時我只做到一點：沒有表情。我也坐過「噴氣式飛機」。扭著胳膊，彎著腰，很痛。扭我的是個工人作家，我疼得太厲害了，扭頭過去看看他。他對我一笑，意思是，哎呀，總要意思意思嘛。我也不怪這人，他思想極左，為人極好。

文革中，北京文聯解散了，我先被安排到一家電影院當領座員。本來也可以是美差，清閒，一邊工作一邊還有免費電影看。可當時的電影實在太難看了。後來又讓我到中學當圖書管理員。校長說，我們學校的書還沒你家的多呢。我就稱病賦閒在家，到後來日子還是滋潤和逍遙的，一家三口，自由自在。

有一次我去買扒雞，交完錢，售貨員突然高亢地說：「翻身不忘共產黨！」我反應不過來呀，售貨員馬上露出鄙夷的神情，我明白了，馬上大聲答：「吃雞不忘毛主席。」嗯，過關了。說起來像笑話，卻是千真萬確的。後來我出門買東西，都事先做點兒背誦的準備。

清平老者，老當益壯

文革之後，又迎來春天了，多多地寫小說，又出了一批東西。寫中篇〈竹〉時，女兒正準備高考，當然要全力保證她。家裏唯一的一張辦公桌給她用，我就盤腿坐地上，有時屁股下墊個小板凳，以椅當桌，孫子狗蛋還不時來騷擾，但還是寫，寫得很多。

一九八一年，我終於得了個獎。寫了個「矮凳橋」系列小說，有的人說讀不懂，還舉例，「罵你的嘴裏有我的嘴，打你的手裏有我的手」。這有什麼讀不懂的，真是。我的書就是沒有汪曾祺的賣得好。我跟汪曾祺人也不同，他是名士、高人，我有社會使命感。不過我的脾氣比較好，改革開放初期，我請了好幾撥有過節、有隔閡的作家到家裏來赴「團結宴」，做和事佬。

一九八六年，讓我接任楊沫擔當《北京文學》的主編，那時的同事有年輕的李陀、編輯部副主任傅用霖，劉恒還是普通編輯。那段時間我只提「雙百」，不提「兩為」，麻煩是有的，審查總是很嚴，我們有一期發了米蘭・昆德拉，上頭找去了，質問，為什麼不發小說？就這樣。但我們還是發了些好文章，團結培養了一些人。我不怕，不當這個主編，我還能當作家。我們的氛圍也很好，副主編陳世崇連我的稿子也退，我覺得很正常。

個人生活沒什麼好說的，我是出了名的能睡能吃，能吃能睡不幹活，活得逍遙自在。有一次，中國派作家代表團出訪非洲，讓我當團長，在埃塞俄比亞吃飯的時候，對方陪吃的作家不停地問我這個問我那個，我忙著回答應付，每頓飯都吃不飽。從那以後，我可有了經驗了，出訪堅決不當團長，這樣才能吃好玩好。

以前每天都喝酒，酒量還很大。高曉聲、陸文夫、汪曾祺和我號稱是「文壇酒中四仙」，現在就剩我一個了。老了老了，不喝酒、不談情、不出遊，唉，少了好多樂趣。

我還收藏酒瓶，我也喜歡跳舞，跳得還不錯。不過我有恐高症，不喜歡坐飛機。我還信佛教。二〇〇三年召開了「世界溫州人大會」，非讓我去，他們發言，我就跟靈隱寺九十高齡的方丈木魚偷偷地聊佛經，後來聊累了，我倆就一起趴主席臺上，睡著了。

文潔若——梅邊吹「雪」「樂」其成

個人簡歷

一九二七年出生於北京，一九五〇年畢業於清華大學外語系。先後於三聯書店、人民文學出版社擔任校對員、編審。中國作家協會會員，日本文學研究會理事，中國翻譯協會會員。二〇〇二年被推選為世界華文文學家協會名譽理事，二〇〇四年被評為資深翻譯家。

主要作品

譯著近千萬字，主要有《高野聖僧——泉鏡花小說選》、《芥川龍之介小說選》、《海市蜃樓．橘子》、《天人五衰》、《東京人》、《聖經故事集》，以及與蕭乾合譯的意識流開山之作《尤利西斯》。並著有長篇紀實文學《蕭乾與文潔若》、散文集《夢之谷奇遇》、隨筆集《旅人的綠洲》、《文學姻緣》等。

世界上爽快的人很多，但像文潔若這麼乾脆的老太太，我見得不多。她說話清脆俐落，發音短平快，如快刀切豆腐，兩面光。做事也利索，絕不拖泥帶水。

文潔若的快人快語，是能夠讓人猝不及防的那種。她說任何人事，無論是非恩怨，一律直呼其名。說到某文化名人，她脫口便道：「我不喜歡她，假假的。」我一笑，她就高興了，向我傾過身來，得意道：「是吧，你也發現了吧。」哪幾本書是送我的，哪些是借我的，都交代清楚了，還要我登記在冊：「回頭要還我——我記不住，你得記住啊。」更有甚者，曾有人在公交車上吐痰，文潔若見了，徑直走過去，順手將手中的信封撕一半遞過去：「你要是沒有紙呢，我給你，以後不要往地上吐。」回到家才發現，信封裏裝著兩張電影票，被撕得只剩一半了。

我要採訪的是文潔若，可是她說話動不動就扯到蕭乾身上去了，「亞」如此，「亞」如彼。我不得不費勁地把話頭往回拉。亞克桑是日語「他」的音譯，簡稱亞，是文潔若婚前，家人談論蕭乾時的用詞，後來便一直沿用了。

她顯然很重視家庭，一邊說「我要送你一本書」，一邊抽出一本來，上面已經並排工工整整鈐好了她和蕭乾的陰文印。送給我的書，她卻非要問清楚我先生的名號，題贈「賢伉儷惠存」，第二本書，問清我孩子的名字，是送給「小友」的……文潔若送給我很多本書，有蕭乾的，有她的，還有她寫蕭乾的。

如今的老太太八十四歲了，要強得很，獨自一人生活在木樨地一處老居民樓裏，家裏難免亂，她已無力收整。但書和重要的文件、電話在哪裏，她大致都記得。有社交活動的時候，她早早起來，戴上假髮，手握老式的木柄菱花鏡，整理自己的妝容和首飾，耳環、項鏈，一樣不少，從容又端莊。從外面活動回來，下了車，她堅決不讓別人送她上樓。她說「我自己能行」，然後拄著拐，莊嚴地一步步，自己走。

每次門鈴響起，她便微駝著背，慢慢地出來開門。她家的門鈴下面，還貼心地粘著一則小告示：「請輕按門鈴，我會出來開門，不要不斷地按。」文潔若畢竟老了，腿腳有些不便，聽到門鈴響，拄著拐杖半天才能走出來。她怕客人等著急，又怕鈴聲驚擾鄰居，所以有此告示。

三門幹部，一帆風順

我的故事要從「很久很久以前」講起。光緒元年（一八七五年），我祖父文明欽考中了舉人，這在貴陽是很少有的事，了不得。當時他已經是而立之年，撇下妻兒，隻身赴京應考進士，可惜一直不順利，十五年之後才考中。此後開始在廣西、山西各地當縣官，老年才回到北京，買了兩個四合院，定居下來。一八九三年，他的髮妻，也就是我祖母生我父親時死於難產，所以祖父對父親格外疼愛驕縱，去外地任官，都把他帶在身邊，花大價錢請名師，給他最好的教育，同時也慣出了他暴躁專斷的脾氣，父親是從小就習慣將他的姐姐當馬騎的。

父親文宗淑天資聰明，又好學，從小就能幫祖父批公文、寫書信。二十三歲時，他通過高等文官考試，被派到日本擔任外交官，做過橫濱總領事和三等秘書官。他的好友錢玄同多次誇他文筆好。能力也強。可就是從小被慣壞了，脾氣很壞，說一不二。他和母親萬佩蘭結婚後，吵吵鬧鬧了一輩子，一個是因為性格不合，二來也是因為母親老生女兒，連著生了好多個，其中一九二七年生的那個，就是我。到最後才生了一個兒子。

六歲的時候，我跟姐姐們一樣，被送進孔德學校開蒙。孔德學校是名校，北京大學的實驗學校，從幼稚園到高中一貫制，由蔡元培兼任校長。那時爸爸在日本當外交官，我在孔德讀了一年書，一九三四年夏天，我們姐弟六個連同媽媽，就被爸爸接去東京了。我的日本乳名叫雪子，由家庭教師輔導半年，過了語言關後，我於一九三五年一月插班到日本麻布小學。說起來，不管是在中國還是日本，我的整個求學過程中，一直都就讀於一流的學校。我基本上屬於「乖乖女」一類，一直自律甚嚴，一直名列前茅，但也一直都內向靦腆，沉默寡言，不善交際。

一九三六年，日本東京的法西斯軍人發動「二・二六」政變，隨著局勢的動盪，兩國關係緊張，我父親也被免職了。於是，全家人又回到了北平的四合院。我在北平的一所日本小學讀完了小學，一九四〇年拿著優等生獎狀和全勤獎狀畢業，進入聖心學校。

聖心學校遍佈全世界，是天主教聖方濟各修會辦的，分英文班和法文班，學制十年一貫制，在世界各地培養了不少優秀學生。聖心學校在中國辦學堅持到了一九六六年。我在英文班讀書，英文學得比同班金髮碧眼的外國學生還好，每月都獲獎，並連跳了兩班。可惜當時，我家有五六個孩子都在讀書，全靠父親變賣家產支撐。聖心學校的學費又貴，我讀了一年九個月，再也難以為繼了。於是，一九四二年一月至八月，我便輟學在家，自修初中的課程，讀四大名著，背誦〈孔雀東南飛〉、〈長恨歌〉等長詩。直到九月考入輔仁女中的初三，並在輔仁一直念到高中畢業。

一九四六年盛夏，是抗戰勝利後的第二年，北大、清華、南開三校聯考，分別招生。那年的考生多極了。我去沙灘的北大紅樓參加高考，到了考場才發現忘了帶准考證。我急得打電話叫弟弟給我送來。還好有驚無險，我順利考取了清華大學外國語言文學系英文專業和輔仁大學女校西語系。我不想上女校，就選擇了清華。我還記得當年清華的考試題目，英語是寫篇作文〈解剖一隻麻雀〉，國文也是寫篇文章，〈學校與社會〉，並解釋四個成語：指日可待、變本加厲、隔岸觀火、息息相關。

畢業後，我考進三聯書店，開始是當校對，次年調到剛成立的人民文學出版社，歷任整理科編輯、編審、蘇聯東歐組編輯、外文部亞洲組日本文學翻譯，編輯日本古典文學作品的漢譯稿，同時翻譯日本近現代文學作品。當時對我們這樣的人，有個叫法是「三門幹部」、「三門女子」，從家門到校門再到機關門，經歷簡單，思想單純。

樂子與雪子

一九五四年，我跟樂子（蕭乾的小名）結婚，這件事在出版社算件大事了。我倆的婚姻應了兩句古話：好事多磨，終成正果。我倆從一開始別人就不看好，後來相濡以沫四十五載，其中二十二年是在患難中度過的。

我們認識時，是人民文學出版社的同事。我第一次聽到蕭乾的名字，是一九五三年初，編輯部主任在辦公室宣佈：蕭乾調到我們出版社來了，以後有問題可以請教他。但他當時在修改一個電影劇本，不來上班，要他加工的稿子得讓秘書送到家裏去。我們第一次打交道，是因為在傑克・倫敦《荒野的呼喚》的翻譯問題上，我跟譯者蔣天佐有不同看法，我就去請教他，他在我們樓下辦公。

當時，我二十出頭，工作不久，梳著兩條小辮子，很書呆子氣，從來沒談過戀愛。而蕭乾比我大十七歲，已經大名鼎鼎，是二戰時中國唯一在歐洲前線進行採訪的記者，走南闖北、飽經風霜。當時他和第三任妻子的關係正處在緊張階段。

後來他約我去北海划船，我們有了感情。這讓我家炸開了鍋。媽媽和外公都聲稱，寧願閨女嫁給叫花子，也不嫁二婚的，何況蕭乾身邊還有第二任妻子生的孩子。「蕭文之戀」在出版社也引起很多閒言碎語，我被當做「第三者」。實在扛不住的時候，我也曾跟蕭乾提出絕交，兩個月內連續絕交了三次，期間蕭乾還試著去跟別人「相親」，但最後還是掰不開，我們還是走到一起來了。

一九五四年五一節，我們結婚了。沒交換戒指、沒背誦誓詞、沒有任何儀式，蕭乾用一輛自行車，把我接到他家裏去了。我倆結婚時沒得到太多的祝福，但我知道，我們是文字之交，有共同語言，我們會幸福的。蕭乾是滿族人，從小喪父，由寡母帶大，生活動盪，性格上衝動、不安分、大大咧咧、害怕寂寞，這些壞毛病害得他前半生婚姻生活很不穩定。但我們的婚姻走到了最後。

蕭乾不會過生活，我們的日常生活、吃穿用度，就由我一手安排。我從小就善於安排生活，小時候我三姐患骨髓炎要做手術，住在東單的日本同仁醫院，前後近三個月，就是由我當全職護工的，自己的功課還一點兒沒耽誤。我們婚後過了幾年幸福生活，生了一女一子，我翻譯了很多日本和蘇聯（從英文轉譯）作品。可惜好景不常，沒過多久，反右開始，從此之後，蕭乾的倒楣就沒斷過。我跟著他這個大右派陷入政治浪潮，一晃就是二十多年。

我經歷過各種苦難，被批鬥、毆打、隔離，我的老母親是家庭婦女，從來沒傷害過任何人，就因為我大姐在外國，又有個女婿是蕭乾，她被紅衛兵打得受不了，被逼上吊自殺了。母親死後，中學的紅衛兵還逼我對著遺體大聲賭咒「死了活該」。蕭乾也幾度自殺，真是苦難和恐怖。我至今還有一個習慣，一聽到殘酷的罪行，首先算算那人在一九六六年時多大。

但我總是鼓勵蕭乾，給他寫信說：「我是一隻老母雞，我要把你和孩子們保護在我的翅膀下。」「我們要活過一切人！」我就是想，我們就是要堅持活下去，活到看到歷史最後公正審判的那一天。

文革結束後，我們算是迎來了遲到的春天，也享了幾年福。我們一起周遊世界，到世界各國進行文化交流和訪問，一起寫作、翻譯、簽名售書、發表演講。

後來蕭乾患心肌梗塞，住進北京醫院，將近兩年的時間，我日日夜夜守護在病房裏照看他。冰心大姐等人，晚年都是小保姆伺候，蕭乾卻絕對不可能。把蕭乾交給任何人我都不放心，蕭乾也離不開我，有時候他一覺醒來，看到我不在身邊，就會著急緊張，團團轉著坐立不安。非得我守著，一刻也離不開，像個小孩子。聰明人更脆弱。

蕭乾去世前寫下最後的文字，是八百字的〈我這輩子（自述）〉，文中說「我的感情生活開始得很早。十七歲就……同女同學有過接觸。當時只是通信，談人生抱負。」他的前三次婚姻，第一次負人，後兩次被負。「潔若……人單純而靦腆，但對我一往情深。三次『絕交』她都主動修好。最後我們成為恩愛夫妻至今。」他說過，他後半生的全部成就，都歸結於我經營和維護的這段美好婚姻。

有這句話，我都滿足了。蕭乾是記者和翻譯家，但他自己最看重的身份是作家。我是編輯和翻譯家，但我自己最看重的身份，是蕭乾的妻子。蕭乾的宗教是文字，我從小生活在宗教家庭，我的宗教是蕭乾。我這一輩子，就做了三件事，搞翻譯、寫散文、保護蕭乾。

「死心眼」和「管閒事」的譯事軼事

在日本時，父親已經開始有意識地培養我做文字翻譯了。他常帶我去書店門市部看書、買書，鼓勵我將讀過的日文書翻譯成中文。有一次，他給我買了八十八卷本的《小學生全集》，說：「要是你刻苦用功，搞翻譯，以後在書上印上自己的名字，該有多好。」另一次，他跟我說，「我一輩子最大的遺憾就是沒有出版過一本自己的著作。」這些話都深深地影響了我，讓我對書有一種敬重。

從日本回到北平時，我還是一個四年級小學生，父親便要求我將日文版的《世界小學讀本》翻譯成中文。這套書向小學生介紹世界各國，一共有十本，其中英美法各兩本，義大利、西班牙、葡萄牙、德國各一本。我用了差不多四年的時間，譯出了一百萬字的書稿。差不多就是在那時候，我已經對自己的未來有了比較清晰的願望：當一名翻譯家。

在清華大學讀書期間，我一如既往地「死心眼」，只會看書。同學中有些搞政治的，積極參與運動，我知道，但自己很少投入。我的同學宗璞曾回憶說，除了上課、吃飯、睡覺，我幾乎都是圖書館裏，好像那兒才是她的家。那時我是有點兒兩耳不聞窗外事的味道，我一直都是這樣的，埋頭做自己的事，對外頭的事不懂，也不關心。北平和平解放，解放軍進城，還有新中國成立，這些歷史性時刻到來時，外頭熱鬧得都沸騰了，我都在圖書館裏看書。

學習方面，我給自己規定的標準是要八十七分以上才算合格。給你看看我保留的清華成績單：大一：英文八十九分，英國文學史九十三分；大二：散文及寫作九十一分，法文八十九分，英語語音學八十九分；大三：英文散文及寫作九十八分，小說選讀八十八分，戲劇選讀八十八分，聖經八十七分，希臘神話九十一分；大四：歐美文學名著選讀九十三分，德文九十分，畢業論文九十分。怎麼樣？成績還可以吧。我覺得挺不錯的。要不是這樣學習過，我以後搞翻譯會難得多。

讀大學期間，作為練筆，我曾經將郭沫若的《女神》等作品翻譯成英文，又將英國小說家查理・里德的代表作《修道院與家灶》譯成中文。可惜這批譯稿都在文革的「紅八月」中被燒掉了。

到出版社工作之後，翻譯成了我的份內工作。其實我最初的身份，連編輯都不算，只是一個文字校對員，負責改正排字工人排錯的字。可我總是多管閒事，焦菊隱從英文轉譯《阿・托爾斯泰短篇小說選》，我看校樣時，就「多此一舉」地從資料室借來英譯本，指出漏譯、錯譯的地方，做這類事加班加點，只有勞沒有酬，還可能得罪人，我卻無怨無悔，幹得來勁。不過那回事大家都以把事情做好為目的，不會責備我多事、「管得太寬」。相反，後來從三聯分出人馬組建人民文學出版社時，我，還有幾個跟我一樣好管閒事的大學生，便被單獨出來，成立了一個介於編輯部和校對科之間的「整理科」。這樣一來，我雖然還是無權在譯稿上直接改動，卻可以在稿子周圍貼上密密麻麻的小條，寫上修改意見。我的修改意見尤其多，經過我手的譯稿，總是像老頭子一樣滿臉鬍鬚。那段時間，我參與編輯的譯稿包括豐子愷譯的《源氏物語》，周作人譯的《古事記》、《枕草子》、《狂言選》、《浮世澡堂》、《浮世理髮館》、《平家物語》（沒完成），錢稻孫譯的《勁松門左衛門作品選》、《井原西鶴作品選》等。

除了這樣幫著「整理譯稿」，我有時間也親自操刀翻譯。一九五四到「反右」前的三年裏，是我人生的第一個高產期。我每年完成近兩百萬字的編輯任務，還利用業餘時間從日文翻譯《活下去》、《日本勞動者》，從英文轉譯蘇聯的《沙漠》、《她的生活是怎樣開始的》、《布雪和她的妹妹們》等，後來又翻譯了希歐多爾·德萊塞近五十萬字的《黎明》，由蕭乾校訂完畢。可惜這部譯稿毀於文革，我們兩個都老了，忙著翻譯《尤利西斯》，沒有精力重譯了。《黎明》是本好書。

現在回頭去看，我那段時期的翻譯還不嫻熟，不過，講究精準的翻譯風格已經開始突顯了。同行說我的翻譯準確、嚴謹，「一個零件也不丟」，但我的文字水平一般。和蕭乾的翻譯合作中，她負責「信」，蕭乾管「達」和「雅」。

我第二次集中翻譯是一九五八年，出版社的下放幹部有一半能夠回北京。我是右派分子的「臭婆娘」，但也是業務骨幹，在回京名單中，回來被調入亞非組，從事日本文學編輯工作。從那時起到文革爆發，是我一生中精力最充沛的時期。我當年十一月下旬回京上班，年內就發了兩本書，四十萬字。之後幾年，我經常在辦公室加班到十點，再帶一部書稿回家，工作到凌晨兩點。不僅獨力完成日本文學的組稿、發稿，還編了菲律賓作家何塞・黎薩爾的長篇小說《不許犯我》（現譯《社會毒瘤》）及其續編《起義者》，共八十萬字。當時蕭乾還在農場勞動，我倆至多三天必有一次通信往來，都編了號，其中很多就是討論書稿翻譯的。

文革中間的一九七三年，我從咸寧的五七幹校回到北京，進入了第三次工作「高峰」。我家原來的住房已經被人侵佔了，一家人住在門洞改成的「家」裏，實在不夠住，我就住單位的辦公室，白天工作，晚上用八把椅子拼在一起當床，湊合著過夜，就這樣過了十年。一直到一九八四年，我們才有了能放下全家五口人的住房。因為住辦公室，工作時間就更多了。不過成就感卻有限。那段時間翻譯的作品，思想性和藝術性都不怎麼高。有時候想起來讓人難過，戰後日本經濟復甦，他們的文學在世界上的地位也提高了，不怎麼樣的做作品也能走向世界。而國內的文壇卻一片凋敝，讓人憂慮，這還是不能說的憂慮。

我應該是國內個人翻譯日文作品字數最多的翻譯家，翻譯了八百多萬字。前後半個多世紀，我主編《日本文學》叢書十九卷，翻譯了十四部長篇小說，十八部中篇小說，一百多篇短篇小說，井上靖、川端康成、水上勉、三島由紀夫這些人都是我翻譯引進中國的。所以一九八五年，日本國際交流基金會邀請我做一年的訪問學者，任東京東洋大學客座研究員，二〇〇〇年又和盛中國同時獲「日本外務大臣表彰」獎，給我頒獎的是時任日本國外務大臣的河野洋平。兩年後，日本政府還授予我「勳四等瑞寶章」。瑞寶章是日本從一八八八年開始制定頒發的勳章，分六個級別，表彰對國家和公共事務有貢獻的人。以前只能頒給官吏和男性，後來才接納平民和女性，很少頒給外國人的。

我翻譯生涯中的另一件大事，是晚年跟蕭乾一起翻譯天書《尤利西斯》。小時候父親帶我逛日本書店，指著五冊的袖珍本「岩波文庫」版《尤利西斯》說：「你看，日本人連這麼難的書都譯出來了。」沒想到一個甲子之後，我和蕭乾翻了四年，大功告成。

國際空巢老太太

我的一雙兒女現在都在美國，我一個人生活在北京，孩子幾次要接我去美國安享晚年，我都拒絕了。因為我姐姐早年定居美國，跟我說過，人一出國，亂七八糟的事兒多了，就會一事無成，所以告誡我一定不要出國。

當然，做「國際空巢老人」總有些麻煩，何況我年紀也大了，八十四歲了，生活難免有些不方便。你也注意到我家鐵門背面的紗門上貼著的那些剪報了？對，內容主要是老人受騙的社會新聞，都是因為輕易開門、隨便匯錢、輕信購物什麼的。我這是常常給自己提個醒，增強安全意識，以前我就是因為輕信，吃過一次虧的。

幾年前，有人來家告訴我，說上海濱海古園準備為蕭乾建造墓穴和銅像，需要一百多萬，希望我能出資，我就給了來人照片、名人信件和二十六萬元，並留下收條。後來才知道這件事不需要個人出資，而且濱海古園也只收到六萬元和部分照片。我省吃儉用一輩子，二十六萬元對我來說可不是小數目，我催要餘款和相關物品催了好多次，後來就把這人告上法院了。一大把年紀了，還打了一次官司，還打贏了。有意思。

我也想念孩子，但更要過自己的生活，有工作要做。我身體是很好的，七十多歲的時候，每天還能翻譯幾千字。再年輕的時候，一天能譯一萬字。我這個人大概命中註定閒不下來，整理蕭乾的文章，還有我自己的寫作和翻譯，我都有龐大的計畫。說出來你不信，我現在的工作日程已經排到了二〇一五年了。說到底，我就是個書呆子：看書、寫書、翻譯書。如此而已。

資中筠——時代一瞬逝，父女半世情

人物簡歷

資中筠，一九三〇年生，一九五一年畢業於清華大學外文系。中國社會科學院榮譽學部委員，美國研究所研究員，原所長，曾參與創辦《美國研究》雜誌和中華美國學會，並任《美國研究》主編，創立「中美關係史研究會」並任第一二屆會長。國際政治及美國研究專家。近年來著述多涉及中西文化歷史研究。

資耀華，一九〇〇年生，一九九六年過世，湖南人。中國金融界耆宿，金融理論家，中國金融學會創始人之一。一九一七至一九二六年留學日本，畢業於京都帝國大學經濟學部。一九二八至一九五〇年供職於上海商業儲蓄銀行，建國後公私合營之前短期任上海銀行總經理，一九五九年起任中國人民銀行總行參事室主任直到去世。

主要著作

資中筠主要著作包括：《追根溯源——戰後美國對華政策的緣起與發展，1945～1950》、《戰後美國外交史：從杜魯門到雷根》、《冷眼向洋：百年風雲啟示錄》（主編並撰寫第一卷《二十世紀的美國》），《財富的歸宿：美國現代公益基金會書評》等。散文隨筆集《錦瑟無端》、《讀書人的出世與入世》、《斗室中的天下》。主編《國際政治理論探索在中國》等。另有英、法文名著譯著多種，包括《公務員》、《浪蕩王孫》、《農民》（巴爾扎克）、《哲學的慰藉》等，以及廣為人知的《麥迪遜之橋》。《啊，拓荒者！》被人民文學出版社選入《名著名譯英漢對照讀本叢書》。

資耀華主要著作有《貨幣史》、《國外匯兑之理論與實務》、中國近代貨幣史資料》等。

訪談手記

一個七十七歲的老人坐在客廳裏，回顧她的父親，她的母親。

多少因緣和合，才修得這一世的父女情長、母女情深。而她竟再沒機會瞭解沉默的父親，彌補從未盡過的為人子女的義務。一生本不算短，可填滿了綿密的人間萬象，父女間一場推心置腹的心靈交流，竟插不進。佛家言：「如露亦如電」，就這樣錯過了彼此，樹欲靜而風不止。而多年以後，我不知道，已近耄耋的女兒眼中的晶瑩、心中的痛悔，天堂的父親是否看得見。

這一次讓我感慨至深的採訪，源於幾個月前偶然見到的一本書。書很不起眼，《世紀足音：一位近代金融學家的自述》，資耀華著。資耀華，我根本就不曾聽說過，但書後有他女兒的長篇文章，卻是我感興趣的。資中筠在文章中談到在時代潮流的衝擊中與家庭「劃清界限」，最後又恢復親情的離合經歷。資耀華本人的經歷已足以折射一個時代，資中筠所敘述的那段必須隔斷親情的歲月，對於我們這代人似乎已經非常生疏而難以理解，儘管事實上，它離我們很近，近若咫尺。

資中筠曾經的同事，同樣是名人之後的宗璞，在很多年後評價說：「資中筠那時候可比我左，她好多年都不跟家裏聯繫的。不過，誰又真的沒有親情呢？」是啊，誰？

資家父女的故事，並不僅僅是女兒體悟父親、解讀親情、反省自己的一樁家事，更是用整個人生詮釋和剖析一段特殊的歷史。懺悔當然是文章的題中之義，但並不是全部。這兩代知識分子經歷了怎樣的心路歷程，卓有成效的思想改造，如何能夠使人幾十年如一日、決絕地放棄親情。這不是資中筠一個人的事，也不是我這一篇文章的事。雖然我能做的，只是接觸資中筠一個人，再寫下這一篇文章。也許，要耐心等待資中筠自許的《思想改造》一書寫出來，我們對於歷史和人性，才能體會到更多和更深。

我的心路歷程與歉疚

我們從小就不像傳統家庭那樣強調孝道，講「父母在不遠遊」，只要求我們好好念書，以後做自己的事業，因此家庭觀念很淡薄，「志在四方」的觀念強。一九四七年，我從天津到燕京大學讀書，第二年上清華，平時並不很想家。從小母親為我們想到一切需要，一切有她兜著，我只管讀書，對家務事不聞不問，對他們盡義務，那是要等將來事業有成以後的事，可惜終於沒有做到。

別的家庭都是下一代思想左傾影響上一代，我正好相反，直到一九四九年，我還不大關心政治，只埋頭讀書。父親還老敦促我，要在政治上求進步。後來經過學校好幾次大的思想改造運動，以及「抗美援朝」的宣傳，我的思想轉變過來了，覺得應該接受共產黨的教育、改造思想，從此又走到了另一極端。

我一九五一年八月畢業到政務院文教委員會工作，很快「三反五反」開始了。父親從「進步民主人士」忽然被打成「大奸商」，還「裏通外國」。具體情況我到現在也不很清楚，我和家庭關係的轉變就從這裏開始。

在單位，我成了重點「幫助」對象。資產階級家庭出身的、特別是受過高等教育的，有一種原罪思想，有去不掉的「階級烙印」。父親個人的道德操守都不能算數，他已經是那個階級的人了，無所謂好壞，越好欺騙性越大。你必須取捨，要革命就不能在思想上同情父親，不能相信他。相信黨還是父親，就是立場站在哪一邊。黨報已經登出來了，「大奸商資耀華拒不坦白」，我還能說什麼？

那年春節我還照常回家。組織上批准的，說是對我的考驗。家裏氣氛非常不正常，當然沒有往常過年的熱鬧氣氛。父親埋頭看書，母親表示堅信父親沒有問題，最終一定會搞清楚的。我除生活上必要的之外，一句多餘話不說。那時候特別天真，覺得應該表裏一致，不能在單位、在機關說劃清界限，在家裏又和他們聊家長里短、噓寒問暖，更不能順著母親的話說。回到機關後，我表態說，現在他的問題還在審查中，我將接受組織上最後對他的一切結論。這樣說是通不過的，說是消極被動，思想上被俘虜了，沒有積極站在組織一邊，揭發他。可我實在揭發不出什麼來。他如果在家裏發過牢騷，表示對黨不滿，我一定趕緊報告組織，可是他真的什麼都沒說過，我揭發不出來，這樣就很苦惱。但我能做到的一點是，不跟他們來往。

從那時我跟家裏就非常疏遠了。我把母親給我的信全部交給組織，裏面也沒有任何「有問題」的話。後來根本不跟家裏通信，不聯繫了。但還是過不了關。後來見到我的一個同學登報申明與資產階級父親脫離關係，我想也只有這麼做了，但組織上沒同意，說這不符合政策，也解決不了思想問題。其實那時候父親的問題已經有了結論，是「完全守法戶」，但沒有公開，我不知道。他算是比較幸運，沒有留太多尾巴。隨即從天津調到北京，任人民銀行參事室主任，其實也是因人設事。他的處境其實後來還算好，沒打成右派，只稍微批判了一下，還是政協委員。

我後來調了工作，但出身的包袱一直伴隨著我。一方面我被認為是「業務尖子」，一年出許多次國，在別的同事看來很受重用，但運動一來我又必須老老實實檢查思想，我的處境隨階級鬥爭、政治運動的鬆緊而變化。那時候有一句話，知識分子可用其一技之長。我不甘心這樣。毛主席《新民主主義》中有句話給我印象很深：「誰不懂得這個歷史特點……誰就會被人民拋棄，變為向隅而泣的可憐蟲」，我那時既然認同了這個歷史潮流，很怕做「向隅而泣的可憐蟲」，也不願做「共產主義壯麗事業」的外人，只有「一技之長」可用。這是我努力「改造」的動力，特別希望所在的組織領導、工農幹部承認我，希望自己工農化，凡有機會勞動，我都非常努力。但總也「化」不了，談吐舉止總是不對頭，就是不一樣，不知道該怎麼辦。「給出路」政策也是中國特色，老讓你覺得有一點希望能改造好，又說和平時期要經過更多的考驗，考驗沒完沒了，總是畢不了業，老在一個考驗和改造的過程中。

家庭屬於另外一個階級，我要靠攏無產階級的話，必須疏遠他們。政治運動鬆的時候，我就回家多一點，緊時就少一點。即使寬鬆的時候也不敢跟家裏太密切。就這樣分分合合，慢慢的，親情也真的淡漠了，也不大關心家裏情況。現在想起來，我對家裏是很自私的，生孩子、生病，還得靠家裏照顧幫忙，平時關係卻很疏遠。一九六〇年我生孩子，正是國家非常困難時期，不怎麼講階級鬥爭，甚至鼓勵有海外關係的人接受海外親友饋贈。我在家坐月子，沒有受批判。我沒休滿五十六天的產假，就有任務出國了，孩子完全交給母親。但後來「階級鬥爭天天講……」提上日程，我所在單位又有人提出我的孩子問題，說資產階級跟我們爭奪下一代。所以孩子剛滿兩歲，我就堅決送去幼稚園全托，但我們夫婦總是出差，還是由母親接送。所以孩子小時候跟母親和老保姆親，跟我不親。

後來我發現出身還不是最重要的，我的問題在於被認為讀書太多，總有點那個所謂「氣」。「匹夫無罪，懷璧其罪」。一九七〇年到一九七一年，全家下放河南幹校，我就想脫離幹部、知識分子的身份，開始全心全意學種地，學做農民。日出而作，日落而息。我對孩子有點抱歉，那時她九歲上三年級，農村的小學當然程度很差，有的同事偷偷給孩子補點文化，我完全不，只在意她是不是跟農村的孩子打成一片。有一次農忙時她幹活偷懶，怕苦，我大大地訓斥了她，就是要她跟農民完全一樣。當時我腦子裏就是這樣，讀書有害論，千萬不要當知識分子。

我有點開始覺悟，也是在幹校時，有一次傳達「最高指示」，大約是陳伯達出事，同時姚文元向毛主席彙報說他正在看幾本書，《天演論》、《史記》等，毛主席批示加以鼓勵，說持之以恆，必有成效（大意）。那時什麼書都不能出，現在批示了，這些書就能出版。我忽然覺得，這些書我都看過，八億人就由這麼一個人替大家讀書，還得到最高領袖獎勵，多荒唐，這是怎麼回事啊？心裏開始打問號了。這是第一次懷疑，不敢說出來，可以算「腹誹」。思想上走出這一步非常不容易，過去覺得他永遠是對的，只要思想不一樣，絕對是我錯。這是常年形成的思維定勢。絕大多數人都這樣。基辛格秘密訪華後，我和大批外文幹部忽然被調回北京，遇到過去工作上有聯繫的熟人，有的剛從勞改農場或監獄裏放出來，有劫後餘生之感。那時思想上已經與黨的宣傳、與主流意識形態有距離了。後來從「批林批孔」到「批鄧」，就完全沒法接受了，想方設法逃避，消極應付。

由於母親生病，他們比我先從幹校返京，不知從什麼時候開始我又恢復對他們的探望，當然不再懷著批判的態度，但還是不願意本單位的人知道。真正正常化是「四人幫」倒臺以後，徹底毫無顧慮地往來，從此我們三姐妹每個週末都回家一聚，那是父母最高興的時候。父親曾對母親說：「老太太，現在你高興了吧，女兒可以不跟你劃清界限了。」母親當然是博大胸懷，隨便我怎麼對待她，永遠體諒。可我那時剛進入學術研究，總想把失去的時間補回來，當了所長後更忙，老覺得時間不夠用，住得離他們也比較遠，每星期去看他們有時都覺得是負擔。他們的生活完全交給保姆，談不到照顧。我內疚的是，始終沒有明確向他們表達以前是不對的，請他們原諒，沒有揭開這一層。

父親從九十歲開始寫回憶錄，到九十三歲出版，初版題目是《凡人小事八十年》，每天寫幾個鐘頭。我顧不上，問都沒問過。他對我們也沒有任何指望，沒徵求過我們的意見，自己抄、自己謄。現在我非常後悔，那本書顯然前詳後略，可能精力不夠了，也許還有顧慮。我是最有條件幫他的，而且我應該認識到他的全部經歷的歷史意義。假如我那時有現在的覺悟、現在的時間，至少可以幫他看稿子，給一點建議，多留下一點東西，我自己也能瞭解更多情況，但是沒有。

直到第二次重版《世紀足音》，我才負起責任來，真正下了一番功夫，仔細讀了全書，那時才意識到他真的很了不起。在天津那一段，那麼複雜和艱難的情況下，和日本人進行迂回曲折的鬥爭，既保住了銀行財產（也就是中國人的財產），也保住了個人氣節，我當時是中學生，懵懵懂懂，完全沒有體會到。我平時看到他是一個非常循規蹈矩的人，但在那非常時期，他表現出來可以說得上大智、大勇，有些事是要冒很大風險的，但他能當機立斷，例如書中提到抗戰剛剛勝利時，在重病的情況下，從重慶帶十萬法幣回天津的那個情節。與後來的謹小慎微形象太不一樣。他本來就是話不多的人，後來就完全沉默，父親的歷史和想法，對我來說有很大的空白，我不知道我還有沒有可能性填補那些空白。也許永遠都沒機會了，永遠。

父親資耀華：其人，其事

湖南耒陽田心鋪有資家坳，一九〇〇年父親就出生在那裏，一九一六年他從省立三中畢業，一心嚮往外面的世界。本來想考京師大學堂（北大前身），可祖父規定他最遠只許到長沙去求學，他最後違背了祖父的訓令，輾轉到了上海，正好趕上了考取到日本的庚款留學。

他在日本留學整十年，先學了一年日語，然後讀高等學校本科，最後考取京都帝國大學，戰後去掉了「帝國」二字，稱京都大學，一九二六年從經濟學部畢業後回國。畢業辭行時，他去拜別老師，其中有一個叫內藤湖南的教授對他說：「China只是一個地理名稱，不是一個國家，要說國家，有十多個。北京政府的政令不能出都門，各省各自為政，獨立發行貨幣。你準備回哪個國家去？」又說他特別欣賞湖南，所以把自己的名字改為內藤湖南，湖南出了曾（國藩）左（宗棠）彭（玉麟）胡（林翼），相信以後能收拾中國殘局的還是湖南人。這些話給父親刺激很大。

父親一生事業的開始是遇到陳光甫。陳光甫是中國近代史上有名的人物，美國哥倫比亞大學存有他的口述歷史。上世紀二〇年代他開辦了中國第一家現代化的私營銀行（以別於老式的錢莊），上海商業儲蓄銀行，正留意網羅人才。一九二八年，在一本金融雜誌上看到我父親的文章，談對現代銀行的想法，十分欣賞，就通過熟人約他晤談，一拍即合，立即聘他到到上海商業儲蓄銀行，先任調查部主任。父親很快就做出了成績，包括天津金融危機後的應對。一九三〇年天津金融界曾爆發危機。段祺瑞的女婿在天津開了個協和貿易公司，各家銀行爭相貸款給他，公司經營其實已經進入困境，憑一點僅有的現金拆東補西，各銀行彼此互相保密，等到公司被掏空，突然宣佈破產，各家銀行呆賬幾十萬，這次風潮幾乎釀成天津金融界整體倒臺。父親有鑒於此，倡議上海金融界成立中國征信所，經濟金融資訊互相通氣，營造了良性的金融環境，更利於銀行業理性發展。

陳光甫很欣賞父親，派他到美國賓州大學著名的沃頓商學院深造，同時對美、英銀行進行考察。一九三三年夏天，當時正值美國經濟恐慌，胡佛總統下臺，羅斯福總統的新政讓父親開闊了視野。隨後他又去倫敦考察，比較英美銀行制度的優劣：美國銀行是單一制，不設分行，英國只有幾個大銀行，各自開設幾百家分行和分理處。他由此編了本《英美銀行制度論》出版。

一九三五年回國後，陳派他到天津任分行經理，以後成為華北管轄行總負責人。其間，他籌設四川分行，致使抗戰爆發後，上海銀行能順利遷至內地，保存了實力。

可惜兩年後就發生盧溝橋事變，天津淪陷，他奉陳光甫之命留守天津，保住銀行的財產和業務。直到共產黨接管天津的十五年是他最艱苦奮鬥的時期，也是他發揮才幹，成就事業的十五年。

他對陳光甫大約有一種知遇之恩的感懷，所以按他的本意當然是希望遷往內地，而不在日寇鐵蹄下求生存，但是陳把這個任務交給他，他就忍辱負重，以最大的努力去完成。當時還有一種考慮，就是天津還有英、法等租界，是日本勢力不能進來的，所以他們都認為有可能在租界庇護下做一些事。

但一九四一年冬，太平洋戰爭爆發，日本連租界也佔領了。所以一九四二年至一九四五年抗戰勝利這幾年是處境最惡劣、最危險的時期。天津的日偽當局以及南京的周佛海（他的留日的老同學）都曾要他任偽職，都被他拒絕，即使任何空頭名義也絕不沾邊。他總推託說，他在日本留學多年，所有的日本教授都教育他要愛自己的國家，他自然要遵從日本老師的教導。其中有一次，偽華北政府經濟總署直接把委任狀和聘書寄到他手裏，他知道拒不合作的後果，所以他原封不動地掛號退回信件後，讓家人準備好棉衣褲，等著被憲兵隊抓去坐牢，後來竟化險為夷。

但是這一切，我們姐妹當時並沒有很深的感受。父母好像大樹的華蓋，一切風雨都給擋了，淋不到我們頭上。現在回想，幸虧勝利來得及時，如果再拖下去，不知什麼樣的厄運會降臨到我家。

抗戰勝利後，父親作為天津金融界的代表，赴重慶商洽接收問題，那一次重慶之行，讓他對國民黨政府失敗透頂，他帶了十萬元法幣現鈔，輾轉從南京飛回天津，因在重慶感染了死亡率很高的「登革熱」流行病，途中全身高燒，被抬下飛機，他交待了法幣事宜便不省人事了，也算死裏逃生。他還經歷過廢兩改元（中國一度銀兩銀元並行，後國民政府統一幣制）、法幣改革等重大金融事件。

國共內戰期間，父親在國民黨治下處境艱難，他決定以出國考察的名義暫時離開天津這個是非之地，一九四七年，他到了哈佛大學商學院。一九四八年讀到了《新民主主義論》，大為興奮，促使他兼程趕回國。當時很多人慌忙外逃，父親反其道而行之，這在天津金融界引起不小的轟動。

他衷心擁護新政權，這裏有他這一代中國知識分子的共性。因為他們一生最痛心疾首的是中國的積弱，特別是留過洋的，更感受到弱國國民的屈辱，作夢都希望中國統一、安定、富強。所以毛主席在政協籌備會議上宣佈的那句「中國人從此站立起來了」，使多少有淚不輕彈的男兒熱淚盈眶，對新政權寄予無限希望。外人和當代青年對那一代老知識分子對一九四九年以後的種種苦難、委屈、乃至殘酷、荒誕的承受力感到不可思議，要理解他們當從這句話開始。

父親參加了一九四九年的政協會議和開國大典，隨後開始公私合營籌備工作、中國民主建國會天津分會的籌備。三反五反後，他調入民建中央工作。

我感到父親身上有很多書生氣，有時甚至近乎迂闊，其實比較適合做研究工作。他在做銀行時隨時注意調研，有不少著述。陳光甫在為他的一本書的序言中稱讚他「理論與實務融合一爐」，不是虛詞。到人民銀行參事室之後幾十年中，他主要的工作是主編《中國近代貨幣史資料》、《中華民國貨幣史資料》一、二輯，這是凝聚了幾十人勞動的巨著，有很高的學術價值。父親作為主要負責人傾注了大量心血，「文革」下放河南信陽時，別的生活用品都不帶，只抱著近千萬字的書稿資料，打定主意要「我在資料在」。

文革當中，紅衛兵抄過一次家，用大卡車把家裏的沙發、鋼琴、打字機、留聲機搬走，第二天又搬走了十幾個箱子。家裏的線裝書作為「四舊」統統付之一炬時，父親淚如雨下。後來紅衛兵在書櫃底層發現了一個東西，報紙包得整齊，打開一看，又是宣紙包著，他們很興奮，大叫找到了「變天賬」，打開才發現是兩張任命書：一個是一九五〇年毛澤東任命父親為天津市人民委員會委員，一個是一九五九年周恩來任命他為中國人民銀行參事室主任。小將們的態度馬上好了。應父親之請，他們還寫了個紙條貼在我家門上，證明這一家已經抄過了。此後就沒有再遭劫。

後來，他絕口不提自己的得失榮辱，也從不議論「小道消息」，我不知道他心中有什麼想法，對以後的「世風」究竟知道多少。他可能比一般人閉塞，或者在主觀上對一切負面情況不大願意相信和接受，寧可信其無。但是以他的閱歷和對國事的關心，不可能對現實全然無知。我親見他一反常態地大聲提到〈阿房宮賦〉最後那幾句話，「秦人不暇自哀而後人哀之，後人哀之而不鑒之，亦使後人而復哀後人也」。說明他雖然平日無言，心中並非沒有想法，而且想得很深。

我的心債：母親童益君

我父母親同年，同享高壽，度過了鑽石婚，是極難得的。不過我總覺得母親挺虧的，她在同我父親結婚前已經事業有成，結婚以後為家庭犧牲了事業，父親也就心安理得地把一切家務重擔交給了她，生活一切由母親照顧。到晚年，他才覺得抱歉，自傳中給母親專門寫了一章。

母親是浙江湖州人，外祖父當過地方官，據說因為膝蓋有風濕，不能下跪，就此斷了仕途。當時江浙一帶既是魚米之鄉又得風氣之先。外祖父對子女的教育很開明，認為自己食君俸祿，只能忠於清朝，但子女大可追隨新潮流，只要能救中國就好。他逝世很早，家道中落。外祖母力排眾議，把給三個女兒準備的嫁妝錢用作學費，讓她們上新學堂。這在當時是非常了不起的舉動。

母親因此就讀於江蘇省立女子蠶桑專科學校。那是當時在科學救國、實業救國以及女子教育的風氣下，一些仁人志士開辦的新型學校，董事長是黃炎培。理念、教學內容和制度都很前沿。宗旨是理論與實踐相結合，教授科學的新法養蠶，然後在全國農村推廣，最終改良中國絲業，加強與日本的競爭力。這很符合母親的旨趣。母親畢業後又在上海學了一年英語，然後就步入社會，從事絲業改良工作，她的理想是實業救國和教育救國，當過鎮江月都縣立女子育蠶試驗所技術員、鎮江四成蠶種製造場場長，最後的職業是鎮江女子職業學校蠶桑科主任。

父母是偶然邂逅，外婆一家遊西湖，見一人在湖邊吹簫，神情蕭瑟。母親讓留學日本的姨父前去問訊，才發現是帝國大學不同系的同學。父母親就這麼認識了。此後，兩人經歷漫長的十年戀愛。一九二〇年代，母親的事業蒸蒸日上，父親還在日本讀書，當時女子事業與家庭很難兩全，所以母親對結婚非常猶豫，父親卻認定了非母親不娶，苦等了十年，每年暑假回國一次，已經融入了母親的大家庭中。他們的鴻雁傳書後來在文革中灰飛煙滅、片紙不存，非常可惜。一九二九年母親為他的執著所感動，終於完婚，並辭去工作。當時，職業學校學生派代表去上海請母親返校，校董事長也親自說項，可母親當時已經懷了我。從此，全心全意相夫教女，完全犧牲自我，在這點上她又很傳統。我們家是典型的男主外、女主內的模式，母親一切以父親為中心，我們家甚至沒人知道母親愛吃什麼，因為凡是別人不吃的最後都歸母親「打掃」。

母親的氣度、見識和才幹都不同於一般家庭主婦，我為她惋惜，可能由此產生了逆反心理，走到了另一個極端，就是盡可能逃避家務和柴米油鹽。我們姐妹三個都不做家務、不會理家。我常說母親把父親慣壞了，其實在這點上她也把我們慣壞了。

母親常說她與父親的婚姻是「以道義相許」。他們在大的方面有許多共識，並且在無形中影響我的人生觀和性格：自強、愛國、理性、恪守誠信、蔑視權貴、崇尚學問，厭惡紈絝子弟等等，但是母親那種處處為別人設身處地想、助人為樂和犧牲精神，我卻實在沒有能繼承於萬一，我大概只能做到父親那樣消極的清高自守，潔身自好。我自幼男女平等、女子獨立的思想很強烈，當然與母親的影響有關，不過我覺得已經超出了她。

李學勤——牛角掛書，功不唐捐

個人簡歷

一九三三年三月二十八日生於北京，一九五一年考入清華大學哲學系，一年後入中國科學院參加考古所的工作，一九五四年進入中科院歷史所，從實習員、助理研究員幹到研究員、社科院歷史所所長。一九九二年起任清華大學國際漢學研究所所長、思想文化研究所所長，現任清華大學出土文獻研究與保護中心主任，歷史系教授。

主要著作

《殷虛文字綴合》（與郭若愚、曾毅公合作）、《殷代地理簡論》、《東周與秦代文明》、《古文字學初階》、《馬王堆漢墓帛書》（肆）（定稿）、《睡虎地秦墓竹簡》

（定稿）、《比較考古學隨筆》、《周易經傳溯源》、《走出疑古時代》、《簡帛佚籍與學術史》、《中國青銅器概說》、《古文獻從論》、《失落的文明》、《夏商周年代學劄記》、《甲骨百年話滄桑》、《張家山漢墓竹簡》（二四七號墓）（定稿）、《重寫學術史》、《中國古代文明十講》等四、五十種。另有學術論文五百餘篇。

訪談手記

我成功突破學勤夫人的攔截，坐到了老先生的客廳裏，那天的陽光很好，在封閉式陽臺裏跳躍著閃亮。我心裏裝著很多流傳的褒貶之詞。反右中他有傷害過陳夢家嗎？斷代工程中他有結論先於研究的命答之論嗎？我不知道，我得用合適的方式問問。

老先生背對陽光坐著，清癯、矍鑠，慢條斯理回答問題，很少有表情和肢體動作，說話也不多，問一句答一句，非常節制，毫無枝蔓，一副有話則長無話則短的樣子，眸子裏還有一絲迷離。說到往事，一旦發現我已經知道，馬上閉嘴。他化解一切問題，不直接回應任何敏感話題，只說自己和疑古思潮學術觀點上的分歧，介紹考古界和歷史學界的前輩：李濟、陳夢家、夏鼐、唐蘭等，他說，夏商周斷代工程怎麼討論都可以，只要不牽扯到政治。他還說，他相信事實，相信歷史。他讓我確信了兩點：也許，對於歷史的難言或無法回顧，對於真相的難明或無法面對，對於「說不清道不明」的人類窘況，他比我有深切得多的體會。所以選擇了緘默和迴避。他一直勤奮上進，而勤奮上進都有回報。他說話的時候，大盆的綠植在他的身後探出身子來，好像想插嘴，而書架上的仿古青銅器瞪著我，一言不發。

老先生最後說到，他一直想做四大古代文明的比較研究，不知道能否如願。這麼歎息的時候，他的夫人從臥室裏出來，遠遠地站在門口，無聲地提醒我，聊天的時間太長了。她不想聽他的學術計畫和展望，她只擔心他的身體。

黑髮即知勤學早

要不是因為一場意外，我現在應該是個工程師。人生的規律和變數、必然和偶然，真是說不清。

一九四八年夏，馬上就要解放了，我從滙文中學初中畢業，面臨人生選擇。我父親在協和醫學院工作，希望我當腦外科醫生，最好能作開顱手術。當時全世界只有七個人能作這樣的手術，協和醫學院就有一位。

可我看中了國立高等工業學校，就是現在的北京工業大學。相對於北平市立高等工業學校（現在石景山的北方工業大學），國立高工更有名，畢業生相當於有大專文憑，讀書期間還管飯，所以也更難考。

我報的是電機系，考了個榜首。全家都做好了我學工科的準備，萬事俱備，只欠去北平防癆協會體檢了。不曾想體檢的結果是「肺結核二期」。我自小身體就不好，因為這個，還在家讀了一年書，三、四年級才進的校園。這一次非同小可，當時肺結核可是要命的病，事關生死，讀書的事就顧不得了。後來證明是協會工作失誤，搞錯了名字，虛驚一場。但這場意外改變了我的人生道路，我沒有上工業學校，仍讀高中去了。

我從小喜歡神秘的、不懂的東西，比如符號：符合是藏著意思的，但你要是不懂，就跟天書一樣，這對我充滿了誘惑。我外語好，中學就開始看英文著作，因為外文對我來說就是一種神秘符號。

十七歲前後，我接觸到一種符號：甲骨文。中國從一九二八年開始，到抗戰爆發，殷墟考古一共進行了十五次發掘工作，出土了大量甲骨文，但後來就打仗了。直到建國前，這些成果才正式發表，就是《殷虛文字甲編》和《乙編》的一部分，只在中國科學院內部賣，其中乙編的上、中兩輯標價五十萬（後來的五十元），我家境一般，五十萬是天文數字了，但父母支援我，讓我買了自學。

當時學界有個討論殷墟甲骨分期的「文武丁卜辭」爭議，很熱鬧，我著了迷，有空就騎自行車去北海旁邊的北京圖書館看書。負責金石部的曾毅公看有個小孩子中學生也來看這書，就注意到了，支持我，讓我看不對外開放的特藏書籍和拓本。

我不是死讀書的那種人，在高中我是學生會主席，也搞學生運動，參加過「反饑餓」的遊行。

到了考大學的時候，我考的是清華哲學系，因為之前偶爾讀到過金岳霖的《邏輯》，介紹西方數理邏輯的，覺得很有意思。打聽到金先生在清華哲學系工作，我就考那兒，一九五一年考上了。

當時學生很少，我們上課就在金岳霖家，大家圍著金先生坐著，聽他說哲學。那時候清華大學還是抗戰前的態勢，有全國最好的文科。可惜一年後，國內高校院系大調整，清華從綜合性大學改成純工科院校，全國只保留北大一個哲學系。我應該跟著轉過去，但我更想去北大一九五二年剛成立的考古系。學校不讓轉系，我很失望。正好這時候中國科學院哲學社會科學學部（中國社科院前身）考古研究所有一項工作讓我參加，我就放棄學業去了，此後再也沒有在學校讀過書。所以我基本上是自學出來的。

一燈熒熒猶讀書

上海的郭若愚對《殷虛文字甲乙編》進行綴合，就是拼接復原那些破碎的殷墟甲骨文，他把成果送到中國科學院，院長郭沫若轉交給考古所所長鄭振鐸。陳夢家剛從清華大學中文系調到考古所，認為郭若愚的成果還可以做些補充工作，就請了北京圖書館的曾毅公和我去修訂，當時我才十九歲。

我當時的工作就是鑒定西周的甲骨文，我提出了殷墟甲骨「非王卜辭」說，對青銅器及其銘文提出新的分期方法，還開始了戰國文字的整理和研究。算是在學術上起步了。

增補工作一九五四年完成，科學出版社出版了《殷虛文字綴合》。這時我需要尋求確定的工作崗位，正好遇到一個機會。中國科學院一九五三年新成立歷史所，分一、二、三所，就是古代史、中古史、近代史三塊，西北大學的校長侯外廬被任命為二所副所長，負責籌備工作。他對我很賞識，把我要了過去作他的助手。這樣我做了多年思想史研究，重點是先秦部分。那一段時間，我意識到自己的功底不夠，就轉向金文和青銅器的學習研究，二十一歲時，我寫完了第一部學術專著《殷代地理簡論》，這書直到一九五九年才出版。

國內政治風雲變幻，反右過後幾年，就是「文革」。一九七〇年，我跟著社科院的大部隊下了幹校，搞體力勞動。好在只有一年多時間，郭沫若修改《中國史稿》需要人手，我就被調回北京了。

一九七三年底，長沙馬王堆挖防空洞時，發現了古漢墓群，這是考古界震驚世界的大事。當時政治運動，全國的科研工作都陷於癱瘓，馬王堆漢墓帛書的整理研究是極其難得的專案。

我很幸運，被國家文物局借調過去，從一九七四年開始參與帛書的整理和考釋，不用搞運動了。我很高興。

我負責帛書的醫學部分。帛書跟甲骨文不同，出土時不僅是破碎的，而且會變形，需要還原。文物出版社送來實物照片，我要一張張剪開，拼接，有點像拼圖遊戲。我跟中醫大夫合作，拼出了《胎產書》、《五十二病方》、《養生方》、《雜療方》等醫藥學文獻。今日，「馬王堆醫書」已經成為醫學界的一個專有名詞，有些內容甚至改寫了傳統醫學史。

文革結束後，一九七八年，我離開文物局回到歷史所。不久，我面臨兩個選擇，回思想史研究室，或者出任先秦史研究室主任，我根據所裏安排，去了先秦室。

為者常成，行者常至

我做的領域比較多，比如古文字學，文字學古稱「小學」，目前有四大分支：甲骨學（甲骨文大約有四到五千字，對於甲骨文的研究就是「甲骨學」）、青銅器研究（金文）、戰國文字研究和簡帛學。我在四個方面都做過，尤其是戰國文字研究，我算是最早做的人吧。

中國的文字發展史上，有個「書同文」的問題。戰國的文字分秦、晉、燕、齊、楚等不同體系，同字異形。秦統一天下後，文字上「罷其不與秦文合者」，六國文字就此滅絕。後世的真草隸篆，都是從秦系文字演化來的。

戰國簡帛的發現，將古文字學研究推向一個新階段。因為戰國的簡帛文字不少能夠跟傳世的文獻對照閱讀，使得學者可以識別出戰國文字中的生僻字。我做了些楚文字研究，因為出土的楚帛書、楚簡材料最豐富。

考古方面，我也做了一些工作，比如，大家都耳熟能詳的「司母戊大方鼎」，建國前在殷墟出土的，因為我的主張，現在已經改成「后母戊大方鼎」。司母戊是什麼意思？解釋不過去。后母戊大方鼎的「后」指王后，有別於如今已簡化為「后」的「後」字，「母戊」是商王祖庚母親婦姘的廟號，后母戊大方鼎是祖庚為了紀念母親鑄造的，是我國出土青銅器的典型代表。青銅是純銅與鉛、錫的合金，不同於紅色的天然純銅。天然銅的硬度低、熔點低，燒陶器的窯就可以熔化製成器具，所以紅銅是發現，而青銅是發明。

另外，我作為首席科學家之一和專家組組長，承擔完成了國家年代學的重大項目「夏商周斷代工程」，這個專案結合自然科學和人文社會科學的方法，研究古代夏、商、西周三個歷史時期的具體年代，試圖給古代歷史一個時間的量度和座標點。

那時候，我是社科院歷史研究所所長，又要主持清華大學國際漢學研究所的日常工作，工作千頭萬緒，但我儘量不影響專業研究。夏商周斷代工程項目下面有九個課題、四十四個專題，直接參加的專家學者多達兩百人。經過五年的努力，在二〇〇〇年時推出了明確的「夏商周年表」：夏代約始於西元前二〇七〇年，盤庚遷殷約為西元前一三〇〇年，商周分界為西元前一〇四六年。階段性成果《夏商周斷代工程一九九六至二〇〇〇年階段成果報告（簡本）》出版後，被評為「九五」期間科技攻關計畫的重大成果。

我國古代的史書，言必稱三皇五帝、夏商周。但因為沒有考古實物的佐證，國外普遍並不接受。殷墟發現之後，商的存在才獲得國際學界的一致認可，但對於有沒有夏朝，還是有爭議，夏商周三代也一直沒有確切的年代劃分。國外有學者主張中國古代文明始於西元前一六〇〇年的商代，甚至只承認盤庚遷殷時的前一三〇〇年。對於我們的「五千年文明」有很多質疑。

我主持的夏商周斷代工程給出了年代確切的「夏商周年表」，在國內外引起很大的反響，包括很多質疑。年表當然有現實意義，能向世界展示我國源遠流長的文明，增進民族自信心、自豪感和凝聚力。而對於質疑，我的態度是：只要是嚴肅的學術討論，我都歡迎，但這是學術，是科學，不是政府投資買下的論斷，這一點是要明確的，畢竟，我們一開始就明確了「政府支持，專家負責」的原則。而「夏商周年表」每個資料都有依據，學術探索也是沒有止境的。

事實上，在此之前，我就曾針對疑古學派提出不同看法，馮友蘭為顧頡剛《古史辨》第六冊寫的序言中說，所謂歷史研究要經過「信古—疑古—釋古」三個階段，所以我提倡現在應該走出疑古時代。王國維提出「二重證據法」，要求地下的文物和紙上的典籍文獻能互相印證，我則認為，古史古書所言，即使看來貌似荒誕不經，或者暫時沒有考古實物的佐證，也未必不是真的，可能有一定的史實「素地」。

舉個例子：大禹治水一直只是「傳說」，連大禹其人存在與否，學界都有爭議。我卻鑒定了一個西周中期的青銅器遂公盨，盨的銘文一開頭就清清楚楚寫著：「天命禹敷土，隨山浚川」——老天爺要大禹劃分九州，沿著山勢治水。文字表達跟《尚書．禹貢》和《禹貢序》一致。

我現在的主要工作，當然還是主持整理清華大學所藏的戰國竹簡，從二〇〇八年七月入藏之後，這批竹簡的內容和性質已經獲得共識：它們是一批經史類書，包括《尚書》及同《尚書》類似的文獻。我們跟上海的中西書局合作，二〇一〇年底整理出版的第一輯收的是其中的《楚居》，二〇一一年底面世的《清華大學藏戰國楚簡第二輯》是《繫年》。我們保持每年底推出一輯的進度，每一次都有新發現。

《繫年》簡長四十四點六到四十五釐米，共一百三十八支，保存基本良好，只有個別殘損。原沒有篇題，《繫年》是整理者給擬的題。全篇分二十三章，每章自為起訖，是編年體史書，所記史事上起西周初，下到戰國前期。講到秦、衛、鄭、晉等幾個重要諸侯國的興起，楚國則自楚文王始見。是用墨筆書寫的楚文字，多次提到楚，但不為楚人掩醜，有時甚至措詞嚴厲，所以作者到底是不是楚人，站在什麼立場，還有待研究。

從年輕時起，我就有一個夢想，是做古代文明——中國古代文明和其他三大古文明：埃及、美索不達米亞和印度文明——的比較研究。但做這個需要現代外語和古代外文，我曾經為此學俄文，還想學埃及文。可惜，當年剛開始學德文，就下放了，下放時帶了本英文的拉丁文教材自學，一邊幹體力活一邊背單詞，結果挨了批判，沒堅持下來。現在人也老了，事情又多，外語又不行，不知道還能不能做得動。

林毓生——自由的門徒

個人簡歷

一九三四年八月七日生於瀋陽，七歲移居北平，一九四八年隨父母去臺灣，一九五八年畢業於臺灣大學歷史系。兩年後赴美，於一九七〇年獲得芝加哥大學社會思想委員會哲學博士學位，曾在哈佛大學東亞研究中心從事博士後研究。一九七〇年起執教於威斯康辛大學麥迪森校區歷史學系，主講中國思想史。二〇〇四年退休後任榮譽教授。一九九四年當選為臺灣中央研究院院士。

主要著作

The Crisis of Chinese Consciousness: Radical Antitraditionalism in the May Fourth Era（中譯本《中國意識的危機》）、《中國傳統的創造性轉化》、《政治秩序與多元社會》、《熱烈與冷靜》、《從公民社會談起》等。

每次想到林毓生「勇鬥記者」的一幕，我就直樂。別看老爺子八十多歲，頭髮全白了，說話走路都慢吞吞的，腦子卻靈光得很。記者嘛，常常容易犯的一個毛病，就是將採訪對象工具化，心裏已經想好要寫一個什麼報導了，自己不能站出來說話，只好借大人物的嘴說出來，於是便引著被訪人這麼說，那麼說。而被訪人呢，有糊塗的，就被牽引著這麼那麼說了，有清醒卻功利的，就跟著說唄，反正出鏡的是我。

可是這一套用在林毓生身上，就出問題了。他腦後如有反骨，總也不配合，老跟記者逆著來。「你這樣說不對（不準確）」「我不這麼認為」「你沒完全明白我的意思」。後來我發現了，他的「逆」，多在三種情況下出現：全稱判斷、道德評價和政治語言。對於這三者，他幾乎有本能的敏感和反感。

他拒絕使用「中國知識分子」或「大陸學者」這樣的全稱判斷，堅持個體差異性；他只在事實層面討論問題，分析事實產生的原因，說事實，說真相，但拒絕對此進行簡單的道德評判；他堅持使用學術語言和日常語言，排斥任何口號化的泛官方名詞術語。

這真是一個純正的、徹底的自由主義者，一個將生命融入學術、又將學術外化成言行規範的知識分子。

不過，這篇訪談稿變成鉛字後，我心裏湧出的卻是舒曼殊的「我本負人今已矣，任他人作樂中箏」。對林先生來說，我確是「負人」。

二〇一〇年，林先生來京，我乘隙約訪他，同往的是南方一家著名媒體的記者。一開始，他就反覆交代，成文之後，一定要他審讀後才能見報。因為聊到了當時正熱門的「汪暉抄襲案」，算是有新聞時效性，編輯催著我用最快的時間寫完稿發給他。他很快回信，提到文章「有的地方與事實有出入；另外，也有些地方不夠精確。」並說「這篇稿子，我想我不必花太多時間，只需順順句子，改一改與事實不符的地方。明後天我有許多別的事要辦，希望在這個星期之內可把定稿用email附件傳給你。」之後，他去臺灣參加院士會議、離臺赴港、離港返美，我一路都圍追堵截，他回信中英雜錯，長短不一，內容則總是「這件事一直在我的心上，希望幾個禮拜之內能夠完成」、「I have not yet gotten the time to revise your interview. I hope to get it done this week.」但他終究一直忙，抽不出時間來，我以晚輩的一篇小稿，一遍遍窮兇極惡地催逼，也實在過分。轉眼到了年底，編輯要秋後清算，年底盤點。我試探發信問老先生，實在不行就先行發表，文末注明「本文未經被訪人審核」，可否？等了大半月，沒有回信，我便惡人做到底，強將不滿當默認，自作主張的發表了。還特意將原題目「自由的門徒」改成「鴻飛那復計東西」，意思是老先生只顧鴻雁高飛去，在泥上偶然留下我這篇文章之指爪，無論妍媸，不必在意。將發表的電子檔發給老先生，承認錯誤，賠禮道歉，仍然沒有回信。他心裏或許想，「你負約在先，發都發了，我夫復何言？」我則學了大觀園裏的老祖宗模樣，閉了這個眼，憑這事兒鬧到天上去，我也只管眼不見心不煩了。

總之，這是一篇沒有經過被訪人審核的文章，所以，文章用的是第三人稱而非被訪人口述的形式，而且，所有的文責都在我身上，文章裏或有與事實不符之處，我自增慚怍，讀者需明鑒。

《知識、自由與秩序》

採訪之初先聊天，一聊便聊到了前一段沸沸揚揚的「汪暉抄襲案」。林毓生說，海外學者對此也很關注，而且觀點高度一致。他對於學術抄襲的原則性觀點是：抄襲是一個學者能幹的最壞的事情。

林毓生的分析是：首先，抄襲侵犯了別人的知識產權。這不是小事，而是人權的問題。知識產權是財產權的一種，而財產權是一切自由的基礎和根本，自由建立在這些權利上，所以抄襲是非常重大的自由問題。

其次，在尊重方面，抄襲的人存在三方面的缺失：不尊重原作者、不尊重讀者，而且太沒有自尊，侮辱了自己人格。彼此尊重是人與人最基本的文明原則，否則，就成了狼的社會，人類文明便無從談起。

第三，破壞了知識秩序。人類利用知識來應對所有的問題，如果知識不能健康成長，人類的命運便不堪設想。知識的生長需要溝通與交流，而知識秩序便是溝通的前提。

我們在幼稚園的時候，就被教育說：別人的東西不能拿。可有誰給孩子們解釋過，什麼是別人的東西，別人的東西為什麼不能拿？又有幾個成年人能講清楚這個道理？至少對我來說，林毓生是第一個。是他將學術抄襲聯繫到自由、平等和尊重、秩序三大價值，而這些價值又關係到每一個人。所以他說，大學校長有政治和道德的義務組成中立的調查團，澄清或者處理學者的剽竊和抄襲行為，以建立學術的國際公信力。如果做不到這一點，是清華院長和校長的失職。

在整個汪暉討論中，有兩個細節是必須要提的，一個是，每次他都不厭其煩地加上一句「如果他真的抄襲的話」，他一直沒有對汪暉本人以及這一「事件」本身發表看法，因為在被證明之前，他只能闡述自己的價值原則，而不能對事實做判斷。

另一個，他說到海外的誰誰、誰誰誰都和他的觀點一樣，隨即便叮嚀記者：報導用我的名字可以，用他們幾個人的名字，一定要他們本人同意，我不能代表他們發言。媒體是公共輿論，有別於私下的聊天閒談；朋友的私交再好，各人的言論和公共形象還是各人負責。對這些界限的警覺，幾乎是林毓生的本能。就好比他做演講，會自己帶個小鬧鐘上去，時間一到，自動終止。他說再講五分鐘，就是五分鐘。不理解這種嚴格分明的界限，就不能真正理解自由。

《利維坦》

林毓生樂於說自己是老北京，他說得一口京片子，小時候喜歡聽侯寶林的相聲，還能喝豆汁。因為父親從事紡織輕工業，產業越做越大，林毓生七歲的時候，便隨家人從瀋陽來到了北平。他還記得家裏的下人多是滿人，教給他很多禮節和待人處世之道。他也記得冬天的早上，一出家門，總能看到路上凍死的人。那時他就想，好的國家不應該是這個樣子的，我要為我的國家做點什麼。

林毓生先後在北師大附小和附中讀書。優越的家庭環境和良好的教育背景，培養了林毓生某種根深蒂固的精英意識，「我在讀全國最好的中學，受到最好的教育，以後是走在國家最前列的人，中國的未來要取決於我們。」所以，他要讀最好的書、最難的書，以後要做最重要的事。我甚至懷疑，林毓生骨子裏有點貴族式的考究和「傲慢」，他出門要坐商務艙，對吃住都有要求，他的學生都有點怕他，他說話乾脆，直言不諱，自稱「我很厲害的」。

另一方面，對於知識的敬畏和虔誠，通過老北京無處不在的文化氛圍，直滲透到林毓生的骨子裏。他常去各個書店看書買書，當時他不過十來歲的小孩子，店員見了都很客氣，以「您」相稱，恭送「慢走」。那份由衷的恭敬，是給知識和文化的。小小的林毓生與知識為伴，心裏很受用。

一九四八年，北京的形勢已經很緊張。作為「民族資本家」和「階級敵人」的父親決定移居臺灣。但父親的工廠已經被地下黨控制，家裏的錢不夠，結果，買半價機票的林毓生和弟弟妹妹們都走了，而正在讀大學的哥哥卻留了下來。哥哥在建國後歷經坎坷，運動中一度被迫害得神經錯亂。人生的際遇就是這樣，在兵荒馬亂之際，親兄弟天各一涯，判若雲泥，其間的距離，不過半張機票錢而已。

中學時期的林毓生慷慨激昂、壯志凌雲，一心想著做政治領袖，帶領中國走向模糊卻一定美好的未來。他選擇了臺灣大學歷史系。臺大是最好的大學，而報考歷史系，則是為了瞭解中國社會和政治的癥結所在，以便對症下藥。

一九五四年，他如願以償地考入大學，結果卻領教到了理想和現實的差距。當歷史被當做學問來做時，看重的是考據、史料、故紙堆，這種「學究做派」與他報考的目的背道而馳。看來，通過攻讀歷史來深化思想是緣木求魚了。所幸那時候，他遇到了自己人生第一個重要的導師，殷海光。

殷海光自稱「後五四時代」的人，中國自由主義的領軍人物。正是他用「絕對的權力帶來絕對的腐敗」說明近代中國的癥結，奠定了林毓生思想中那些終始不渝的基石：自由、公正、民主、憲政、平等、自我、理性、寬容……西方的自由主義指導下的文化與制度，能不能移植到中國？林毓生對此不再疑慮，堅定了從中學開始形成的觀念：中國應該走民主憲政和法治的道路，而不是獨裁專制。合乎理性和人道才是好的政治。

一個流傳甚廣的故事是，有一次，師生坐在草地上聊天，林毓生順口評價說，中國近幾十年來有大影響的人，無一不是糊塗蟲！殷海光頓時激動地站起來說：「我可以為你這句話寫二十萬字的注解。」

但思想帶給人的往往不是快樂，而是沉重和抑鬱。沒有力量的人是承受不了思想的壓力的。林毓生也經歷過這樣一段「思想不能承受之重」的時期。他的精神狀態很不好，消沉又萎靡。當時已經是蔣介石白色恐怖的末期，但專制統治的現狀仍然讓他失望透頂，對於自由主義在臺灣的命運幾乎不抱希望，一方面，他只想沉溺於純學術中，「鈔古碑」「來麻醉自己的靈魂」，逃避現實的黑暗，另一方面又不甘心，不能忘懷於中國和民族的未來。

《這一切是如何開始的》

林毓生不知道的是，在這樣的精神痛苦中，幸運女神已經在門外偷窺了。芝加哥大學歷史系的Donald Lach教授到臺大去講學，因為是英文授課，沒有學生去。系裏便要求英文不錯的林毓生和另一個女生去聽課。課程結束後，林毓生鼓起勇氣提出，他想畢業後去芝大追隨哈耶克。當時哈耶克憑藉《通往奴役之路》和《自由秩序原理》，已經毫無異議地躋身於當代最重要的政治哲學家之列。

Donald教授答應給他寫推薦信。如此因緣和合，二十六歲的林毓生得以赴美留學。一九六〇年的秋天，因為還沒有獲得最高獎學金，林毓生一邊在芝加哥大學的教授俱樂部餐廳當服務生，一邊開始了艱難的學術探索。他曾說，學者最重要的，是在學術生涯形成階段，也就是讀研究生那幾年，培養廣闊的視野和深刻的學術探索能力。幸運的是，他的學術奠基是在芝加哥大學的社會思想委員會完成的。

社會思想委員會實行的是很貴族化的學徒制、導師制，精英教育，一個教授和一兩個學生單獨約定上導師課（tutorial），每週或每兩週一次，討論經典書單內容，寫篇小論文。林毓生讀書的時候，委員會裏有九位教授，只有十來個學生。給林毓生授過課的有大名鼎鼎的西爾斯（Edward Shils）、史華慈（Benjamin I. Schwartz）、博蘭尼（Karl Polanyi），甚至包括艾略特（T. S. Eliot）和索爾貝婁（Saul Bellow，講俄國法國文學）。

老師們格調各異，各有風範。哈耶克很紳士，六十多歲了，一下課就要站起來為女學生穿大衣。他是極少數身為教授而不用秘書和助教的，自己打信件，還常常打錯別字。他沉默寡言，很少主動指導學生要如何如何，必要學生提出問題了，他才回答。如果學生沒準備好問題，師生就得「相對無言」了。課上，學生討論完了就完了，哈耶克很少最後總結並給出結論。林毓生認為，這就是古典自由主義者的典型風範，既然每個人都有自己的愛好和價值標準，就應該絕對尊重，不指導和點評，就是不用自己的智識影響和干擾學生自己的智識成長。這就是所謂知識貴族的自製，自由主義者的自製，自由和平等寫進了骨子裏，融在生活方式和生活態度中。

相對而言，傾向於共和思想的阿倫特就不同，學生討論到最後，她總是要作總結、給結論的。這個老太太一頭白髮，很美。她的導師課是講亞里斯多德的《尼各馬可倫理學》，每週六下午一點半上課，課間休息二十五分鐘，她會打開一瓶法國紅酒，請學生吃她自己做的小點心。喝下午酒是典型的歐洲風格。

至於上課的內容，就是讀經典。他們必讀的書單包括，柏拉圖的對話錄（一般總會包括《理想國》）、亞里斯多德的形而上學和倫理學、荷馬史詩、希臘三大悲劇家的作品、伯羅奔尼薩斯戰爭史、馬基雅維利的《君王論》、莎士比亞的悲劇、笛卡爾、斯賓諾莎、洛克、亞當斯密、休謨和盧梭的作品、康德三大批判，托克維爾的《美國民主》，馬克思韋伯、托爾斯泰的《戰爭與和平》、《卡拉馬助夫兄弟》、《紅與黑》等。

讀完這些稱為基礎課程的經典，通過博士資格考試，就可以撰寫博士論文了。中國的學生，往往在碩士畢業考取博士後，就被稱為「博士」了，連「博士生」和「博士」都不分。在美國，這卻是嚴肅的一件事，學生必須通過博士資格考試，才能成為「博士候選人」，撰寫論文，通過答辯，獲得學位，才能稱「博士」。

林毓生對一九六三年的博士資格考試印象深刻。考試由老師出六道題，分成三組。學生從每組中選一題，一共選三個題，拿回家去做，完全開放，可以查任何資料，只要在五到七天內完成三篇論文。

林毓生的母語是中文，所以考試時間批准為一周。頭五天，他每天睡三四個小時，後面兩天連續幹了四十八小時，一點兒都沒睡。如此拼命，卻不是例外。別的同學基本上都是這樣熬出來的。因為思考和研究的壓力太大，有的同學甚至因此崩潰。林先生的一個同學，在博士資格考試前幾個禮拜精神崩潰，被送進精神病院休養了半年後才回家。

通過博士資格考試後，林毓生可以選擇任何題目做論文，這時他又經歷了一次精神危機。一方面，他可以對西方思想作純學術研究，另一方面，又不能忘懷從中學開始的中國命運、政治志向、公共事務。那個夏天，他沒法決定做什麼研究，有時整個下午待在圖書館，看的書卻一點都不記得。

後來，還是哈耶克老師的一句話如醍醐灌頂，哈耶克並沒有告訴林毓生應該怎麼辦，因為那是他自己的事情，別人不能越俎代庖。但哈耶克說了他在遇到同樣問題時是怎麼做決定的。「我所有的研究，都與我的個人關懷有關」，學術應該是有生命關照的。林毓生終於想明白了一件事，他最想做的事情，也是他唯一想做的事情，就是研究清楚為什麼自由主義在中國會失敗，而共產主義成功了。中國的未來又在哪裏。從那時起，林毓生真正有了自己的學術方向。

《自由秩序原理》

跟林毓生聊天，他偶爾也會誇自己的夫人祖錦聰慧高明，或者從當心臟科大夫的兒子開始討論「醫學處於科學和藝術之間」。但總的來說，林毓生一輩子都在說的話，只有兩個關鍵字：一、自由，二、中國。

理解林毓生的關鍵，或許是他對政治始終不渝的興趣。當然，這裏說的政治，是亞里斯多德所謂的「公共事務」，林毓生曾說，按照亞里斯多德的定義，中國幾千年來只有統治，沒有政治。以權謀、利用、勾心鬥角來完成的統治，是「私性活動」，不是公性的政治。

他近期強調政治的「公共」特色，是因為從臺灣的民主進程中認識到一個問題：制度和形式上的民主選舉，並不一定能保證公共生活的成功。臺灣的選民未必是合格的公民，他們輕易地就被政客所謂的「臺灣國族主義」誘導和利用，發展出拉美式的民粹主義來，利益集團借機爭權奪利，真正的公共議題卻被忽略。臺灣也就不能走向真正的憲政民主。

真正的民主不僅是制度，而且是思想意識，需要公民道德、公民文化、公民意識和公民社會的支持。林毓生強調公民社會中的公民責任、公民關懷、關懷公共事務。所謂公民社會，就是公民有權力和責任關懷公共事務。要養成公民社會機制，既獨立於政治，又能進入政治，進入國家權力的流程。

政治必然牽涉到權力，所以林毓生也對權力投入了極大的關注。他認為權力是中性的，但權力的本質會傾向於腐敗，不是教育或道德勸說能制止的。所以西方憲政民主思想的第一原則，就是如何對付政治權力。強調必須用權力來制衡權力，這就是分權。林毓生說，在海外，權力也可能變壞，但不會壞得太過分，因為彼此有鉗制。小布希在演講中就說：「人類千萬年的歷史，最為珍貴的……是實現了對統治者的馴服，實現了把他們關在籠子裏的夢想。因為只有馴服了他們，把他們關起來，才不會害人。我現在就是站在籠子裏向你們講話。」

相對而言，中國遵循另一種思維方式：儒家基於道德理想，認為聖人、君子可以達到至善，他們運用權力，是不需要監督和制約，只要服從的。將政治當做道德行為，對權力腐化問題便沒有足夠的敏感和制約機制。

這種觀念的不同有其宗教思想的背景。希伯來的上帝與人訂「約」的契約觀念，是法治思想的源頭之一。而中國缺乏這種平等雙方的約定觀念，想要有權力，就是打天下，打下的江山就是你的。

推進民主憲政、制約權力都必需法治，林毓生強調，是法律治理（the rule of law），而不是依法而治（the rule by law）。因為並非所有由國家立法機構通過並正式頒佈的憲法就是合乎法治原則的。他指的「合乎法治原則的憲法」必須符合四大原則：

一、具有普遍性，能平等地應用到每個人身上。

二、具有抽象性，不為任何個人、團體和政黨的具體目的服務。

三、行政、立法、司法三者分立，且由法律給予界定和限制。

四、國家有義務平等地保障境內所有人的基本人權。

葉秀山——仁者壽，仁者無憂

個人簡歷

一九三五年七月四日生於江蘇揚中，在上海長大。一九五六年從北京大學哲學系本科畢業後，在中國科學院哲學研究所（今中國社會科學院哲學研究所）工作至今。曾任該院研究生院哲學系主任，哲學所學術委員會主任。專攻西方哲學，兼及美學與中國哲學。

主要譯著

著有《西方哲學史》（八卷十一冊）第一卷上編、《哲學導論》、《前蘇格拉底哲學研究》、《蘇格拉底及其哲學思想》、《思·史·詩》、《古中國的歌》、《中西智慧的貫通——葉秀山中國哲學文化論集》、《美的哲學》、《書法美學引論》等。部分收錄於《葉秀山文集》四卷。

葉秀山符合傳統學人的全部特徵：清癯、消瘦，做事一板一眼、說話慢條斯理，普通話不標準、外語卻流利，生活簡單、嗜書如命。他說到自己對不起別人，都點名，說到別人對不起他，都不道姓。……

這是一個有趣的現象，真學人多自抑之詞，所謂「愚鈍」云云，而說到生計和際遇，卻每多自滿之言，所謂「不錯」云云。這些或許都不是虛詞。葉秀山雖然也是三停勻稱，但算不上天庭飽滿、地閣方圓，也沒有厚唇肥耳、印堂發亮，面相並不特別，但他卻實實在在是多福之人，七十多年來，「好事都沾邊，壞事都擦邊」，不是因緣、不是天佑，只是他沖淡平和，「不招人恨」。

從一件小事可見葉先生的性情和處世。稿子給他看完，他要求說，文中提到的人名要儘量刪去，以免誤會。我知道老一輩人有他的經歷，各人有他的性情，但疏狂馬虎如我，與這一份謹小慎微的人生態度到底隔膜，回信爭取，葉先生很快回復道：「你說的也是，你看著辦。其實指名道姓沒有惡意，我有點過慮了。」輕鬆就映襯出我「據理力爭」的過慮和過分來。

葉先生自幼體格不強，性亦偏柔弱，連寫的字都天然近趙體。古稀之年卻能動靜自如、無憂無慮、安然於中，而且隱隱有精進勇猛之志。可見福壽在心，不在面。儒家說，仁者壽，仁者無憂。信矣。

何必讀書，然後為學

中國人要介紹自己是哪裏人，是一件很麻煩的事情，我出生在揚中，祖籍是鎮江，再往上追是安徽，當年太平天國時逃難到的江蘇。我在外婆家出生，那時爸爸在上海做生意，在老家鎮江待了很短的時間後就去了上海。我算哪裏人？

我屬於智力開發比較晚的，小時候就稀裏糊塗、稀裏糊塗過來的，不愛看書，記憶力也不好。不知為什麼，別人提起來總好像我很愛看書，我自己也是很喜歡看書，可小時候並不這樣，很不喜歡念書，剛來所裏時好像還不是那麼喜歡看書，後來怎麼就喜歡了，不知道，人是怎麼一點點就變了的？

我的小學讀了兩個，因為讀書早，具體的情形都不記得了。據說在鎮江還讀過小學，只上了一天，哭著回來的，怎麼都不肯讀了。後來到了上海才正式讀書。

學習成績一直不好，都不知道怎麼過來的。就記得跟著爸爸看戲，很喜歡，後來就索性每月交十塊錢，票房學唱戲，有老師教，都是角兒，名演員。當時戲園子沒有戲唱，飛機轟炸，防空嘛，晚上不准點燈，用煤氣燈還要罩個黑罩子，就在票房玩。

後來又學武術，因為身體太差。我小時候不愛吃飯，其實我媽做菜很好，方圓多遠都很有名的——我讀大學後，媽媽在家寂寞，又領養了一個孩子，就是我妹妹，我妹妹做菜也是很好的——但我小時候有一陣就是不愛吃飯，見到飯就哭，別人給我爸媽出主意，說送到精武體育館去。和我一起去的大孩子都學洋的，單雙杠、跳馬、啞鈴什麼的，我進了「國術班」，十八般武藝很多都學過，刀、槍、匕首、對打，劍沒學。當時我年紀小，老師們都叫我「小弟弟」，說，「小弟弟架子不錯，就是沒力氣。」練了一陣，身體好起來了，爸媽都高興極了，說這下肯吃飯了，見了飯還吃得香，好好好。很多年以後我才知道霍元甲，介紹他的鷹爪拳，我說這個我學過呀，才知道我學的還是霍家正宗的功夫，很得意。我到現在那些架式還記得，但打得不連貫了。

中學讀的是一個私立中學，正中中學，學校校長好像有點背景，解放後被抓起來了。我們的老師是很好的，但不知道怎麼回事，學校不是很好，我成績也不好，不好好念書，都解放了，還念什麼書啊？尤其是英語課，下午第一節，我總是困得不行，老想睡覺，根本不好好學，其實英語老師很好，後來調到哈爾濱外語學院當教授去了。

中學最光榮的歷史是考了班上的第六名。當時我們分甲班、乙班，甲班好一些，我只能讀乙班。平面幾何是我學得最好的功課，學的是三S幾何，到了解析幾何就不行了。當時教我們解析幾何的老師是留德學哲學的。

到了高中，才好像有那麼一點開竅，有點想法了。我開始看武俠小說和偵探小說，很喜歡，想當作家。我們有的同學寫了小說，還印了出來，我很眼紅。那時我對所有鉛印的東西都很喜歡，喜歡鉛字，就連油墨的氣味都有興趣。我還到《新聞日報》社去實習，這張報紙以前是美國人辦的，原來叫《美商新聞報》，現在並到《解放日報》了。我覺得挺美的，其實沒有採訪、寫過稿子，就是處理讀者來信，寫「你的來信收到了」什麼的。還到工廠看印報紙，聞油墨的氣味，覺得很香。

其實我不願意學哲學，想搞文藝，寫作，還有美學。那時我想當記者，覺得記者是無冕之王，可以聲張正義，後來發現不那麼簡單。

後來進了北大才知道中文系還有一個編輯專業，後悔得要死，可是按那時規定不能轉系的，而且中文系畢業可能要當中學教員，我不喜歡當教員，就想當記者、作家，可中文系也不培養作家的。

學哲學開始是中學老師們有個讀書班，我跟一個老師的關係不錯，他讓我去旁聽他們的討論和學習，讀《矛盾論》、《實踐論》等書，我還買了《列寧文選》，兩大本這麼厚的（比劃一個指節的寬度），當時很得意，一個中學生看這麼厚的書。

高考時我和一個同學一起去報考。負責報考的老師說：「幹嘛學哲學？哲學聽起來怪怪的，神神道道、玄玄乎乎，而且學哲學的人都清高、很討厭。不如報新聞，考新聞在本區還有照顧的。」我們當時逆反心理重，一聽這麼說，偏不考新聞，報了哲學。我們考取後，同學家長請我們吃飯，也說學哲學很怪。

為學者，必有初

你是不是以為能考上北大哲學系就是很厲害？根本不是的。我高考那年一九五二年，高校院系調整後擴大招生，而且第一次全國統一考試、統一招生。以前北大哲學系只招幾個，那年二十幾個，因為國家建設需要新幹部，哲學方面，馬克思主義也要普及宣傳。解放前大學學生人數很少，院系調整後人也不太多，就到處動員大家考，給了很多優惠條件，不要學費，吃飯也免費。那時高中畢業能找到很好的工作，大家都不願意考，所以是報的都取了，基本上報什麼錄取什麼。不一定成績好，我的一個同學，當年的外語考了三分，百分制的三分，我的外語肯定也好不了，有一道翻譯題我是答出來了，為什麼呢？開始也不知道啊，後來看到裏面有個拼音liu-hu-lan，劉胡蘭啊，就答出來了。我中學同學，打架鬥毆、專打抱不平的的，去了南京大學中文系，最不濟的，班上成績最一塌糊塗的一個，也去了上海俄專，倒是成績好的去的學校沒那麼好，有的是出身不好受影響，有的是為了國家搞建設，必須服從安排，我們班理科成績最好的去了礦業學院。

進了北大也是稀裏糊塗的，北大哲學系當時力量是很強，全國就這麼一個哲學系，人都集中了，但是能開課的是少數，大部分是年輕的教員，有些是外校請來的，如艾思奇、蕭乾等，馮友蘭、賀麟好像都不准開課，只作過一些講座。

大學四年，我也念了書，但不知道怎麼念，搞不清楚，教西哲的是位蘇聯專家，據說並不是專做哲學的，上課就是念講稿，王太慶先生翻譯。課堂討論我也不愛說話，因為普通話不行，到三四年級才好一些。我念書在大學班上不是好的，沒哪個老師喜歡我，也沒一門課好的。

作畢業論文時，我想搞美學，當時的系秘書是汪子嵩先生，說，美學沒人指導你，而且只有一個題目「藝術作為社會意識形態」，我也不想做了，就糊裏糊塗選了康德，鄭（昕）先生指導我。鄭先生不喜歡我，當時我在論文裏提到，康德的先驗性多少有點道理，他不同意，不過當時還好，可以提不同的意見。論文答辯的時候，鄭先生批評了我，任（華）先生也批了，但賀（麟）先生比較喜歡，說我還不錯，不看講稿能把意思講出來，就把我要到社科院來了。

學不可以已

我也不算勤奮的人。賀麟說過我，「你家不是很有錢，但比較嬌氣，不刻苦。」我覺得也對。雖然沒覺得小時候生活多優裕，我爸爸做生意也不是很成功，戰亂不好做生意，但家裏就我一個孩子，那點錢用來養一個孩子，當然就很安逸啦。

工作剛一年，反右開始了。我也批判過別人，大氣氛中影響的，我心情不平靜啊，也年輕，為了表現，為了積極唄，年輕好表現。朱光潛、周谷城，我都寫文章批過的，金岳霖看了覺得我寫得還不錯，是講道理的，不是扣帽子。還有徐懋庸，我寫過雜文批過他，後來我們很好。批鬥文章我都是認真寫的，也還是想辯論些哲學問題，但其實沒有意義，而且付出的代價太大了！

到文革就不一樣了，自己不挨整就不錯了，心情也不一樣，也老了，沒勁頭了。文革開始的時候我很緊張，可緊張了一兩年，也就疲了，我出生不好，開始是「資本家」，到文革後期才成了「小業主」，所以派系鬥爭哪邊都不要我，我也不積極，成了逍遙派，但也混過來了。先是工宣隊進駐，大家都集中住在學部大院，我就自己學外語，學寫字，這兩點毛主席都肯定了的，可以學的。

後來下幹校了。我們比文學所去得晚，當然去得越晚越沾光。去的是河南息縣和信陽明港，整天就是勞動、開會，我們那裏各種問題特別多，總關在兵營裏開會。

我在幹校能看英文的《簡愛》了，很好，書是偷偷帶下去的，當時每個人都有這樣的貓膩，偷偷帶書去，晚上在被子裏看，誰回城探親也請他捎東西，捎書。

一九七二年回城後就更鬆了，我們在工廠勞動，汽車廠。四點半就下班，沒人管了，我很高興，回家就自學希臘文。我在東城南小街乾面胡同學部宿舍住了幾十年，那是一個名人薈萃的地方，藏龍臥虎的，大大的有名的羅念生主動跑來找我，說，「你學希臘文怎麼不找我啊。」我給他看我用的希臘文教材，他說這個不行，太簡單了，就給了我一本帶習題的教材和他為習題做的答案，要我對照答案自己做題自己改，有問題再找他。這本練習冊我現在還留著。我後來希臘文學得比拉丁文好，就是因為拉丁文沒做過練習，所以學外語，做習題還是很重要的。後來我還學了西班牙語、義大利語，我自學的外語多了，他們管我叫「八國聯軍」，剛到社科院的時候，曾聯繫了一個德國人，是北大歷史系的講師，中國通，教我們德語，後來主要是自學了，但現在除了英德法還能看書外，別的都不行。八〇年代所裏他們想讓我開希臘文的課，我說我講不了。

學而時習之

一九八〇年，王浩聯繫了美國紐約州立大學的學習機會，有五個名額，一聽說要考試，三個人放棄了。只有我和另一位同事去考了，那一位是學外語出身，英語比我好。當時負責考試的是個臺灣留美回大陸的語言學家，拿的美國博士，在社科院工作。他拿個答錄機要我們聽寫，考試卷子很長，也是考得一塌糊塗，考完出來，我說我當張鐵生了。成績出來還可以，五十多分。我英語不好，大家都不好，矮子裏拔高子唄。

去美國之前，我跟金岳霖告別，說起想搞古希臘哲學，金先生說，那太難太專門了，不如搞美學。

除了學點古代哲學外，卻對當代哲學有興趣，做點維特根斯坦，而希臘文的課是早上七點，我住校外，六點就要走，我起不來，就沒有學。也要交paper，要上課，但沒有學位。當時也有人暗示過我可以留下，幫人做一些文字工作，可我感到那裏的學術趨向不很融合，美國太功利，我們學的文科在那裏進不了主流的。想讓美國把你養起來，讓你安心做研究？不可能的。我還是更注重歐洲傳統。

另外，也有人建議我就搞當代如維特根斯坦哲學，我也有興趣，但當時想，大陸哲學似乎更熟悉些，我做完了大陸哲學再搞分析哲學。我微積分學得還可以的。我以前的讀書間裏，外面一層的書都是分析哲學、數理化叢書的，就是為了提醒自己以後要做這個，可是做著做著，就回不來了。

我的學習基本上都是自學的，在北大學得不夠，在美國的兩年影響也不大。第一次出國，語言就有問題，兩眼一抹黑，衣食住行、應付生活都很難，幸好那邊的華人幫忙。那時去的人少，去個人大家都很新鮮，給你幫忙，現在不行了，你去了也沒人理你。我沒學什麼，只是瞭解一點美國的表面的情形，我去的學校在美國也數不上，但當時那位系主任跟我不錯，他是猶太人。一九八二年下半年回國。

回來後有十來年的時間，那段時間最幸福了，每天早上坐三十四路車到北京站口下車，走到社科院，總是早上第一趟電梯上到九層，有時候也爬樓，在我的讀書間看書。很規律，有人說我是哲學所的康德。現在我的讀書間也沒了，二十四路公共汽車也改了，年紀也大了。

學者當棲心元默，以寧吾真體

有人說我「什麼好事都沾點邊，什麼壞事都擦點邊」，我後來也總結，覺得自己運氣不錯，有的人在任何環境都能成功、能成才，我不是，環境好了我就成了，壞了就不成。很多事情過去了，我恰恰每次都在夾縫裏留存下來了：高考趕上擴招；畢業，一九五六年是分配最好的一年，後來一年比一年差；反右時我沒成右派；文革也沒被鬥；也趕上機會出國學習……

我們這一代是最懂得珍惜時間的。我現在很深刻地體會到，時間是別人給的。現在的年輕人覺得時間都是自己的，生命也是自己的，柏克森說，時間就是自由，我們的自由是別人給的，有很多人在幫你維護這個時間，學部六〇年代文革前實行過「六分之五」，一個星期一天政治學習，其他時間自己支配，當然後來實行不了。據說戚本禹、姚文元都曾經想解散學部，改革開放初期也有人提出解散學部，養這麼一幫子人做什麼？但最後也沒有解散。現在所裏的會，雜事瑣事，儘量不找你，這些時間都為你保證了，你就要好好幹。出得來出不來成果，是你自己的事。

現在的我一個人生活在中國，家人都在美國定居了。妻子張釗是北大西語系一九五八年畢業，學英文的，先在化學試劑研究所當翻譯，後來教中學。兩個女兒，大的北大物理系畢業，小的北京財貿學院畢業，現在大女兒和愛人在麻省，小女兒在芝加哥，她們經常回來，我也去探親。我在幹校當過炊事員，獨立生活一點問題都沒有，上午念書、打字，下午比較亂，晚上上網，跟家人聊天什麼的，所以我的電腦還可以。

說到成果，沒有真正得意的作品，有句廣告詞說的挺好，沒有最好，只有更好。最新的就是最好的，正在做的就是我最喜歡的，《哲學導論》是我喜歡的，剛剛給年鑒寫的一篇文章我也很喜歡。至於對自己一生的評價，還是很平穩的，我這個人也不招人恨，也沒什麼發愁的事。就像別人說的，我在所裏沒佔便宜也沒吃虧。我想，沒吃虧就是占了便宜。

你寫何（兆武）先生的文章，我看了一頭一尾，如按何先生的計算法，四十多歲就定型，那我在四十五歲時學術生涯才開始，以前都在搞運動呀。一九八〇年我去美國時就是四十五啦！或許補充何先生的：人有開化得早的，有開化得晚的，早開早謝，晚開也會晚謝；我四十五歲才「開化」，「謝」得也就晚一點，到現在我覺得我不承認已經「謝」了，或許甚至還沒有完全「開化」呢！也沒有什麼「老本」可吃的，我還覺得可以有所「進步」的。

現在要說起來，就是一則以喜，一則以憂，喜的是現在能做自己喜歡的事，憂的是時間不夠了，還能再給你七十年研究？不可能了。

楊天石——事實比原則更重要

個人簡歷

一九三六年二月十五日生，江蘇東臺人，一九六〇年畢業於北京大學中文系，一九七八年調入近代史研究所。一九八八年評聘為研究員。中國社會科學院研究生院教授、博士生導師。兼任中央文史研究館館員、《百年潮》雜誌主編、《中國社會科學》及《中國哲學》編委。專業研究方向為中國文化史、中華民國史及中國國民黨史和蔣介石研究。

主要著作

著有《南社》、《王陽明》、《朱熹及其哲學》、《蔣氏秘檔與蔣介石真相》等二十餘種。其中影響最大的是《找尋真實的蔣介石——蔣介石日記解讀》。

訪談手記

如今，圈裏圈外，楊天石被稱作「楊公」，他卻把自己當小夥子一樣的「衝鋒陷陣」。他自稱找資料的時候命都可以不要。他還是我見過最惜時的人之一，吃飯、說話、走路都飛快，幹什麼動作都高頻率，每分鐘都想要拽出水來、掰成兩半使的樣子。除了他的研究，他好像不能說別的話，不能聊天閒談，不能享受美食和休閒時光。曬個懶懶的太陽對他來說根本就是犯罪。

說到青壯年時受的委屈，他至今還憤憤不平，說到資料查找和研究寫作中遇到的人為障礙，他也滿腹牢騷。他好像憋著一股子氣，一定要打破什麼東西，做出樣子來給世界看看。他做到了，有些東西已經破了，或者正在破，而世界在看。

白專學生

說起來，我曾經是正統的「紅」學生。無錫是一九四九年四月解放的，我頭一年從東臺天霞鎮中心國民小學畢業，解放時正在無錫市二中讀書，當年十二月我就加入共青團，從支部委員一路升到總支書記、團委委員，算得上官運亨通。那時我覺得做人的思想工作比什麼都有意思，想畢業後不升學，就留在中學當一輩子團委書記。

但考進北京大學中文系後，我的思想就變了，越來越「落後」，愛讀書，想做學問。反右時，我幫一個右派同學說了幾句話，結果被定為「中右」，又因為積極鑽研業務，資產階級個人主義突出，在「拔白旗，插紅旗」運動中成了「白旗」，是北大中文系一九五五級的白專典型，受到嚴厲批判。

我的問題，一個是學習太用功，業務突出。我也知道自己在政治上不得意，沒出路，只立志做蟲魚之學（校勘注釋）。龔自珍有句詩「至竟蟲魚了一生」，是我的理想。所以大學後期，我主要就是參加寫作《中國文學史》，選注《近代詩選》。做得越好越糟糕。

另外，我的思想也「不對」。我想又紅又專，主動找團支部書記彙報思想，說知識分子作為一種專業幹部，應該通過學術為社會主義服務。書記據此給出鑒定：標榜通過學術為社會主義服務，對抗思想改造。

班上討論資產階級民主。我說，資產階級民主當然比不上無產階級徹底、高度的人民民主，卻是相對民主，不是徹頭徹尾的虛偽，工人可以享受到封建社會沒有的權利，罷工、示威、選舉、宣傳馬克思主義。全班同學跟我辯論，但說不過我。報到校黨委，惹得副校長馮定在大會上公開批評我「相對民主」論的錯誤。

還有，關於教育方針。一九五八年，毛澤東提出「我們的教育方針是培養有社會主義覺悟的、有文化的普通勞動者。」我覺得這話總體上也對，但從學術上講，北大畢業生不應該是普通勞動者，北大的目標應該是培養具有高度專業水平的人才，高校教師，科研人員。我自認為講得嚴密，將政治和學術分開說。結果就不用說了。

還有，學術討論「美學理想」。人類除了階級性之外，還有沒有全人類性？我說不同階級也有共同的美的標準、美學理想。西湖、泰山，無論資產階級、無產階級，都會認為美，西施、王昭君，也如此。於是大辯論，我那時候哪知道這些內部的學習討論會記錄在案。

這些事這些言論一點點攢下來，到一九六〇年畢業做鑒定時，就給我算了個總賬，開會大批判。團總支書記給的結論是：一貫和黨對立。建議給警告處分。但報到北大團委，免予處分，沒有嚴重的錯誤言論嘛！當時的分配規律：左派留校，或去黨校、外交部、科學院哲學社會科學部；右派、摘帽右派外送黑龍江、青海、寧夏。我畢業留北京，分配去八一農業機械學校教書，說明還是被放了一馬。

學校是一所培養拖拉機手的短期訓練班，最長的學制半年，最短的一個月，是北京市農業機械局用解放軍捐的一筆款項辦的，校園在郊區南苑，向一個小學借的兩間屋子。我教語文，也看過傳達室。這個我倒樂意，上課摁個鈴，下課摁個鈴，中間的時間可以看書，幹自己的事。但這樣的分配，我到現在還不服。從第一天起，我就想儘快做出成績來，讓有關單位看中，調去從事科研工作。我每個禮拜六下午進城，去北圖看書，禮拜天下午趕到永定門坐郊區車回校，有時誤了車，就步行。就這樣我寫了平生第一本書《南社》。

兩年不到，一九六二年初，學校下馬了。那時是困難時期，國家有個八字方針：調整、鞏固、充實、提高。學校就「調整」沒了，我被北師大附中調去教書。工資一個月五十五塊，比在大學、科學院工作的同學少一塊。我能服氣嗎？

其實我前腳進附中，後腳就有人來調我，外文出版社的《中國文學》搞對外宣傳要中文編輯、《詩刊》要個懂舊體詩的編輯，後來還有教育部。最讓我感動的是，我在《新建設》雜誌上發表〈關於王艮思想的評價〉，指名跟侯外廬商榷，等於是批評他，他還要調我去手下工作。但這些都沒調成。我的檔案裏，畢業鑒定的頭一句：「在反右鬥爭嚴重喪失立場，嚴重右傾。」誰還敢用呢？最倒楣的是，我又沒正式受過處分，所以最後都不存在平反、賠禮道歉的問題。

我去附中報到的當兒，《光明日報》哲學版發了我的考證文章：〈龔自珍的《明良四論》〉，後來又發了〈韓貞的保守思想〉，是被學界注意了，但在單位影響就很不好。當時的情況，中學老師教完書了，打打撲克、逛大街，都沒事，沒人說。但利用業餘時間做研究，就是思想有問題，顯得不願意做齒輪、螺絲釘、建設社會主義大廈的一塊磚，「東西南北任人搬」。寫文章是求名求利，非常骯髒的。領導批評，同事也歧視，政工幹部會覺得是異端、異類、異己分子。黨支部書記下了結論，我走的是一條個人奮鬥的道路。一九六四年「四清」，書記為我創造了一個新詞，「新生的資產階級知識分子」。

唉，當年做學問真是太艱難了。我是好老師，有學生崇拜，學校搞公開課、教學示範、教學實驗，都找我。學問我也在做，出版了《黃遵憲》。文革期間，我無事可做，就研究魯迅，還用很長一段時間偷偷地研究佛學，幫哲學研究所的研究員吳則虞編輯《佛學思想文選》。

一九七二年，中華書局約我寫《王陽明》，我兩個半月搞定，印了三十萬兩千冊，給我三十本樣書，都不夠送人，我又自己掏錢買了五十本。然後又寫了《泰州學派》、《朱熹及其哲學》。一共有五本專著，可我就是一直在自我批判和檢討中抬不起頭，要不斷檢查自己的個人主義思想，要應對黨團書記的批評。可我總也下不了決心說，從此再不搞學術研究了。

這樣運動的時間太長了。我大學畢業的時候二十四歲，年華正好。之後的十八年，除了教書，就是帶學生下工廠實習、下鄉、拉練，學校軍事化時我當「連長」。前門地區本來就人員複雜，文革中全亂了，小孩打砸搶偷，什麼都會。小偷和流氓學生多了，我就專職跑公安局、派出所、街道居委會，還脫產抓了幾個月的小偷。

一九七四年，我參加中國社科院近代史所的民國史研究工作，應邀協作編《南社志》，這是近代史所和外單位合作的一種形式。之所以找到我，是因為我一九六一年時，跟同學劉彥成一起寫過《南社》一書。一九六四年中華書局已經排出清樣了，「文革」中毀了版，沒有印刷。這本書和我的另一部書稿《黃遵憲》，都在「文革」後才出版。但有人知道我做了這工作，編志的時候就找到了我。這個機會太難得了，近代史所裏那麼多圖書、報紙，都是我以前想看看不到的。

我當時教兩個班的語文，每週十二節課。還當一個班的班主任。別的不說，兩週一次大作文，一週一次小作文，每次都是一百多本作文！我只有上午兩個小時，上完頭兩節課，騎車到所裏，做完事再趕回中學上課。

編完南社資料，我又參加《中華民國史》第一編《同盟會成立後的革命鬥爭》的寫作。一直到一九七八年，我終於調進了近代史所民國史組，那年我已經四十多歲了，在中學待了十八年。我今年七十三歲了，還經常做噩夢，夢見自己畢業分配沒人要，找不著單位直抓瞎。

「不合適」的近代史專家

我其實不是搞近代史的理想人選，因為有侷限性，主要是外文不好。我從小學到高中，學了八年英語，但大學時都丟了，改學俄語，結果兩門外語都不靈。我四十二歲調進社科院近代史所後，想趕緊把英語撿起來，但年紀已經大了，到現在看英文書還得查字典，口語更為難。因為搞辛亥革命史，要看明治時代的文件，還得會古日語。我跟著北京廣播電臺學了幾年日語，總之呢，一直在努力，但語言總還是弱項，搜集使用資料上受到很大侷限。外語不好，到國際會議上都抬不起頭，沒法對話嘛。尤其是一對比臺灣中研院的研究人員，他們大都在外國拿的博士學位，英文能說能寫，唉！說真的，大陸在這方面的差距不小。

我的經驗是，近代史研究最好懂兩三門外語，首選英、日、俄，再攻一門法語最理想。當然，這要求對中國學者來說似乎太高，那麼起碼該精通一門，另一門可以看書。

我的另一個侷限，不是中共黨員，所以無法看中共的內部資料。我一貫主張研究國民黨的要看共產黨的資料，反之亦然，只看一方的資料絕對得不到全局性認識。國內外檔案館我跑過很多，但中央檔案館就是進不去。我佩服楊奎松的研究，還羨慕他，人家有特殊的經歷、特殊的努力，兩黨的最機密資料都能看。我就不行。中央檔案館對中央黨校放得比較開，楊奎松在黨校工作時，能連續看幾個月。他那樣的勤奮，我也有，但他那樣的機緣，我沒有。國民黨的東西（資料），我敢放開膽說話：國內比我看得多的人可能不多。但說到共產黨的（資料），我就不能吱聲了。

當然，我也有自己的長處和優勢。我分析給你聽。第一，語言文字能力強，語言準確、流暢、乾淨。謀篇佈局、表達清楚，是寫文章的基本功。我是中國文學專業科班出身的，白專典型不是白說說的。

第二，我自認搜集資料的願望和發現新資料的能力強。我給自己的規定，是沒有新資料和新觀點的文章不寫。我做辛亥革命這一段，檔案相對少，主要靠報紙。一九〇三到一九〇四年的《警鐘日報》、《蘇報》、《國民日報》，我一張張都翻過。革命派的《俄事警聞》，蔡元培辦的，更早的改良派的《中外日報》，一九〇七年上海的《神州日報》、《民呼報》、《民吁報》、《民立報》，我都看。革命黨人在南洋辦報，新加坡的《中興日報》、《星洲晨報》，保皇派的《總匯新報》，本來馬虎一點也就過去了，在新加坡嘛。我讓所裏從國外買回來看了。

我做學問做出來的毛病，是到一個地方，首先就去檔案館、圖書館，還專找未刊資料。有一年去哈佛，我問館長吳文津，有什麼未刊稿，近代人的書信、日記、文稿。他說，哈佛寶貝很多呀，胡漢民的檔案幾十本，堆起來很高，從來沒人看過。我待了兩個星期，就光看胡漢民，做摘錄。

再一個就是功底了。看民國的檔案、函電，要有句讀標點和識別行草的技巧。功力不夠的，手稿的字都認不全，不會斷句。我小時候就從頭到尾背過《大學》、《中庸》、《論語》、《孟子》，又有北大的訓練，出身中國文學，後來研究哲學史，狠下功夫讀過一些馬克思主義哲學，花時間最多的是明代哲學，王陽明和泰州學派，前推到宋代哲學，朱熹、二程，往下推是陳亮、陸九淵，前後用了十年工夫。總起來看，北大中文系給了我語言文字、古文閱讀的訓練。哲學史給了理論思維的訓練。文化功底、知識面寬，尤其幫了我大忙。比如胡漢民寫東西，喜歡用化名，說「香山居士」如何，指的是白崇禧，跟香山居士白居易同姓。「容甫」是清代學者汪中，代指汪精衛。「不孤」說的是李宗仁，因為孔子說過「以德為鄰，則不孤」。

我做學問的竅門之一，是「全」，什麼都要看全。我一九五八年參加編選《近代詩選》，看了幾百上千種近代詩人的集子，不看選本，看得都是全本，杜甫就看仇兆鰲的《杜詩詳注》，李白就看《李太白集注》，這是我大學就養成的閱讀習慣。當年寫《王陽明》小冊子，也是看完《王文成公全書》之後動筆的。現在做蔣介石，還是這樣。除了胡佛的兩位工作人員，蔣介石日記大概沒人看得比我多。這麼多年來，很多人動員我寫《蔣介石傳》，我始終不動筆，就是因為蔣介石日記還沒看完。我這輩子，如果健康允許，最後也可能寫一部《蔣介石傳》，但把蔣介石日記看完，是一個最基本的條件。

想看全當然也有缺點：難免囫圇吞棗，駁雜無當。所以要學會處理博覽和專攻的關係。簡單的說是在博的基礎上專，最後找準幾個方面多花工夫。

竅門之二，是要「癡」，我找資料有股子癡氣，文革前我研究黃遵憲，《馬關條約》之後，黃遵憲擬了蘇州談判的草案，既然有「草案」，最後應該就有正式的「定案」。我想找到看看。一檔館裏的外交檔案不開放；去黃遵憲的老家，聯繫黃的堂弟、孫子；找臺灣中研院複印總理各國事務衙門關於蘇州談判的檔案，一百多頁翻完，都沒有。一晃四十多年過去了，我還惦記著。二〇〇六年年底，我去日本開會，特地在東京多住幾天，查外務省檔案館，從黃遵憲第一次提出草案到最後定案，找到了完整的資料。才對自己宣佈這個研究完成了。為了找黃遵憲的日本朋友宮島誠一郎的孫子看書信資料，我前後幾年，請求了四五次才如願以償。黃遵憲的資料，國內外沒人比我掌握的多。就是靠這樣持之以恆，鍥而不捨找來的。

搜集歷史資料是個慢活兒，不是下幾個月苦功夫就能完備的，要放長線、細線，點點滴滴、零零碎碎地攢，時不時會有意外的發現。所以，我的經驗之三，是「大」。做學問，目標不能定得太小，關注的問題不能太少，搜集資料不要畫地為牢，「只看這個」。我一向不主張一輩子只研究一個人，一件事。搞近代史的，本來已經是一個很窄的領域，研究關注的範圍再小的話，舞臺就太小了。要把目光放遠一些，視野和興趣都要廣泛開闊些。

功成名就的蔣介石研究

有人給我寫信說，「您別的研究可能都會被忘記，但蔣介石研究，會被記住的。」這是有道理的。當然，不同意見也多，說我過於重視蔣介石日記有問題。

蔣寫日記是真誠的，還是準備給後世看的，這就是個大問題，涉及到蔣日記有多高價值的問題。我堅持認為，蔣的日記是寫給自己看的，不是向後人作秀。

我們現在對蔣介石研究的重要性認識還是不夠。蔣介石這個人不研究清楚，好多歷史沒辦法正確表述。中華民國史，中國近代史，中國現代史，中日戰爭史、國共關係史，包括中國共產黨史，都繞不開蔣介石。我們過去的蔣介石研究粗糙簡單，政治色彩過強，基本上就四個字「人民公敵」。實際上蔣一輩子很複雜，與共產黨兩次為友，兩次為敵。毛澤東還曾說蔣是「民族領袖，最高統帥」，說國民黨歷史上有兩個偉大領袖，一個孫中山，另一個是蔣介石。其次，研究蔣介石也有利於世界華人的團結、海峽兩岸的和平、發展愛國統一戰線、最大限度地孤立臺獨，促進國家統一。左派說蔣介石，一是頭號戰犯，二是民族敗類，第三是千古罪人。這種態度怎麼跟臺灣國民黨打交道，怎麼可能爭取臺灣民心？

抗戰多年不提國民黨，一提就是「消極抗戰，積極反共」。盧溝橋的抗戰展覽，第一步盧溝橋事變，接下來就到了平型關大捷，都不說八一三淞滬抗戰。這就扭曲了歷史。而且平型關戰役也被誇大了，說消滅了一萬多人，哪有啊！其實只有幾百人，消滅的也不是什麼阪垣師團的精銳部隊，只是一支運送糧食、彈藥的輜重隊。

我們現在在進步，胡錦濤同志都說，國民黨和共產黨領導的抗日部隊分別承擔了正面戰場和敵後戰場作戰的任務，都把國民黨放在前面。這是一個很大的進步。

關於蔣介石的評價呢，「功過參半」吧。大陸時期，反清、反袁（世凱）、反陳（炯明）、創立黃埔軍校，是功；領導北伐，領導抗戰直至勝利，是為國家、民族立了一大功；一九二七至一九三六年的「清黨剿共」和一九四六至一九四九年的三年內戰，是過。臺灣時期，實行土改、反對臺獨，是功；白色恐怖，是過。

到目前為止，我做的都是個案研究，一個個具體的人和事，沒有就宏觀問題發表過文章，其實，我對整個近現代史有體系性的看法，認為近代史，特別是辛亥革命後的歷史，許多重要問題都需要重新審視，整個體系都要改造。但我至今還沒有在大陸發表相關論文。

對我的研究，有叫好的也有罵的，誇的人說我擅長用敘述還原歷史細節，批評的人說我只有史料沒有思想。其實我做歷史研究的指導思想，就是恩格斯在《反杜林論》中講的：「原則不是出發點，歷史事實才是出發點。」原則來源於歷史事實，原則不符合歷史事實，就應該拋棄原則。不要想著把歷史作為傳聲筒，作為某種思想的表現。如果寫歷史書先有原則，再把歷史事實裁剪得適應原則，這不符合唯物主義思想路線。

杜維明——此心安處是吾鄉

個人簡歷

美籍華人，現代新儒家的第三代代表人物之一。祖籍廣東南海，一九四〇年生於昆明，後隨家移居臺灣，一九六一年畢業於東海大學中文系，一九六二年獲哈佛燕京學社獎學金赴美，先後獲哈佛大學碩士、博士學位，先後任教於普林斯頓大學（一九六七年）、柏克萊加州大學（一九七一年）、哈佛大學（一九八一年）。一九八八年獲選美國人文社會科學院院士。現任哈佛大學「中國歷史及哲學與儒家研究」講座教授（一九九九年）和哈佛燕京學社社長（一九九六年）、中央研究院文哲所顧問委員會主席、達沃斯世界經濟論壇成員，聯合國推動文明對話傑出人士小組成員。

主要譯著

主要有《中庸：論儒家宗教性》、《仁與修身》、《儒家思想：創造性轉換的自我》、《儒家倫理在今日：新加坡的挑戰》、《道、學、政：論儒家知識分子》、《儒學精神與儒家傳統》等英文著作十一部，中文著作十六種，論文數百篇，集成五卷本《杜維明文集》。

訪談手記

大客廳裏，寫小說的杜夫人像貓一樣蜷在大沙發裏，慵然地看電視，是為「今」。

初夏的未名湖畔，夜風習習。一燈如豆下，和杜維明在斗室裏對坐清談，一如魏晉士人風度，這是「古」。

清談的內容是中國儒家傳統文化，是為「中」。

偶爾找不到合適的詞，他會在唇間噏咂片刻，可吐出來的還是英文單詞。至於接電話和此後的信件往來，則都用英語，因為「typing in Chinese is painfully slow for me」，這是「外」。

如此古今中外的交錯中，焉能不恍然若夢？

但杜維明仍然是真實的。見了他，才知道什麼是純正的中國傳統之謙謙君子，溫溫恭人。

他的聲音低緩沉穩，神情溫柔敦厚，他接電話前先向我致歉，他送客一直送到樓下。他一直走在我後面兩步，為著禮貌謙和，快到門口又趕兩步到我前面，為了開門。他的舉止看起來是現代英國的「紳士」，其實是古中國的「君子」。

果然是，言念君子，溫其如玉。

他既然與康有為同鄉，我便笑稱他為「南海先生」，他只當調侃，我卻含了敬意在其中。不過，自命「自由主義者」如我輩，對現代新儒家不免懷有偏見，以為他們都屬「傳道士＋學者」，對於儒教或不免於情重於理，而不能以理化情，屬於佛教徒鑽研佛法一路，難免有「身在此山」的偏頗和袒護。我之於傳統文化，是批判多於同情的，這與杜先生的立場不同。我提不出什麼深入的批評，只拾了五四猛士能人們的些許牙慧，要跟老先生鬥嘴。杜先生眉毛跳了跳，說，他繼承的就是五四精神和傳統。我橫豎要持不同政見，他不惱，也不笑，一條一條地析是非，大段大段地背經文。我不免發怯，該識趣地偃旗息鼓了。不過，他說到簡帛裏的「仁」字，我認得寫作「𢖶」，一如阿Q的畫圓圈了，大得意起來。孔乙己會「茴」字的四種寫法，就可以蘸了酒考小夥計，我自然又可以賴在扶手椅裏，多刁鑽幾個關於儒學傳統現代化轉化和東亞經濟發展的問題。

說的先生口吐蓮花，聽得後生如沐春風。到酣暢處，後生猛然記起此番前來的因緣，不是後學問學，乃是做訪談。職責所在，斜橫裏突然冒一句：「哎呀，還是談談您的生活和經歷吧。」一語驚醒夢中人，兩個人都不免沮喪，真真大煞風景。我也覺出了自己的無理。對杜維明來說，除了學術研究，可能根本就沒有別的生活，除了學術討論，也沒有別的語言。那麼，舍了學術，要他談什麼人生經歷呢？

我已無趣在前，而大儒杜維明，竟如數著作列表一樣，認真將自家的婚姻孩子通報了一番！真真赤子所為，童真莞爾。

當然，杜維明其實是一個極有「野心」的人，他的自我立意，是要加入到人類知識歷史和思想歷史的書寫者行列中去。

十有五而志於學，學出名門

我的人生是從十四五歲開始的。之前似乎沒什麼好說的，出生在戰火中，一九四五年從昆明轉到上海讀小學。一九四九年全家到了臺灣，從臺北女師附小畢業後就進了臺北建國中學，是臺灣很好的中學。初中時，我接觸了一些王陽明的詩文，也去菲律賓參加過「世界童子軍大會」，都還不算什麼。

到了高中，我們有一個周文傑老師，是牟宗三的弟子。我們有四五個感興趣的同學，跟著他讀《四書》，按照朱熹提出的順序，先學《大學》，然後《論語》、《孟子》、《中庸》，從那開始開始了我一生的愛好和追求。老師的重要性是怎麼強調都不過分的。

我當時一接觸儒學，就知道這是我安身立命的東西。我對儒學的思考和學習，不是一般意義上的執著，而是感覺到知識的愉悅。學習的樂趣實在太大了。我覺得人一定要按照自己心靈的需求去安排人生。當時我們同讀《四書》的一幫同學，後來大多都出頭了，但其中有一個同學，因為父母的關係和壓力，放棄了儒學，轉學機械工程，現在成就也很大，可我知道他一直很不開心。

其實對我來說，誘惑和壓力一直都存在。當時的臺灣重理輕文非常嚴重，我十七歲入東海大學讀書，是以第一名考進外文系的，一年後，我從外文轉到學中文，跟徐復觀做儒學，別人都覺得不可思議。我的外文當時很好，學外文可以作新聞、外交、海關，發展很好，而學中文能幹什麼呢？我有個親戚還奇怪，問我：「中文不是每個人都知道嗎？中文還要學？」一九六二年我去美國，當時就有個教授建議我轉攻物理學，說現在你重新讀本科，四年後還有發展，而學文科，十年也不能出頭。對，這個危險不僅是存在的，而且幾乎是肯定的。可是我知道我想要做的是什麼。這裏面有一個「幸福」的問題，比如學別的東西，我也可能出頭，像那個同學那樣，可是我不快樂。那些成就看在別人眼裏很大，可是對我來說沒有吸引力，沒有意義。我就願意做我喜歡的事情，這樣可能很傻，不過是我的選擇，我的心所安處，我的幸福所在。我就這樣一條路走下去了。

這方面，我應該感謝我的父母，他們對我的影響很大。我父親是金陵大學——就是今天的南京大學——畢業的，學的是英文和經濟。母親在金陵女大學藝術。小時候，家裏有她的油畫。他們對我影響最大的一點，還不僅僅是關心愛護我，而是讓我按照自己的興趣自由發展。他們對我的決定和選擇，一直是寬容而且支持的。

後來，我因為周老師又認識了牟宗三和徐復觀。他們都在東海大學，我們常常去拜訪，討論儒家儒學，也去聽他們的講座，記得是一九五五年暑假，我在臺灣師大旁聽牟宗三的「中國哲學」課。

他們讓我感受到儒家的風範，就是自由平等地論學。有一次，唐君毅從香港來，我們一起去淡水河見他，我是惟一的中學生，帶了他的一本《心物與人生》，請他簽名，他簽名時稱我為「維明兄」。我當時很吃驚，唐君毅解釋說，我不是他直接的學生，他朋友的學生，他也應該稱「兄」。這讓我知道，學問是開放的，任何人都可以參與進去，都是平等和自由的。——對比一下，馮友蘭在接受哥倫比亞大學授予他榮譽博士的儀式上說到，他曾申請哥倫比亞大學的獎學金，雖然沒有得到，但是杜威給他寫過推薦信，他幾十年都感恩在心。杜威對於他和胡適來說，就是完全的師生關係，而我們所謂的師生，更多的是道友。同道中人，共同的興趣愛好，是平等的。

還有，學習什麼時候都不嫌晚，而且學術是什麼人都可以接納的。抗戰前有一個逸聞，就是說，有個人小學都沒有畢業，決定報考復旦大學的本科生，結果老師閱卷後對他說，你的學問已經很好了。現在我們正好有一個職位空缺，請你來教書好不好？

因為牟宗三和徐復觀的原因，我報考了東海大學。美國在中國辦了好些很好的大學，大陸有燕京大學、金陵大學、嶺南大學，在臺灣就有東海大學。當時的東海大學跟臺灣大學——也就是臺灣的北京大學——相比，只是一所二流大學，不過它有它的特點，一個是實現真正的通才教育，第二是新學校，從觀念到制度、校園，一切都很新，第三就是相當的國際化，外籍教師特別多。他們大多數是在國外本科畢業回來工作的，比我們也就大四五歲，我們都成了很好的朋友，亦師亦友。東海大學的學術氛圍很好。我是東海大學中文第三屆學生，那一屆一共七個學生，有十多個老師。當時整個東海大學也不過六百學生。到我們後面第四屆招生時，已經有八百多人，現在有一萬多人了。

大學讀書是很有樂趣的。我跟牟宗三學《史記》，他教我們句讀。只有兩個學生，就在他家裏上課，每次上課前，他總要花半個小時罵人，罵學術。後來就只剩下我一個了，成了一師一生。牟宗三問過我，那個同學為什麼不去了。我說因為他受不了老師罵人，跑了。牟宗三就說：「好，以後我不罵人了。」其實他還是喜歡罵人的。我一般是中午或者下午去，討論一陣，吃點東西，再討論，常常一直到深夜，真的是其樂無窮、其樂無窮。

三十而立，立於儒學

二十一歲大學畢業，我服了一年兵役後就去了美國。其實去美國讀書本來不是我的志向，我當時就想留在臺灣的研究院裏。學文的，能找到工作就不錯了。可東海大學的校長是哈佛畢業的，他得到了一個哈佛燕京學社的獎學金，就一個，說是要給東海畢業的最好的學生。他問我要不要，我當然要啦。

剛出去的時候，我是有所懷疑的，不知道自己在海外研究儒學，會有什麼結果。感覺是很寂寞、淒涼而且不確定的。不過，在學習過程中，我跟所有的學者接觸，都是以開放的精神去面對。既不是誠惶誠恐地學習，也不是要向人家傳道，傳儒家之道。我們只是進行對話和交流。

我的老師別拉（Robert Bellah）教我們宗教理論，我交作業，他在後面批註說：「你的文章給了我很大的教育和啟發」，那時我只是一個普通的研究生而已。後來，他介紹我去見艾森思達（S. N. Eisenstadt）。艾森思達是世界知名的社會學家，他研究現代化理論在整個英語世界都很出色，現在已經快八十歲了。我是很謙虛地去拜訪他，他問我的「思想譜系是什麼」，我就開始說，說儒家思想。他有個習慣，就是順手記小卡片，我一邊說，他一邊寫寫劃劃，我們談了一個多小時，他居然做了一摞卡片。後來，他要求我寫一個備忘錄，我就寫了一篇〈關於儒家與現代化〉，他居然一直保留著，直到幾十年後還跟我說起過。可見學術是沒有等級的，所有做的學問都是平等的，都可以互相激發。

另外，就是從那次談話以後，我知道了作學術是需要根基的，就是你思想的譜系和源頭。西方不追溯到源頭希臘不行，中國不回到傳統也不行，那就是虛浮的。儒家文化是中國文化的根，是東亞文明的根。我對儒學研究有了很強的信心。

無論中外，我們對儒家有很多的誤解，比如重農輕商，那是法家，不是儒家。又比如，孟子曾經論述社會為什麼要有「士」，就是古代知識分子，表明他有真正的社會性和民本思想。這些都是簡單批判儒家思想的人沒有足夠關注的。還有很多習慣性的錯誤概念，比如孔子其實並不是儒家的創始人，也不是儒家最高人格的代表。儒家文化作為一種人文精神，有四個方面：個人、自然、社會和天道，身體、心知、靈覺、神明是個人的修身，還有社會性方面的。等等。

與誤解同存的，是我們對傳統文化的繼承還很不夠。我曾提倡將九月二十八日孔子誕生日定為全球的教師節，這就是傳統文化繼承中淺顯的一部分。儒家的核心價值概念「仁」，郭店楚簡裏所有的「仁」字都寫作「身心」，能看出在儒家中，理總是外在的，個人修養才是儒家的價值內核。錢穆晚年口授文章，說中華文化對世界的貢獻，就在於「天人合一」。人生觀和價值觀是儒家最有價值的部分，是可以貢獻於世界的。可是我對研究和繼承還不夠。我就希望自己在這方面作一點工作。

到哈佛的第二年，我獲得了東亞研究的碩士，一九六八年獲歷史和東亞語文的博士學位。這期間，一九六六年到一九六七年，我回臺灣準備寫博士論文，同時在東海大學教通識教育課「文化認同與社會變遷」。這是我第一次教書，從那以後就沒有離開過教學工作。我在讀博士期間也在普林斯頓大學的東亞系教過書，是半薪半職的，畢業後才成為全職的。

五十而知天命，命在現代化

這些年，我一直在從事儒家現代化的研究和推進，並試圖促進超越啟蒙心態的多種核心價值的文明對話。

一九七一年，我從普林斯頓去了柏克萊加州大學的歷史系，從助理教授、副教授，一直做到教授，前後十年。那時我就發起了儒學研討會，研讀儒學經典，探討其現代化的問題。在哈佛的時候也一樣，我們結合日本的「彙讀」（一種讀書的習慣性制度，三五好友自發聚在一起，深入閱讀經典並討論。）和德國的seminar（大學的一種授課形式，自由的課堂討論。），每月一次，討論東亞現代性問題。

我從一九八一以後就一直在哈佛大學。以前在東亞語言與文明系教中國歷史和哲學，也在歷史系和宗教研究委員會兼職。一九九六年以後去了燕京社，一直到現在。

我在哈佛給學生上課，講《四書》，也是按照朱熹的順序，從《大學》開始，最後《中庸》。每星期一次課，只有幾個學生。開始我覺得有點沒意思，因為他們對中國文化一無所知。後來學生開始自己討論，其中一個人質疑說，從「格物、致知」怎麼能進入到「誠意、正心」呢？格物、致知屬於知識，誠意、正心是美德，道德方面的。又有一個學生反駁說，知識可以帶來美德，他們就這樣爭論起來。我突然發現，這就是當年理學和心學、朱熹和陸九淵爭論的問題。一下子就覺得很有意思了。

所以我說，我對我們青年的文化擔當還是樂觀的，他們中間有很好的學生，他們是希望。還比如，我學術休假期間到北大，他們想要我開一門介紹西方漢學的課，我覺得沒意思，後來決定開講「儒家哲學」。據說從上世紀二〇年代梁漱溟開了這門課以後，中國再沒有人開過。這課我上得很高興，後來在臺大、香港和法國也講過。我能明顯感覺到這麼些年中國的變化。一九八五年我在北大講儒學，別人看我都怪怪的，好像你很腐朽，是五四要批判和掃蕩的人，學生也沒幾個感興趣的，現在情況明顯不同了，大陸現在還「國學復興」了。

五四以來，中國是有一個反傳統文化的思潮，現在成了新的現代傳統了。他們怕我對儒教中國或封建傳統的陰暗面注意不夠，怕傳統文化的積極作用沒有發揮，陰暗面的影響卻很大。這個憂慮是有道理的，復興儒學這個工作的複雜就複雜在這裏，傳統的下意識對我們的影響很深，走後門、領袖崇拜、專制、輕蔑民眾、官商勾結、沒有透明度和公信度、狹隘的種族主義……很多很多。但是對於儒學，要是把仁義禮智信這種真正核心的價值和人文精神都歸為封建遺毒遺棄，那是把小孩和水一起丟掉了。

也有人批評我有文化決定論傾向，也有人討論儒家倫理是否阻礙資本主義發展問題。有一段時間，韋伯的思想，就是他的書《新教倫理與資本主義精神》，對我影響很大，但現在我還是認為，社會的價值取向在深層地影響利益走向，而儒家思想並不必然與資本主義相悖。日本是屬於東亞儒家文化圈的，卻西化很成功，好像是一個特例，但是日本學人在很早的時候就反對日本特殊論，果然，後來亞洲的四小龍就都出來了。

你剛才提到我對儒家文化的感情問題。我確實認為「五四」對傳統文化的摧殘是很厲害的，但這不是我的感情的問題，而是過於粗暴地對待傳統文化本身就是不行的。其實，如果說對傳統文化進行批判的話，我可能恰恰是最能做批判的人，因為我知道儒家最深的陰暗面。比如等級觀念、男性中心的思想等等，還有特權思想在權威政治中帶來的專制之類的問題。但是一切都要區別對待，儒家中的「三綱」是有問題的，但「五倫」、「五常」就沒問題，不能一概而論。

從一九八二年開始，大概有五到七年的時間，我在新加坡的「東亞哲學研究所」，希望把它建設成為海外研究儒學的基地。當時余英時和我是研究所的海外顧問。後來因為種種原因，研究所改名為「東亞哲學經濟研究所」，側重經濟研究了，我就慢慢退出了。

新加坡充分體現了現代工業文明，但在政治上體現出儒家的權威意識。而我對這一點並不接受，對權威政治的認同是儒學的消極性。但批判這一點的同時，也要看到儒家在社會政治思想方面有積極的一面，比如關心政治、參與社會，以天下為己任。儒家強調憂患意識，concerned consciousness，孟子說「仁者以天地萬物為一體」，這些都是好東西。

一九九七年的金融風暴，東亞受創很厲害，當時就有人說是儒家文化的禍害。可是大家也要看到，在金融風暴中，韓國表現出來的那種全國人民共赴國難的精神，就是儒家精神的一部分，是積極健康的，具有現代價值。

儒家一直有現代轉化的問題，從曲阜到中原，再到東亞，現在是第三期發展。它已經經過了西化和現代化的過程。儒家不僅可以現代化以貢獻於世界，而且對西方啟蒙發展出來的強勢意識形態進行反思，也可以調動儒家的思想資源。

而今從心所欲不逾矩，欲在原創著述

我真正關心的核心，還不是儒家在現代社會的作用之類的問題，而是有人質疑，說二十世紀、二十一世紀極有原創性的思想不可能從儒家思想裏開出來，我就是要證偽這一點，要作原創性的工作。

這些年我也獲得過一些榮譽，比如東海大學的榮譽博士。東海大學在歷史上只授予過兩個榮譽博士，貝聿銘和我。其實東海在政治上出過很多人，都沒有獲得這一榮譽。授予貝聿銘，是因為學校是他設計的，他並沒有在東海讀過書。而我是東海的學生。對，我還是美國人文社會科學院院士，中央研究院文哲所顧問委員會主席，獲得過第九屆國際Toegye研究獎和聯合國頒發的生態宗教獎。你知道的情況還不少（笑）。

不過所有這些都不那麼重要，我的自我期許，還不是職業化的學者或哲學家，而是做一個具有原創性的思想家。我覺得人生如果說三十歲開始讀書，四十歲昇華，五十歲思考，那麼六十歲就可以寫書了。我現在六十六歲，可以寫一點東西了，可以開始創建體系和思想了。掘井現在要及泉了。

當然，對我來說，這是一個大的挑戰，我知道我能做這個事情。當然，如果我不做，以後也會有人做，可是對我來說，這是非做不可的事情。

現在我還在各地不斷地跑，不斷地講學，但對於我自己來說，寫點東西是重要的。到時候了，是到寫的時候了……

董秀玉——從一而終的文化關懷者

個人簡歷

一九四一年生於上海，一九五六年進入人民出版社，一九七九年編輯《讀書》，一九八六年擔任三聯書店副總編。一九八七年任香港三聯總經理總編輯。一九九三年回北京任三聯總經理總編輯，一九九四年創辦《三聯生活週刊》，一九九六年創辦「韜奮圖書中心」，在二〇〇二年退休前，與同仁一起締造了新三聯神話般的輝煌。

訪談手記

像小孩子捧著它心愛的玩具，因為太喜歡了，緊緊抓住，反而弄髒了、捏碎了、打翻了。我之於董秀玉，就像那個倒楣的小孩。

讀書時，正是《讀書》影響最大的時候，那時對於三聯和《讀書》編輯部，有教徒對聖地的感情。至今記得三聯書店從地面到地下的那段樓梯，右邊第三級，曾是我常坐了看一整天書的地方。那時的我還狂妄，想著應該一邊讀書一邊用腳板蹭蹭，在三聯的樓梯上蹭一道印痕，以後可以成為一段佳話，一如馬克思在大英博物館的痕跡。

有一年很沉鬱虛空，不知怎麼的，有一天就帶了自己寫的一本小說進了三聯的辦公區。我走到頂層，看到了「總經理」辦公室，是套間，外面似乎是秘書的，裏面的門關著。四下裏都空空無人，很詭異的情境。我把小說留在秘書的桌上，只附了兩行字：請轉董秀玉先生。後面是我的通信地址，一個很爛的大學。

我常常有這樣「魔障」的舉動，不知道自己要幹什麼。

魔障解除，我除了後悔因為神經丟了自己的手稿外，事情就過去了。

放完寒假到校，收發室的人指著一大堆疑似信件，叫我：裏面有一封是你的信嗎？放這兒都倆月了。再找不到主，他們要作廢品處理了。

我就這樣挖到了董秀玉的信。來信大意是抱歉被俗事糾擾，最近才看到我的小說，一口氣看完了，約我前去面談。一看郵戳，果然是兩三個月前，而距離我送去小說，似乎已經有小半年了。

唯一的反應是驚疑。我沒見過董秀玉的字，都不能判斷是不是惡作劇。看看信封、信紙，都是三聯的，試著按信上的電話打過去，是秘書接的，很快就確定了見面的時間。——不是幻覺。

那時我沒有一件正常能見人的衣服，最後借了件大號不合體的西服去的。董秀玉說得多，說她學醫的爸爸，還有對我小說的感覺。我只聽著。她的明亮給我很強的衝擊力，映襯得我在暗處很陰鷙。記得她坐在窗前，很好的早春陽光擁著她，還有她案頭的邵飄萍小雕塑。我想，這是一個五十多歲小姑娘和一個二十多歲老太太的會面。

最後，她拿出我的手稿。再次讓我不可思議的是，手稿邊上貼滿了不乾膠小紙條，花花綠綠的。董秀玉說，她有感覺的地方，就貼上標識。又說，《讀書》不能發文學作品，但願意推薦給《收穫》，問我願不願意。

魔障再次發作，我說，不用了。這東東本來就是寫給自己的，現在世上有我這一個作者，董秀玉這一個讀者，已經不枉其存在。董秀玉大概很吃驚，她把手稿還給我。後來再聊些什麼，我就不記得了。

這事就這樣過去了，像一個還算有情調的夢。除了那些花花綠綠的不乾膠，還有事後我刻的一方「見玉思非」的閒章，再沒有留下一絲痕跡。

八年過去了，其間眼見了三聯的諸多波折和變化，我也漸行漸遠。不料卻因了意外的機緣，又要去採訪董秀玉，一個已經退休的「自由職業者」。

走進藝術氣氛濃厚的工作室時，她已經準備好了綠豆湯，盛在很厚重樸拙的藍花粗瓷大碗裏，要用兩個手捧起來喝。我並不渴，但抱著大碗猛灌。喝著喝著，就有了淚在湯中。是八年前的淚滴進了八年後的湯。董秀玉很安靜地注視我，我說，對不起，我眼睛不好，有點迎風落淚。她理解地點點頭，繼續興致勃勃地向我展示曹雪芹的風箏圖。

事後，我又做了件魔障的事情。稿子寫完後發給董秀玉，臨到發稿，我催著她，她用一個通宵的時間修正了文章，凌晨發給我。天亮後，她打電話來告知，問我收到了沒有。我的思維莫名地多轉了個彎，覺得開始那麼黃世仁一般鬼催人家，人家稿件發來幾個小時了我還不知道，未免說不過去。結果，毫無必要的謊話張口就來，道，收到了，已經轉給編輯。再聊了兩句，漏出破綻來，她有所察覺地驚呼起來：我給你的信你都沒看！？我愣了兩秒鐘，默認了自己就是那些活得潦草、粗糙、虛浮、程式化的記者中的一個。或許，我就是，較之八年前。

發表的文章中，我寫了個很官樣的「訪談手記」：董秀玉是個奇妙的女人。在文化人中，她特別能幹實事，像「開荒牛」，十幾年裏讓香港北京兩個三聯起死回生，幹得風生水起；在「出版商」中，她又特別的有文化關懷和文化自主性。她能像男人一樣態度強硬地幹大事，又存留著女人柔軟而敏銳的心，還有孩子一樣徹亮的眼睛和童真的笑。她四十來歲到香港執掌大局，獨當一面地拼殺，老辣幹練；而到了六十多歲，聊天到動容處，她還會含淚、會做鬼臉、會趴在桌上笑得發顫。她就是這樣一個矛盾而和諧的人。

董秀玉把三聯做成了中國文化和學術的品牌，也把自己做成了中國出版和學術文化的一個品牌。」

最後一句話，被董秀玉改成了「董秀玉和她的前任、同事們一起，把三聯做成了中國文化和學術的品牌」，其實對我來說，董秀玉是不是三聯的代表符號或之一，並不重要。但她和三聯，確實是我生命中的一個符號。所以，我要謝謝她和三聯的存在。唯一的遺憾是，她說的很多東西，我不能寫出來。

前三聯時代：《讀書》

一九五六年，我十六歲，稀裏糊塗又歡歡喜喜地考進了人民出版社，沒想到一幹就是五十年。

做校對的時間最長，十幾年，但很喜歡，因為可以每天讀書稿。校對時不能仔細讀，就中午讀、晚上讀，遇到喜歡的更是來來回回反覆讀。校對不可改原稿，但可以提問題，我就用鉛筆提好多問題，作者退回，槓的槓，改的改，就像改我的作文。校對工作讓我有機會請教了無數的老師，這是我熟悉出版、積累知識的重要時期。用心做，好的校對真比一般編輯都厲害。

做出版只是掛了一個名。剛提我當出版部副主任，我對當官沒興趣，正在磨磨蹭蹭，聽說編輯部一臨時專案要組臨時編輯組，缺責任編輯，我這楞頭青立馬衝上去報了名。就這樣，副主任的桌子空了大半年，直到我正式調到編輯部才撤掉。

我生命中最重要的轉捩點，是參與籌備《讀書》雜誌並在其中工作的那段時期。那之前，年年是勞動模範或先進工作者，還曾評為全國「三八紅旗手」，知識上也有點點積累——但那只是一股衝勁，好學，肯幹，肯吃苦，思想上的昇華不夠，理性層次不夠。真正的提升，形成明晰的文化理念和覺悟，是在《讀書》接觸了中國當時最優秀的出版人和學者後才開始的。

一九七八年下半年，十年浩劫剛剛結束，四人幫剛剛打倒，個人迷信未除，十一屆三中全會尚未召開，大部分人餘悸未消，政治空氣乍暖還寒。剛從幹校返回的老同志們，陳翰伯、陳原、范用、倪子明等就開始醞釀和籌備《讀書》的創刊。那真不只是一本雜誌的事，那是撥亂反正、捍衛真理、科學與啟蒙，是向極左思潮的宣戰。以翰伯同志為首的老同志舉起了這桿大旗。

籌備會議多半在翰伯同志家裏開，討論作為以書為中心的思想評論刊物的思想境界，在思想界的戰鬥作用，如何「解放思想，開動機器」，如何真正讓讀者開卷有益，強調時代腳步的紀錄，更強調實事求是探索真理堅持真理。

翰伯親自寫了〈告讀者〉，迎著浩劫後的春寒料峭和文化的一片凋零，明確表示本刊性格：一、不怕頂頭逆風，不信歪門邪道，解放思想的旗幟始終鮮明。二、平等待人。只用批評的武器，不用武器的批評。打棍子的文章不登。三、提供知識。博採中外，掇拾古今。四、文風可喜。廢話、空話，幫腔幫調不說，八股文不要。

編輯部規定不登應景文章，不要領導人簽字題詞，不要用偉大領袖、敬愛的、英明的……等等，不要搞「梁山泊英雄排座次」。提倡「讀書之風，思考之風，探討之風和平等待人之風」。

大家也討論鄒韜奮先生的「刊物無言論即無生命」，力爭每期都有思想境界高的重頭文章，「要有材料，有觀點，能夠啟發思想。」要求「切中時弊。大膽些，得罪些小人無妨。」

陳原同志特別重視「讀者・作者・編者」這一欄，說：「這一欄辦好了，是民主論壇，勝似擺起姿勢拍照，少些裝模作樣。」

還有那些作者們，〈讀書無禁區〉，〈人的太陽必然升起〉，〈真理不是權力的奴僕〉……幾乎每期都有些震撼心靈的文章。

這種思想和心靈的薰陶，為我開啟了全新的世界。讓我懂得應當怎樣來愛我們的國家、民族；怎樣才是真正的文化事業，做個大寫的人應有怎樣的擔當。所有這一切，讓我受益終生。

三聯人生

這是個大題目，幾乎包括了我事業的一生。

我參加工作的一九五六年，三聯是人民社的一塊副牌。《讀書》就在人民社期間以三聯名義倡刊的。所以，我應可算在三聯從一而終的吧？

一九八六年三聯獨立出來後，我做了副總經理副總編。可自己覺得沒啥改變。范用同志剛退，但還能常來，前面還有沈老總，自己只要認真做事就好了。

那兩年可真叫形勢大好，後面有甘陽他們「現代學術文庫編委會」幫我們選書編書，前面市場如饑似渴，什麼書拿出去起印就兩萬冊。最神的是海德格爾那麼難懂的《存在與時間》居然也銷到七萬冊。大夥的心那叫齊，熱火朝天。

我賣書真是賣得很開心的。印象最深的一件事？對，是那次書會。在勞動人民文化宮，我們抽籤到的攤位位置不好，在很裏面。那天我守攤，看到兩個女學生一面到處看，一邊跟對方說，「你看你看，這麼多好書，怎麼辦怎麼辦？」她倆從褲袋裏往外掏錢、點數、算錢。兩人悄悄說：「不夠啊，怎辦？」「那可一定要買的啊。」「這樣好不好，下月我倆吃一份飯，省下一份，好嗎？」

她倆點著頭笑了，我卻差點掉下淚來。為這些人，這工作真值、真好。

赴港，當表嬸的日子

一九八七年下半年，聯合出版集團聘我到香港三聯。為什麼選我？真不知道。是不是因為我比較傻？呵呵……

當時我在北京正幹得歡，孤身一人赴港，幹什麼、怎麼幹，都不知道。不少朋友說，香港是英人統治，文化沙漠，看不起大陸表叔，尤其你還是個女的！也有老同志說，那三聯可比北京的大，有出版社、大書店，還有最大的簡體版圖書總發行所，更有海外的大批機構和業務。……我心裏也真怯，一直拖著下不了決心。忽然不知哪裏颳起個風，說可能要調我去哪個司，這下把我嚇著了，我可不是進衙門的料，於是趕快答應赴港，就這樣當了香港三聯的老總。

難不難？好難。語言不是問題（雖然我到回來也沒學會廣東話），關鍵是思想隔閡和經濟上的大窟窿。

集團領導很坦誠，全盤托出所有的問題，並明確任務：給兩個月調研做方案，一九八八年初上任，當年自負盈虧。我一聽就跳起來，「害我哪？香港三聯虧損十年了，讓我當年盈利！」可是，不能討價還價。我只能抱著個大腦袋來回轉。

第一天到香港三聯上班，還沒坐下，當時的代理總經理就說，「董秀玉哪，我們大家都反對從大陸派人過來，這樣做是不對的。……」原來我去之前他們就討論了，一致不歡迎我去。當時香港還沒回來嘛，共產黨還是地下黨，呵呵。

我一下就傻了，都聽不見他下面說什麼。可我的強勁也上來了，說，「可我已經來了，那就先試試？不行再回去！」

第二天開幹部會宣佈決定，代理總經理說，「為了鍛煉董秀玉，大家都不要講普通話。」不過這只是開始的隔閡，同事都非常好，真正的壓力還是實際問題。

欣慰的是《讀書》幫我跨出了第一步。不久，報上發了一小塊豆腐乾文章，標題是〈有料表嬸〉，介紹我從北京《讀書》來港，很推崇雜誌的影響力。想不到，一下成了「表嬸」。

那幾年，我做了調整改革、團結員工、開拓發展三方面的工作，從經營理念、組織架構、幹部隊伍的轉變調整，到發行方式、進貨制度、門市服務的革新完善，再有選題的優化。最根本的還是經營理念的轉變，從封閉式的內部管理，轉變為真正直面市場，其餘的改革就順理成章了。五個年頭的港三聯工作還讓我直接告別了一沾枕頭就著的幸福生活，落下了失眠的病根。

第一年，我們就摘掉了虧損帽子，開始盈利，士氣大振。一九八九年再接再厲、鞏固提高，在職工流失百分之四十五的情況下，還將獲利增長了百分之四十四。大家熱氣騰騰，幹勁十足，要徹底改變面貌。前兩年的調整改革，從幹部結構、經營理念到整個經濟狀況的改善，為進一步突破和發展打下了基礎。後兩年真是大幹快上的機會。我們開出了三聯四十多年歷史上的第二個更大、更新型的書店，當年賺回貨底；與上海合作在淮海路開了滬港三聯，至今效益甚好；在當時尚未與中國建交的韓國辦了一次大型中國書展，幾百萬圖書一本也沒帶回來，都賣了。一九九〇年比上年增加利潤百分之一百三十九，一九九一年又比上年增加百分之六十二。更重要的是，員工在發展中看到了三聯的希望，士氣更為高昂。這才是企業成功的保障。

當港表嬸是我人生的又一大拐點。真正市場經濟的拼搏，鍛煉教會了我太多。集團領導的放手和支持，幹部的專業和配合，員工的競業和努力，香港文化界的熱情呵護，都讓我感恩於心。在離港前職工自發組織的送別會上，我被大家的熱情感動得又哭又笑，只會說，這是我的福氣，有這份情，什麼都值了。

北京三聯再出發

回來的選擇？是的，當時給了我選擇，但我當然選擇回三聯，即使再窮再小，那也是養我教我成長的地方。

說真的，我一直在躲你們記者，做過的事不斷說很沒意思。何況事情是大家一起做的，三聯有很多優秀的編輯、員工，忠實而有才能的幹部，還有很多熱情正直有學問的朋友。這是三聯最寶貴的財富。要不換個角度，結合對出版業的想法談談？

首先，發展戰略的確定，真是一個企業發展最重要的第一步。三聯當時在地下室畫出的發展藍圖，是「一機兩翼」：以本版圖書為中心、打開通道、發展期刊群。這為以後的發展明確了目標，極具意義。這是面對現實、把握趨勢後的系統思考，也是整合資源的策略把握，更是大家團結奮鬥的方向和凝聚力。這個時代，面對競爭劇烈的市場經濟，沒有目標的過一天算一天，瞎貓碰死耗子，是沒有希望的。

其次，團隊的培養。人是競爭力第一要素。出版事業必須依靠團隊合作才能做出成績。三聯隊伍的素質很好，負荷重、壓力大，但始終努力樂觀、團結正派。三聯的編輯從來沒有利潤指標的壓力，但選題被批准之難也是眾所周知的。要求不但是好書，還必須是適合三聯文化特色的好書，又必須是可以長銷的書；選題應該是創新的、有市場空間又不是同質的。這要求編輯必須關心市場，必須多讀書多交朋友多思考，必須心志要高眼界要遠。這方面，我們給了一些條件，如內部培訓、鼓勵參與各種學術研討活動，活躍選題討論會等，但總的說系統培養還是少，創新機制也不夠。現在不少出版社作跨學科、跨媒介的員工系統培訓計畫，這真是有長遠意義的重要工作。

第三，守住文化尊嚴，紮根品牌形象。這是我一九九三年上任北京三聯後，不斷在談，並堅持實踐的根本問題。一九九三年初我在一篇文章中寫過：「作為文化產業的出版界，一直在文化責任和商業利益兩種功能的巨大混亂中拉鋸。啟發知性的出版物是社會發展不可或缺的能源，而商業利益亦是企業發展必備的動力。出版者必須在不斷抗拒一元化及平庸化的壓力中……尋求持續的突破和發展。對於出版社來說，他的出版物，他的事業發展，就是出版人的追求和理念的寫照。」

人們常常認為這兩者難以兼顧。實際上，完全從市場經濟的角度看，守住文化的尊嚴何嘗不是品牌的基礎。哪一家大出版公司會不管不顧的亂出書？又有誰會把自己的招牌掰碎了隨便賣？只有在文化責任和商業利益兩者的博弈中運轉自如、具長遠戰略眼光、守得住根本的人，才真正是市場經濟的弄潮兒。

一九九四年，我在「總編輯新年獻辭」中發表了〈留住尊嚴〉一文：「人以品為重。作為人類精神財富結晶的圖書，品和格則更至關重要。這在當今出版界，已不僅是一個理論問題或認識問題，面對市場，它已演變為一場實實在在的人格搏鬥和實力較量。市場的誘惑是巨大的。抵不住誘惑，一味的屈就，被剝奪的只能是文化的尊嚴⋯⋯市場又是冷酷的，你不積極面對，不瞭解和掌握它，沒有巨大的實力帶領它，它一定對你翻臉無情。作為良心事業的出版工作，我們的選擇只能是『留住尊嚴，增強實力』。這也是三聯書店的基本方針。」

三聯為什麼做金庸？這個問題好。當時署裏有領導也提過這問題。首先我認為金庸小說可以進得了文學殿堂。三聯當時的書刊是「分層一流（小眾、中眾、大眾均要求一流）」的結構模式，金庸小說是大眾讀物中的一流作品。我從香港回來時，其他幾位武俠小說大家的作品也可以拿到，但沒拿。我得守緊。由於合作方式，發行量雖大，我們的利益並不大，但我還是接受。因為流動資金量大，光這一套書每年現金流量幾千萬，這對一個剛起步的企業極為重要（一九九三年我接手時全年銷售總碼洋才七百一十一萬）。那些年我們不需要向銀行貸款。但我經營時也極為小心，從不肯讓它上訂貨會。因為每次訂貨會的貨款有限，訂了金庸就很難再訂別的。我不上，他們只能訂本版書，保證了我的根本，金庸則隨要隨添。這樣，即使條件不合金庸撤走，我也不會受太大影響。事實上，金庸撤後我們的總銷售不降反升，真的沒影響。

最後，政績、面子重要，還是企業的長遠利益重要。這個問題看似簡單，實際最大。因為政績、面子還連著位子票子，衡量起來就難度很大了。

我在三聯幹過一些傻事，但自己想想還是值。

比如蓋樓，因為土地面積極小，才兩千平方米，後面又是居民樓怕擋光，只能蓋兩層。跟規劃局商量再三，蓋斜坡形的四層（三層四分之三，四層二分之一）。可這地點實在太好了，蓋這麼點實在不甘心。遂決定挖兩層地下室，這可得多花不少錢。再捉摸還是不甘心，按規劃我們可以買下那居民樓，這樣我們的樓就可以長高，十層沒問題，於是決定打十層的地基，以後長高就不必推倒重來了。當然，這更得多花錢，而這些，本屆領導肯定是享受不到的。房蓋成，從傳統或發展考慮，都應開書店。全體員工也支持，於是最好的樓下兩層、最大的地下一層都作書店，全社只得擠進那二分之一的四層裏，員工大統間，領導小小間。有的領導笑我們，舒舒服服的大辦公室不要，開什麼書店？傻不傻！此為一傻。

《三聯生活週刊》起起落落反反覆覆，好不容易到一九九九年開始獲利，二〇〇〇年繼續獲利。當時期刊格局大變，週刊紛起。生活雙週刊如不及時改週刊，一定優勢盡失；而要改刊更是大難，又需資金的大投入，又會有一到兩年的虧損期。原有的合資經營方不幹，需另資金投入，而原有的合作方又不甘心，封砸辦公室，打起了官司。我一面找資金，一面打官司，同時還必須在不動用出版社一分錢的情況下（我答應過社委會，辦週刊不花社裏一分錢）把週刊轉過來。那一年真是瘋了似的忙，而那一年本是我應退休的。朋友說，「你傻不傻，不轉週刊，你這塊賬是獲利；轉了，賬是赤字。你這幾十年做得辛辛苦苦漂漂亮亮，為什麼退休了還非要弄成這樣一張成績單？」我說，「不會啊，我手裏的廣告可以保證最多兩年後一定獲利，而且一定是大利。」「兩年後，那會是你的成績嗎？」我啞然。但是，我覺得這是必須的選擇。就算我的二大傻吧。

最後，就傻到底吧。為了減少後任的負擔，我清庫房、理壞賬，盡可能在任上把這些從我賬上清掉，將利潤從二〇〇一年的上千萬元儘量下調。財務說這樣對以後的發展好，我很同意。其實，只要做了應做的事，成績單如何，對我來說真不重要。在企業的長遠發展利益面前，還是傻一點好。

這些是十年來我在北京三聯做的、個人認為很重要的基礎工作。審計小組和集團有關領導也肯定這些工作的扎實。只有在此基礎工作上繼續改革創新和不斷調整，才能實現三聯的真正飛躍。

後三聯時代

我五十七歲時就給署裏打過報告，希望上新人，舉薦了具體的年輕人，自己退二線。這樣有個共同工作期，有較長的溝通與交流，對企業發展有利。署裏認同這想法，但難以實施。

二〇〇二年，我打的退休報告被批准，九月正式退休。退休後我交得乾乾淨淨就出去玩兒了。我離開後，三聯發生了很多事，包括起伏和波折，我沒什麼話好說，只希望三聯好。我對三聯從來有信心。

《我們仨》是我退休後編的第一本書。這本書我知道會暢銷，但沒想到那麼暢銷。一開始我估計起碼可印二十萬，可最後賣了七十多萬冊。楊先生用她的全部感情在寫，讀者也用心在讀，這種心和感情的深入交流真是太難得了。按照三聯現在的規矩，編輯是有提成的，但我退休了，大概就不算他們的編輯了吧。我覺得這書應該是三聯的，我離開了，就算送給三聯的一份禮物吧。

現在我當著兩個工作室的顧問，組織和參與幾個國際性的年會，做自己喜歡的書。困擾我二十年的嚴重失眠，退休一個月後居然不治而癒，真是我的大開心。我現在很充實、很開心，真有做回我自己的感覺。

錢永祥——一個理想主義者的學思歷程

個人簡歷

一九四九年出生於蘭州，在臺灣長大，一九六八年從建國中學畢業，入臺灣大學哲學系就讀。一九七五年，留學英國的里茲大學。一九八二年回到臺灣，供職於中央研究院中山人文社會科學研究所。主要從事政治哲學、政治思想史、黑格爾及馬克思主義哲學的研究，旁及動物倫理學。並任《思想》雜誌主編。

主要著作

《在縱欲與虛無之上》、《「我總是活在表層上」》，譯著有《學術與政治》、《動物解放》等。

訪談手記

看著眼前這位輕言細語、溫文爾雅的學者，我不禁猜想，四十年前那個在臺大校園裏叱吒風雲的學生運動領袖錢永祥是什麼樣子。那時他面部的線條應該更硬，表情更強烈明確，說話聲音更高亢，語速更快，不會如眼前人這般和善地微笑。

錢永祥是個相當現代的人，標誌之一是，他對於公共生活和私人世界的界限劃分非常敏感，被試探性地問到家庭時，他嚴正申明：這些問題涉及了另外一個人，請恕我就不答覆了。他又非常的「學者」，願意展示的，只是他的觀點和看法，而不是他本人，不喜歡被人用感性的詞來描述。比如說他「聲音帶著綿軟的臺灣味道」，他會覺得啼笑皆非。聽說他善飲，我因此問到他的酒量，以及酒量是否與他的蒙古血統有關。結果他嚴肅地提醒我應該避免問到這種涉及「私人」習慣癖好的話題。他的酒量不堪一提，他也不認為蒙古人一定會喝酒、愛喝酒；「我完全不認同這種用『刻板印象』來描繪某一族群的習慣。我建議您在這方面要去除成見。」我聽了，趕緊面壁思過，深刻反省自己的唐突和成見。

而我仍然試圖觸探一下，從熱血學子到沉穩學者之間，歲月對人和人生做了什麼。他今天仍然是理想主義者，仍然關心公共事務，是臺灣重要的公共知識分子，仍然是個疏朗而多思的現代人。這是歲月沒有改變的部分。連同他自況所謂的「生性疏懶」，都是「吾道一以貫之」吧。

學生運動和學術訓練

我有蒙古血統，但由於我不會說蒙古語言，我幾乎從來不敢以蒙古人自居。我的一個夢想是退休以後「回」內蒙去學習蒙語跟馬頭琴。不過，大概這個夢想真的就是夢想了。

我出生在兵荒馬亂、改朝換代的年月，在蘭州出生沒幾天，還在襁褓中，就被帶離中國大陸。之後我直到一九九六年才第一次「回」大陸，去山東曲阜開會，去之前心情很緊張，擔心看到貧窮等令人難過的場面，結果還好，生活還可以，山東人讓人很舒服，此後我就常去大陸了。在很多方面，我對於中國大陸，有很深的感情與關切。多數時候，對大陸的事情我也不會以「外人」自居。不過，這種感情與心情並不算「鄉愁」。我畢竟缺乏風土與人情的實際記憶，很難產生父輩那樣的鄉愁。我對臺灣的感情也難說是「鄉愁」。我的生命經驗中缺乏跟土地的連接、跟傳統社群的連接、甚至於跟在地身邊的街坊小區也缺乏連接。這種「無根」狀況我很自覺，也深知其間的得與失。坦白說，我覺得得多於失。

父親是國民黨軍官，所以我在臺灣的眷村度過了童年。初中時父親去世後，我們家搬離眷村。當時國民黨統治的臺灣是很封閉的社會，思想禁錮很厲害，讀魯迅和三〇年代左派作家的書是違法的，會被抓起來坐牢。我們每天上學都要唱歌頌中華民國、蔣總統的歌，還有反攻中國大陸的歌。這麼多年過去了，我現在還隨時能唱出來。

一九六五年，我進入建國中學讀高中。學校就在舊書攤彙集的牯嶺街旁邊，有濃厚的文化氛圍，薰陶著我。我買了很多書讀，雖然那時候的書價對中學生來說真是天價。那時我讀到了殷海光的著作，受到很多啟發，對於反抗威權以及個人尊嚴、民主、權利等觀念，開始建立自己的想法，接受了自由主義思想的啟蒙。當時臺灣一方面流行存在主義，一方面流行邏輯實征論，我受到影響，覺得哲學很了不起。

建國中學是臺灣最有名的男子高中，嚴重的重理輕文，一個年級二十四個班中，理工班占了十九個。好在我的母親開通而寬容，支持我按自己的興趣發展，於是，我選擇了臺灣大學哲學系。

一九六八年，我進入臺大哲學系。臺大哲學系當時聚集了一批年輕老師，只比學生大十來歲，熱情昂揚，問學積極，跟學生互動很多，使得整個哲學系有一種健康明亮的求知、求真、求自由的精神風貌。在這種氛圍中，我血氣方剛，參加學生運動，貼大字報、開座談會、組織讀書會，也參與了保釣運動。

這種青春激情在大學即將畢業時遭受了一次嚴重打擊。因為被查出私藏有馬恩列斯包括毛澤東的著作，一九七三年的寒假期間，元宵節前夕，包括我在內的師生數人分別被捕。私藏禁書已經夠得上「為匪宣傳罪」，要是擱在一九五〇年代，直接就給拖出去斃掉了。即使在一九七〇年代，按「戒嚴」法律也是要判三到七年有期徒刑的。當然，當局只是要嚇唬嚇唬學生，何況這件事在海內外引起很大影響，引起普遍的抗議。我在「警備總部」關了一周便被放了出來，但還是嚇得半死。而且當時的檔案材料在我日後辦理出國留學、甚至於後來求職時，一路帶來了很大的麻煩，但我終於還是爭取到了英國里茲大學的留學機會。

可能因為對學問很尊重、對思想很嚮往，我比較早就想當學者。其實當年的選擇也不多，士農工商中的後三者，我都根本沒有機會接觸的。雖然參加學生運動，但我幾乎從來沒有想過實際參與政治。政治（無論是民選職務還是公務員）必須要你參與到高度濃密的人際互動之中，對於他人有直接的興趣與關切。但我生性很疏懶，缺乏耐心，個性夾雜了多疑與衝動，並不適合從事政治。龍應臺出任政府官員能夠很成功，我猜想跟她的成熟人格、積累的文化資本、高度的能量與自信、對身邊人與事一種強烈的關注都有關係。但我不一樣。

從一九七五年開始，我在英倫島國上度過七年，奠定了個人學術方向和風格的基礎。我受英美分析哲學的影響，在學術上喜歡做嚴謹的分析論證，而沒有能力和興趣去做「宏大」的後設敘事，對海德格爾等思想家雖然也有研讀的興趣，但不太可能做那種風格的寫作。

另一方面，在思想傾向上，我也開始進行調整。到英國後，我努力研讀在臺灣讀不到的馬克思主義經典。那時，西方的學生運動熱潮已經過去了，但在英國的高校裏，新左派的影響還是很大。我眼看著左傾運動在歐洲轉化為恐怖活動，暗殺、綁架不絕。這促使我反思到，不可能用恐怖主義的手段來實現社會的進步，這是肯定的。

英國給我留下最深印象的，除了民主制度的運作，還有就是工人組織的強大運作，恐怖主義是弱者的鬥爭，而英國工人的力量很強大，讓我大開眼界，見識到弱勢人群如何用一種更進步和理性的方式進行對抗和維權。

對於內地很多人來說，林彪墜機的「九一三」事件是幻滅和覺醒的開始。對我來說，「四人幫」的被捕才迫使我認真理解中國革命的複雜與曲折。我在課餘勤工儉學送報紙。一九七六年十月的某一天，打開報紙一看：「四人幫」被捕！我就呆住了。之前，我對中國內地的瞭解只能從媒體上來，想像中中國從一九六六年以來，一直在努力建設社會主義新社會、新文明，追求某種新的普世理想，我也知道中國大陸的某些事件，比如林彪事件，但並不知道這些事件的涵義，但突然之間，一切都告反轉，我完全無法理解發生了什麼。

多年後，這些事使我認識到，一個社會裏，資訊的開放和流通有多麼重要。資訊少，人的成長就會受到限制，人不可能在思想上走向成熟。中國現在是這麼大、這麼重要的一個國家，國民需要豐富的資訊，知道得越多，國民就越成熟，越有判斷力，也才能建設一個健全的社會和負責任的強國。

一九八二年，我從英國回到臺灣，供職於中央研究院。不久我注意到臺灣讀書界需要瞭解西方的經典文章，而單篇的翻譯文章不容易找到合適的方式面世，所以一九八八年，我創辦了《思想》刊物，專門刊登翻譯文章。可惜受限於國際版權公約，一篇篇文章獲取版權是難以完成的工作量，臺灣的譯者也不夠，《思想》只辦了一期就停了。二〇〇六年《思想》恢復，現在以華人創作文章為主，一年出版三到四期。我的理想是團結華人世界（包括內地和臺灣、香港、澳門，以及東南亞和西方國家）的知識分子，以大家共用的中文為媒介，辦一份嚴肅的思想性刊物，既不耽溺於學報的空疏自滿，也不墮入新聞類刊物的浮光掠影，以學人的知識為資源，展開公共議題的討論。

民族主義和世界影響

普世價值和民族主義的關係，既是我持續關心的問題，也是我人生經歷次第體驗過的思想。

關於民族主義，應該從三個角度去理解。首先，第三世界國家或弱小民族通過民族主義來反抗殖民統治，進行自我保護，從而形成自己的身份，找到自己的位置。這是民族主義特別有價值的部分。當年我參與保釣運動，就是這個意義上的民族主義者。那時美國和日本覺得可以撇開中國決定釣魚島的歸屬，這是不可接受的霸權行為。臺灣舉辦保釣四十周年紀念活動，我會參加。

民族主義的第二個意思，是在一個民族的內部強調一種最高的、統一的身份，強調一種單一的價值認同。價值的一元化是民族主義很可能產生的結果，因為它強調共同的記憶、共同的文化價值、共同的歷史傳統、對未來共同的期許。事實上，同一個國家內部，完全可能有不同的價值、目標和理想，而民族主義會對這種多元形成壓迫效果，造成公共生活的窒息。這是有危險的。國家要能夠容忍不同族群的價值觀。

第三，當一個國家強大起來後，有時會因為民族主義而太過於肯定自我，忽視周邊其他國家的感受，並參與世界爭霸，從而對周圍國家和世界帶來壓力甚至威脅。現在中國正在崛起，經濟和軍事力量都在發展，已經成為世界上舉足輕重的大國。這時候再用民族主義的心態去面對世界的時候，就要非常小心。不能總把百年來的民族恥辱放在心裏，那樣的「悲情」並不利於中國人在未來世界中的定位。不要將中國崛起變成世界爭霸和爭雄。

大國崛起有兩種。一種是英國、法國、美國以及蘇聯的崛起，其背後有新理念，代表著人類對於未來的期望。無論是英國的「法治、自由」，美國的「人權、民主」，還是蘇聯「建設沒有階級壓迫的社會」，包括法國的「自由、平等、博愛」，這些理念和價值雖然是在歷史上由特定的國家提出來的，但並不是只適用於這些國家，而是代表了人類世界共同的普世價值和理想。

與此對比，二戰前日本和德國的崛起，卻是一種對抗性、甚至報復性的崛起。德國是要用自己的文化對抗西歐的理性主義和普世文明，日本是用東方的文明對抗西方的現代性。它們是一種特殊主義的崛起，結果不但沒有變成世界普遍仰望的典範，反而給自己與其他國家帶來了災難。

我希望中國的崛起是一種能帶來普世價值的崛起。要強調的是，普世價值不是西方霸權。評價一種價值，是要看該價值的適用性是否普遍，是否對所有的人都適用，而不是其來源。現在很多普世價值確實來源於西方，但並不因為意味著就是西方霸權。事實上，一種價值在世界上某個特定的地方產生，到它流傳到全世界、成為大家認可的過程中（這一過程往往需要一兩百年的時間），它的內容會有很大的改變。比方說，十七世紀英國提出「參政權」時，全國只有很少數人才真的享有參政權，經過十九世紀三次改革法案，一點點解除了財產、職業、身份、性別的限制（英國女人直到一九二九年才獲得投票權）。今天說投票權、參政權是普世價值，但與起源時十七世紀英國的參政權，在範圍和內容上都有了很大的改變。美國的開國制憲領袖提出「人人生而平等」並寫入《獨立宣言》和憲法，可是當時的印第安人只算五分之三個人，女人與黑人根本就不算，經過南北戰爭，經過民權運動、女權運動，平等才真正跨越了膚色和性別的限制。

我樂觀地認為，中國文化或許會有更廣泛的世界影響，貢獻給世界以自己的普世價值。我們辦孔子學院，說中國文化博大精深，是什麼呀？要有東西拿出來說服別人。所以今天的中國人有責任，看我們能不能將中國的傳統思想提煉出來，變成一種能感動全世界、讓別的國家能夠嚮往的價值，並且在政治實踐中貫徹和表現出來。如果我們真的建立了儒家理想中的君子國，社會真的呈現出了平等、和諧，中國文化對別人就會有吸引力，那才證明我們所主張的價值具有普世意義。能不能做到這一點，是對中國文明最大的考驗。

我本人不做中國哲學，但期待中國文化能為未來的世界貢獻某種普世價值。中國是全世界人口最多的國家，是現存文明中歷史最長的，總得有點東西給別人嘛。

自由主義和社會主義

我近來的一個研究領域，是自由主義和社會主義的關係問題。一般將這兩者看得涇渭分明，是兩個敵對陣營的分野，但我認為這不過是歷史的偶然性所致，事實上，兩者是從同一個根基上發展出來的。

它們都來源於啟蒙運動。馬克思是在自由主義的基礎上發展出來的，將自由主義的自由、公民權等都視為當然，我關心的是這些權利如何從理想變成現實，而無需再討論和論證這些權利本身的合法性。馬克思是站在自由主義的基礎上構想一個沒有階級壓迫的社會，追求社會主義的理想。可惜馬克思主義在發展過程中，很快就將無產階級專政突出出來，走上了列寧主義的道路。

基於這種「本是同根生」的理論，我會避免給自己貼「自由主義者」或者「左派」的標籤。我認同自由主義的根本價值：讓個人過上好的生活。而且讓個人有機會與條件自行判斷和選擇什麼是好的生活，有機會與條件追求那樣的生活。但是，自由主義僅僅強調這個根本價值還不夠，還要仰仗社會制度來實現這項價值，民眾要瞭解有哪些生活，要會思考、能表達、與他人溝通，所以要有言論自由、參政權、以及其他基本權利，還要有生存、溫飽、健康、教育、工作等社會權。這些權利的實現，無不需要社會制度來保障和幫助。否則，自由主義的價值訴求就是空的。

所以，我推崇自由主義價值，但同時也重視社會公平問題。中國大陸最可惜的是國家基本教育沒有做好。當我看到中國內地貧困地區校舍破敗、師資缺乏、孩子艱苦的情形，我總是很難受。另外，沒有任何理由因為出生地、居住地不同而給公民不同的待遇和權利，這違反公民的基本人權。我在上海看到一所很好的大醫院裏，赫然立著幢「老幹部樓」，噯！老幹部憑什麼有自己的樓啊，太不公平了。要是在臺灣，早就被拆了，誰敢啊？這麼公然的不平等。我很關注前不久北京出臺的外地人納稅五年才能買房的新政，政府希望穩定和降低房價可以理解，但針對特定人群制定限制政策，是違背公平、平等等基本的現代政治原則的。

臺灣的民主

我在感情上跟國民黨很疏離，對其沒什麼好感，總體評價也不高。說到民主改革，事實上臺灣的政治變遷有其必然性，因為外省人在臺灣是少數，卻掌握著絕大多數權力，這種權力內部分配的不平等，導致多數人必然會起來要求權力。

但客觀地說，臺灣的民主化改革在跌跌撞撞的發展中，雖然有很多問題，還在摸索怎麼找到好的憲政體制，但畢竟有幾個重要的優點，是國民黨在臺灣的貢獻，第一，雖然最早有血腥鎮壓，但總的來說，對反對者的鎮壓有節制，沒有大的不可化解的血債，也沒有大規模的流血事件。基本上是平穩過渡的。

第二，整個社會產生了一套解決爭端的運作方式和機制，不需要用強力壓迫反對者。大家爭取有輸有贏，輸的人用臺灣話來說，「摸摸鼻子就算了」，大家接受這一套遊戲規則，不會搞得非要你死我活。大陸的人看臺灣在立法院打架、街頭示威，覺得很嚴重很亂，臺灣人對此其實並不在意，知道它們大多是一種表演性質。因為能彼此妥協，解決爭端，所以社會總的來說輕鬆，民眾之間、民眾和政府之間有好的相處之道，民眾對政府有基本的信任，不是懷著「時日曷喪？與汝偕亡」的心態，沒有那麼強的怨懟之氣。相反，如果社會沒有形成這樣一套解決爭端的方式，就會緊張。部分人利益受損，又沒辦法表達抗議、爭取權益，反而受到懲罰和打擊，怨懟之氣就會很重。

國民黨在臺灣國民教育、公共衛生、經濟發展三個方面做得還是不錯的。我小時候是六年普及教育，後來變成九年，臺灣當局為此花了很多錢。臺灣後來的農業工商業之所以能發展，是因為有一批受過基本教育的國民，各行各業都從來沒有缺乏過基本的人才，農民起碼是中學畢業，有能力面對市場與技術更新，做精緻的農業產業。臺灣還建成了公共衛生體制，在建設衛生所、疫苗接種、婦女保健等方面，政府投入很多。現在臺灣全民健保，臺灣人無論身份、籍貫、地位，一般都不會為生病而發愁、發憂。我的母親八十多歲了，每月去醫院，自己不用花太多錢。一個社會有了基本保障，人們才能有安全感。醫療和教育這兩件事絕對不能市場化，因為這兩件事涉及基本的人權。自由主義對教育和醫療的理解是錯誤的。

動物福利與人類幸福

我平時的消遣之一是讀英文小說，我家有一大堆英文小說。我看這種可以賣幾百萬冊的暢銷小說，英文小說跟好萊塢電影一樣，技巧很高明，內容乏善可陳，看這種書不太費腦筋。我不太看中文小說。閱讀哲學、閱讀小說，我都比較習慣英文，中文閱讀沒問題，繁簡字體對我沒有甚麼差別，但是我不會寫簡體字。

我主要從事政治哲學和政治思想史的研究，但現在別人提到我的著作，都是十年以前的作品。這十年來我陸續發表了一些單篇論文，不過還有待結集出版。我也有兩個寫書的計畫，準備了一段時間了，但是雜事分心，還沒有成形。

我也做動物倫理學研究。一九九六年翻譯了《動物解放》，一九九九年在北京也出版了簡體字版。關於動物倫理學，我自己寫的文章不多，是件遺憾的事。我參與救助流浪動物的團體，參與一些公共事務。

我並不提倡「動物權利」這樣激進的倫理主張，也不認為人類可能停止吃肉，但我提出「量化素食主義」，希望人類不要耽溺於肉食，避免對動物大規模的屠宰與虐待。活體取熊膽這樣的事情，是對動物沒必要的傷害，也是可以避免的。人類應該對動物、對其他的生命，有基本的感情，有能力去感應它們的感受。要知道，人的感情會受到社會的訓練和影響，如果人類對悲慘的現象學會了麻木，對乞丐、對底層人扭頭就過去，毫無感覺和悲憫，將他們排除到視野和感受之外。這樣的社會多可怕呀！

我妻子十分獨立。她在《聯合報》撰寫評論，我從來不敢置喙，其實也沒有能力置喙。我聽說過「左派養貓，右派養狗」一類不經之論。我不認為自己是左派，但我們家養過三隻貓，把貓當做孩子，在家裏的地位很重要。二十年來，我們夫婦沒有一同遠行旅遊過，因為總要留一個人在家照顧貓。二〇一〇年底，我家最後一隻貓離世，他活了二十二歲，算比較長壽。他生命的最後一年多時間，腿腳不方便，臨走的幾個小時很痛苦，我們也很難受。我再也「不敢」養貓了，因為養貓意味著很多很多的責任。無論如何，我珍視養貓的經歷，那是一段道德啟蒙的經驗。

說到底，我求學、治學的動因是很簡單的，只是希望這個世界變得更加人道、美好一些：不僅人類，還有每一隻貓、每一種生物，都能過上他們自己嚮往的生活。

楊奎松——歷史還原了，大家都是人

個人簡歷

一九五三年十月生於北京，籍貫重慶市，一九八二年畢業於中國人民大學中共黨史專業，任中共中央黨校《黨史研究》編輯，一九八七年起任教於中國人民大學黨史系，一九九〇年任中國社科院近代史研究所研究員、中國革命史研究室主任。後任北京大學教授和華東師大特聘教授。主要研究方向是中共黨史、中外關係史，中國近現代史和中國社會主義思想史。

主要著作

《馬克思主義中國化的歷史進程》、《西安事變新探——張學良與中共關係研究》、《失去的機會——戰時國共談判實錄》、《海市蜃樓與大漠綠洲——中國近代社會主義思潮研究》、《「中間地帶」的革命——中國革命的策略在國際背景下的演變》、《中共與莫斯科的關係（1920～1960）》、《開卷有疑》、《國民黨的「聯共」與「反共」》等，重要論文包括《毛澤東為何放棄新民主主義？》、《「江浙同鄉會」事件始末》等。

訪談手記

中國的學術體系有一個非常糾結和「有中國特色」的學科分類，哲學學科下面，既有「馬克思主義哲學」，又有「西方哲學」，西哲裏專治馬克思哲學的稱為「西馬」，跟「馬哲」專業的長期勢不兩立，前者以學術的名義不認可後者的合法性，後者則以政治立場正確、思想正宗和主流自居。

歷史學科也一樣，無論是最早的「中共黨史」，還是後來的「中國革命史綱要」，抑或現在的「近現代史綱要」，形式上是歷史課，內容上卻屬於每個大學生都必修的思想政治理論課，其學術歸屬含混地介於歷史學和政治學之間，卻又沒太多邏輯地被歸入法學專業，楊奎松就畢業於這個面貌含混的專業，一天法律都沒學過的他，拿的是法學學位。如果願意，他可以搖身一變而為楊律師。

訪談前總要做功課，而喜歡看人罵架或許算我某種病態的偏好，所以我一邊讀楊奎松的代表作《中間地帶的革命》、《國民黨的「聯共」與「反共」》，一邊看這樣的網路文章：

「最近幾年，在中國歷史學界、報紙期刊媒體及互聯網輿論中，興起一股惡意中傷共產黨、毛澤東，無恥地吹捧國民黨、蔣介石的歷史造假風潮，其代表人物就是楊奎松、沈志華、高華、楊天石等人。正是由於這些人霸佔中國黨史研究領域，以黨史研究的名義惡意篡改黨史、惡意貶低毛澤東及共產黨的歷史功績，搞出了大批反黨史學著作，因此中國黨史、近代史研究領域一片烏煙瘴氣。毫不奇怪，這些人及其著作，得到了黨內某些資改派高官的極力推崇。……楊奎松、沈志華們的陰險著作……沈志華等人多次在講座中表現出對毛澤東和共產黨的刻骨仇恨。與極端的沈志華相比，而楊奎松一直相對謹慎冷靜地在黨史研究領域推動「反共復國」大業，其著作文章迷惑性較強。但是，楊奎松也往往為了反共、反毛、反社會主義目的，經常利用黨史學術研究的包裝和名義傳播反華反共謠言，甚至不惜造假、造謠，在稍有理智的人看來，很多東西十分荒唐可笑。……事實上，楊奎松已經成為公認的學術笑柄……著名的反共學者、《零八憲章》的簽署者和組織者徐友漁十分欣賞楊奎松，並把他的書和龍應臺的《大江大海一九四九》相提並論，因為這兩個人都是刻意妖魔化共產黨的典型文人，只不過臺獨分子龍應臺比楊奎松更加赤裸裸而已……楊奎松為了妖魔化共產黨，妖魔化毛澤東，妖魔化毛時代，妖魔化社會主義，美化國民黨蔣介石，美化資本主義，不惜屢次在南方系媒體上造謠、造假，許多言論到了荒誕可笑的程度。但是由於南方系媒體和南方系網路（門戶網站如騰訊、網易、搜狐，小網站如中國選舉與治理）奉行戈培爾「謊言傳播一萬遍就是真理」的理念，幾萬篇幾億篇地傳播楊奎松所炮製的歷史研究學術論文和相關材料，誤導了很多民眾，製造了大批的果粉、美粉、蔣粉，許多人竟然真的相信，共產黨毛澤東打敗蔣介石是靠蘇聯的武器，毛時代貧富差距真的比民國還大……不過，像楊奎松這樣的人，依靠學術造假、學術造謠，聳人聽聞地美化國民黨醜化毛澤東，這些卑劣手段恐怕難以完成其主子交給他的反共復國大業，因為野豬就是野豬，不管你怎麼偽裝，不管你鼻頭上插幾根大蔥，你還是野豬，不可能是大象。」——yoon，引用得太長了。

余生也晚，沒有趕上親見文革的真面貌，但這實在不值得遺憾，是的，我一直相信，自從一九四九年後，中國無論是過去、現在，還是將來，都可能與起文化大革命。而我真正的遺憾是，我還沒被這些人罵到。這麼說起來，楊奎松是幸運而成功的，被罵得那麼多，讓人羨慕嫉妒恨。

從監牢開始

你拿的這個是網頁上流傳的我的簡歷：

一年務農（湖北襄樊國家計委五七幹校二連）
八年工人（北京第二機床廠第七車間）
半年坐牢（半步橋北京第一監獄看守所王八樓）
四年大學（中國人民大學中共黨史系）
五年編輯（中共中央黨校黨史研究編輯部）
三年講師（中國人民大學中共黨史系）
十年研究（中國社會科學院近代史研究所）
現為教授（北京大學／上海華東師大歷史系）

對此，我沒什麼好補充的。怎麼入的獄？一九七六年周恩來去世，我跟所有人一樣，憤恨「四人幫」的所作所為，寫了幾首政治詩貼到廣場上去，結果就成了追查緝拿的對象，被抓起來了。其實那半年的監獄生活，怎麼說呢，至少和許多同時代人相比，尤其是和五六〇年代蹲過監獄的人相比，實在算不上遭了多大的罪。

那段經歷如果說對我的人生觀產生什麼影響的話，一個是我發現，我這個人真的不怕死。無論遭遇何種境遇，我相信自己都能很快處之泰然，絕對不會在精神方面出問題。二是我調換過兩個囚室，和幾個犯人有過交往。我發現他們沒有一個是過去想像中的壞人。最典型的是一個小學校長的孩子，當時已經三十出頭，差不多三分之一的時間是在少年犯管教所和監獄裏度過的，原因是總偷東西。他家裏並不缺錢，最初是因為他父親家教太嚴，他離家出走，沒辦法偷東西，之後就總是手癢，想偷，這其實屬於某種心理病態，應該治療。但他父母特別恨鐵不成鋼，別人都說不追究了，父母卻堅持要把他送進少管所。在少管所反而被別的大孩子教唆，出來後更糟糕、更難收手了。再被抓進去，再受壞影響，到後來成分性質都變了，進監獄服刑，出獄後作為「壞分子」送去農村，交給公社大隊管制。他在「文革」的日子就可想而知了。他實在沒法忍受這樣的處境，便偷聽「敵臺」廣播，想要出逃，悄悄寫信表示要「投敵」。那是什麼時代？他的信直接從郵局送到公安局，他也從刑事犯變成了政治犯。幾個月朝夕相處，我真切體會到這個犯人有很善良的一面，很無辜，未必不能走上正路。可我出獄兩個月後，在街上偶然看見打著紅×的槍斃犯人的佈告，上面赫然寫著他的名字。這讓我很受震動。

這件事影響了我後來對人生、社會和歷史的看法，徹底改變我以往習慣於按照表面現象把人分成好壞的認識方法，學會設身處地和換位思考。學會理解和寬容，不能簡單憑一己印象來取好惡。過去的人和事更容易受到環境和條件的侷限，也更容易被後來人為的種種假像所蒙蔽。不注意這一點，就很容易憑一己印象把歷史人物或政黨臉譜化。

所謂臉譜化，是研究現代政治史中最典型的一種態度，其實就是「戴帽子」。研究一個人物或政黨，既不考察，也不論證，一上來就先給研究對象戴好政治帽子，張三是唯心，李四是唯物；王五代表資產階級，馬六代表無產階級……。然後按圖索驥，照貓畫虎，這種研究方法今天還相當普遍。臉譜化的最大害處，是給自己戴上有色眼鏡，永遠也沒辦法做到客觀、準確和公正不阿。事實上，在歷史研究中給歷史人物或政黨的政治屬性進行定性，其意義本身就值得懷疑。因為我們今天所談論的種種政治概念，從歷史學的角度都值得重新討論和定義。

總之，偏見的產生，很大程度上與我們黑白分明的是非教育理念、傳統的意識形態薰陶分不開。對這種現象的反思與批判，文藝界已經走到前面。今天的小說、電影已經完成了對過去那種「高大全」的反動。大量描寫中間人物，「壞人不壞」，「好人不好」的模式反映了人性和社會的複雜多面，已經得到社會公眾的廣泛認同。歷史上的人物和政黨何嘗不是如此？

糟糕的歷史教育

歷史研究的魅力，在於挖掘歷史真相，這也是歷史研究的根本內容之一，另外還有一個價值，就是將所有歷史人物都還原為「人」的研究立場和態度。

我對自己七百多頁的《國民黨的「聯共」與「反共」》並不大滿意，因為基本上沒有利用到抗戰及內戰期間的蔣介石日記手稿，許多地方的交待還是粗線條的。但我已經儘量在做「人」的研究了。我分析國共兩黨圍繞國統區學潮的鬥爭之複雜、不同偏向教授們的選擇和態度、美國總統特使馬歇爾訪華對學運的影響等，都儘量擺脫過去慣有的宏大敘事和「歷史必然規律」，將具體人還原到時代背景中，理解歷史事件的複雜性。一九四五年的「一二一事件」，我考證蔣介石最極端的指示，也不過是「當予以斷然嚴厲之處置，決不稍有姑息」。但指令在雲南省層層下達，層層加碼，就成了暴力鎮壓學生運動的慘案。對上級的指示層層加碼，在官僚體制下司空見慣。何況這個時候的黨政人員，像這種充分表現對黨國忠誠的機會也不是經常能碰到。李宗黃（時雲南省主席）對學潮的態度之激烈，很大程度上是其剛愎自用的個性和必欲徹底打擊報復學界中支持龍雲（前任雲南省主席）勢力的強烈心態在起作用，反共更多的恐怕還是用來實施此種打擊報復的藉口而已。

中國搞改革開放三十周年紀念時，也是大躍進五十周年，分析一下後者，高度集權的政治體制下，下級官員的命運全憑上級決定。所謂上有所好，下必效之，講的就是這個道理。很多事情不純是這個人善或者惡的問題，很大程度上是制度體制的問題。因此，涉及建國後很多歷史人物和歷史事件的分析，包括對毛澤東的人性分析，我的分析理路跟「一二一慘案」的研究思路是一致的。

我剛進大學的時候，中共黨史研究根本就是政治問題，跟學術關係不大，更不存在關心歷史當中「人」或「個人」的問題。有很多中共黨史、革命史教材，都差不多，說法和定性有嚴格規定，用詞都一樣，就是按照一個標準說法互相抄。到我畢業的時候，中共黨史研究已經有個歷史研究的學術化問題了。我在《黨史研究》雜誌做了五年編輯，那時黨史研究還有「兩個決議」的限制。兩個決議指的是中共中央一九四四年通過的《關於若干歷史問題的決議》和一九八一年的《關於建國以來黨的若干歷史問題決議》。至少有十幾年的時間，凡涉及中共黨史的都必須嚴格遵守兩個決議的統一口徑，不得越雷池半步。這限制到一九九〇年中期後才逐漸被突破。

當然，中共黨史至今還是執政黨用以宣傳和教育的重要政治理論工具之一，在可能涉及歷史評價的重大問題上，研究限制依然很多。這種做法影響很深遠。我跟一些中學歷史老師討論過，我國的中學歷史教育是比較失敗的，尤其是近現代史方面，既不講事實，也不教研究歷史的方法，逼著學生背政治觀點和教條，應付考試。讓很多本來喜歡歷史的學生都討厭這門學科，一考完，死記硬背的東西就還給老師了。

因為照本宣科和以論帶史，中國歷史課本裏的很多東西都跟學界最新研究成果相反，一些基本史料或史實都存在嚴重錯誤。很多中學生到後來重新學歷史，會感覺很顛覆很崩潰。因為以前學的很多都是錯的。

我也是這麼過來的。看了中共歷史資料和文獻檔案，覺得以前學的很多中共黨史都有問題，但直接講是不可能的，我當時在人大中外關係史教研室，就從對外關係角度研究中共革命的外部環境和原因。當時還沒人從這個角度研究革命的。那時候黨史界政治正確的觀點是，中共以前受共產國際干涉，所以總是失敗，一九三五年遵義會議後，毛澤東堅持獨自自主，革命開始成功。我一開始就認為不是這樣，我們的革命一直受到共產國際的影響，政策轉變也是共產國際推動的。

這就是我的主要代表作之一，一九九一年用個不引人注意的書名《「中間地帶」的革命》順利出版了。「中間地帶」是毛澤東自己的話，說明中國當時的地位和策略，就是不偏於一端。書出來後有人注意到了，但總的只賣了不到一千本，後來不知道怎麼電子版就進了超星圖書網，很多人看這本書都是看的電子版。二十年後又增訂了一次，是我二十多年研究中共歷史的一項總結性成果。副標題從「中國革命的策略在國際背景下的演變」改成了「中共成功之道」，篇幅幾乎加了一倍，主要是補充一些細節，如中共歷史上幾度組織分裂的經過，蘇聯及共產國際援助中共的情況等。也吸收了最新的研究成果，回應不同意見的質疑，如有人嚴重質疑抗戰後蘇聯在東北向中共提供過實質性援助，我用具體史實做了正面回應。

歷史研究的魅力，在於挖掘歷史真相，這也是歷史研究的根本內容之一，另外還有一個價值，就是將所有歷史人物都還原為「人」的研究立場和態度。

我在《國民黨的「聯共」與「反共」》裏分析國共兩黨圍繞國統區學潮的鬥爭之複雜、不同偏向教授們的選擇和態度、美國總統特使馬歇爾訪華對學運的影響等，都儘量擺脫過去慣有的宏大敘事和「歷史必然規律」，將具體人還原到時代背景中，理解歷史事件的複雜性。一九四五年的「一二一事件」，我考證出蔣介石最極端的指示，也不過是「當予以斷然嚴厲之處置，決不稍有姑息」。但指令在雲南省層層下達，層層加碼，就成了暴力鎮壓學生運動的慘案。對上級的指示層層加碼，在官僚體制下司空見慣。何況這個時候的黨政人員，像這種充分表現對黨國忠誠的機會也不是經常能碰到。李宗黃（時雲南省主席）對學潮的態度之激烈，很大程度上是其剛愎自用的個性和必欲徹底打擊報復學界中支持龍雲（前任雲南省主席）勢力的強烈心態在起作用，反共更多的恐怕還是用來實施此種打擊報復的藉口而已。

中國搞改革開放三十周年紀念時，也是大躍進五十周年，分析一下後者，高度集權的政治體制下，下級官員的命運全憑上級決定。所謂上有所好，下必效之，講的就是這個道理。很多事情不純是這個人善或者惡的問題，很大程度上是制度體制的問題。因此，涉及建國後很多歷史人物和歷史事件的分析，包括對毛澤東的人性分析，我的分析理路跟「一二一慘案」的研究思路是一致的。

常在河邊走，儘量不濕鞋

近現代史研究上有一個不可避免的問題：當前政治的影響。這在理論上是一個學術和政治的關係問題。學術的研究，不應當受到政治的干擾和阻礙。但客觀上，歷史從來都是當政者利用來建構政治正確的一種工具，因而也是當政者用來教育民眾的一種必要手段。因此，學術的歷史研究如果與當政者的說法不合拍，在政治上受到干擾阻礙實難避免。不僅近現代史研究如此，古代史的研究也難逃此種命運。即使當政者礙於學術自由不便干預，也難保某些民眾和輿論不給研究者以壓力。這種情況近幾年在近鄰韓國和日本都有發生，就是證明。

當然，問題不僅僅在於政治干預學術，學術研究同樣也有影響現實政治的條件與可能。有的是學者想證明當下的政治正確，畫蛇添足，反而給當政者惹麻煩；有的則是想揭示真相，以至與當政者的看法發生分歧，使得當政者緊張，以結果推動機，懷疑研究者刻意抹黑。好在今天的歷史研究者越來越關注社會史和社會文化史研究，趨向社會基層和微觀研究，遠離過去那種高層政治史的研究領域，政治敏感度大大降低。

不管怎麼說，這種政治敏感的現狀，任何人都難獨善其身。我的研究涉及共產黨史，敏感度更遠甚於一般近現代史研究。但我相信，我研究的問題，是包括我自己在內的許多國民一直不清楚、想弄清楚的問題。我的想法是：常在河邊走，儘量不濕鞋。第一是堅持走河邊，堅持既有的研究方向；第二是盡可能把持住一些基本界限，不觸動太敏感的神經。從技術上講，首先是堅持把事實弄清楚，交代歷史真相，儘量不做結論、講道理，給讀者留下思考的空間；其次是由遠及近，儘量與現實政治保持距離。畢竟，離今天越遠的問題，對當今政治的影響和刺激也越小，學術開放的程度也就越高。中共歷史研究的政治環境現在已經寬鬆多了。一九八〇年代，陳獨秀的問題還很難去碰，一九九〇年代為陳獨秀翻案的文章就多了。一九九〇年代中期張學良與中共的關係還是敏感問題，再過十年便不成為問題。這是一個趨勢。我是「歷史進化論」者，相信看歷史要放眼幾十年，人類社會短期內再折騰，總的趨勢還是進步的。這些年我研究中共歷史也是這樣經歷過來的。畢竟歷史已經發生了，無論好壞，那都是事實，無可改變。後人知道這些事實，不過遲早而已。社會需要我們這些歷史學家幹什麼？就是要我們運用專業知識和頭腦，揭示歷史真實，從雜亂無章的歷史頭緒裏理出線索，讓後人能夠認清歷史發展的主流，不被神話或謊言蒙住眼睛。這種事總是要做的，今天做不到，明天做；明天不行，還有後天。

我是一名歷史學工作者，在用歷史研究的方法研究中共歷史，我從不認為自己是「黨史學者」，也從不認為自己從事的是所謂「黨史研究」。不存在，也不應該存在所謂的「黨史學」或「黨史學者」。「黨」必須特指，共產黨、國民黨，或者別的什麼黨，不能因為今天中國實行一黨制，「黨」就成了共產黨的代名詞。這不科學，也不正確，等於否認其他黨存在，事實上，不論民主黨派是不是真正意義上的政黨，它們至少還是有自己的黨名和組織，還在合法活動的吧。另外，無論哪個黨的歷史，必然是人類社會整個大歷史的一部分，是歷史研究無數對象中的一個。不存在因為是執政黨就專門設置一門學科的邏輯和理由。

這些年我越往一九四九年後研究，越覺得問題多，也就越覺得需要完成的研究工作難以窮盡。今後我的主要研究精力還會放在新中國建國史的研究方面，還有一兩本書需要寫成。另外希望能夠在研究時限繼續往下延伸的情況下，開始做較為概括性的，更具理性思考的研究。畢竟，完全靠自己這樣長期做這種高度實證性的史實研究，能夠完成的研究課題到底太有限了。

我承認自己很用功，一直儘量用心做好每一件事情。但人活在世上，不只是為了工作，也要學會享受。如果說我有座右銘的話，就是四個字：「創造」、「享受」。創造是前提，人活著，不能為人類社會有所貢獻，對自己生活的環境有所幫助，活著大概也沒有什麼意義。但只知道工作，不懂得享受生活，享受親情，享受大自然，享受一切可以給自己帶來愉悅和美好感覺的事物，如此活著也太過乏味，至少是我不能接受的。因此，除了特別重要的某項一時的工作需要以外，我從不認為自己的時間表是不可改變的。畢竟除了自己的工作以外，家人的需要也是我生活的一部分，我會隨時為之做出調整。

陳平原──書生意氣長

個人簡歷

一九五四年生於廣東潮州，一九八二和一九八四年在中山大學分別獲得文學學士和碩士學位，後考取北京大學中文系，一九八七年獲文學博士學位，並留校任教。歷任北大中文系講師（一九八七年）、副教授（一九九〇年）、教授（一九九二年）。現任北京大學中文系教授及系主任、香港中文大學講座教授、教育部「長江學者」特聘教授、國務院學位委員會學科評議組成員、中國俗文學學會會長、北京大學中國詩歌研究院執行院長。近年關注的課題，包括二十世紀中國文學、中國小說與中國散文、現代中國教育及學術、圖像與文字等。曾被國家教委和國務院學位委員會評為「作出突出貢獻的中國博士學位獲得者」（一九九一年）；獲全國高校一、二、三屆人文社會科學研究優秀著作獎（一九九五年，一九九八年，二〇〇三年）及高等學校科學研究優秀成果獎（人文社會科學）一等獎（二〇〇九年）、北京市第九屆、第十一屆哲學社會科學優秀成果獎一、二等獎（二〇〇六年，二〇一〇年）、第三屆全國教育科學研究優秀成果獎二等獎（二〇〇六年）等。

主要著作

從研究二十世紀中國文學開始，進而做中國小說和中國散文、中國學術史、現代中國教育史、圖像研究。先後出版《中國小說敘事模式的轉變》《千古文人俠客夢》《中國現代學術之建立》《中國散文小說史》《觸摸歷史與進入五四》《大學何為》《北京記憶與記憶北京》《左圖右史與西學東漸》《作為學科的文學史》等著作三十種。另外，出於學術民間化的追求，一九九一至二〇〇〇年與友人合作主編人文集刊《學人》；二〇〇一年起主編學術集刊《現代中國》。治學之餘，撰寫隨筆，藉以關注現實人生，並保持心境的灑脫與性情的溫潤。

訪談手記

陳平原真的很像平原。

平者，平和、溫文之謂也。我看到過他學生寫的一段文字：「嘗與『八卦君』於課堂上交頭接耳，引來側目。幸而平原君溫言相勸，否則恐怕『後果很嚴重，先生很生氣』。又一日，君講論正酣，忽聽平地驚雷暴起，鼾聲隆隆。驚惶四顧，竟是某生過於疲憊（並非絕無僅有），已陷迷離之夢境。如此不肖子弟，君竟能包容體貼。」陳老師的好脾氣可見一斑。

原者，寬廣開闊之謂。自抑不卑，自矜不亢，言及閨閣，亦無脂粉氣，坦蕩蕩，磊磊然，有君子之態。陳平原最可愛的，是他的笑，透明又清澈，乾乾淨淨，很孩子氣。人間惟有孩子天地最寬廣。「君之翩翩儒雅，非我等城市浮浪子弟所能及也。今後問學之道，謹為先生是從。」

平原者，宜乎草木生靈生長，故能透出一種安靜平和的生命情趣和生機盎然來。「每課畢，從書包中掏出四、五張飯卡，矚其弟子：『今天要些青椒肉絲』。蓋平原君與夏曉虹君平日午餐，皆與弟子共進，閒談如一家人。史書中，武安君記敘戰國平原君云：『平原君之屬，皆令妻妾補縫於行伍之間。臣人一心，上下同力。』今日之平原君所為，差可比擬。」

當然，只以平原說平原君，是不夠的。他其實頗擅長不動聲色地煽情，北大中文系開學典禮，他會想到說：「咱北大至少有一個系是全世界第一，這就是我們的中文系！」一句話，就把下面的freshman們都托到了世界巔峰，足以使他們個個心潮澎湃，飄飄欲仙，不知道自己是誰了。另一個小例子：他一般不「進城」，只能湊他參加北京政協會議的時間。所以見到他，我便開玩笑：「溜出來了？」豈知陳老師頭微昂，道：「我從來不溜，是大搖大擺走出來的。」

陳平原就是這樣，在中庸溫和處，會偶爾又突然地露出些許奇崛來。——這才是平原真正的風景吧。

身份一：專任教授

二〇〇六年，從國家級到北京市到教育部的，我拿了十個獎，其中級別最低的，是本科生評出來的「北大十佳教師」，校級，卻是我最看重的。元旦晚上，學校在大禮堂開十佳教師的表彰大會，我做為獲獎代表發言。回憶三十六年前，粵東山村一間破舊的教室裏，一個十六歲的插隊知青當上了民辦教師。他上第一堂課時，一會兒這邊有人舉手：「老師，我要尿尿。」一會兒那邊又有人哭，原來尿褲子了。那個狼狽的年輕老師就這樣走到了今天，那就是我。我祖父教過私塾，我父母都是教師，我夫妻兩個都在北大中文系教書。我平生最得意的，是從小學一年級到博士都教過。

我父母都在汕頭農業學校教語文，那是一個中專，原來是華南農業學院的分校，後來毛主席說，農業大學辦在城市是見鬼。我們馬上響應號召，搬到一個大山腳下，其實還是一個獨立的小社會，跟周圍農村沒什麼關係。名義上我還是城裏人，其實卻是在山裏頭長大的。

小學和初中都在鄉下念的，高中也是個很小的學校，總之是很差的環境裏成長出來的。

我的妻子夏曉虹是景山學校畢業的，全中國人都知道的權貴學校，黨政軍高幹子女紮堆的地方。他們學生之間特別喜歡問，你是哪個學校畢業的？北京四中、北大附中，說起來都響噹噹。這時候我總是說，我的學校你們所有人都沒聽說過。我的中學建校多少年時請我去，因為他們以後再也不可能有學生考上北大了。

我六歲上一年級，就近入學，所謂「就近」，就是只要走四公里多的路，馬拉松的十分之一。要繞道，因為有一條水槽，二十多米寬，我每天都從上面的小木板爬過去上學。一到四年級，我的成績都不好，大概喜歡玩吧，嘿嘿。五年級讀高小，換了個比較大的學校，是一個祠堂，二〇〇六年我去看，裏面還有毛澤東語錄。學校有個老師對我有影響，他總表揚我，說我作文寫得好。小孩子喜歡聽表揚的話，我很高興，學習才比較認真一點。

我是一九六六年六月小學畢業的，自稱「老三屆」，但北京的會不承認我。因為他們六十六屆的學生一畢業就停課了，沒有讀中學。而我們在南方邊陲，毛主席的聲音傳得比較慢，我還繼續讀了初中，不過只念了一個月，課本還沒有發齊，就鬧革命了。

我的家庭成分是中農，但父親有歷史遺留問題。潮汕人從明朝起就有走南洋闖世界的傳統，我祖父和曾祖父都出過洋。一九四七、一九四八年，我父親中學沒畢業，因為經濟困難，又是文學青年，就去了臺南的《中華日報》工作。我現在還保留了他的一本剪報，裏面有他寫的詩，說他騎著腳踏車，吹著口哨去上班。當時怎麼知道後來會有海峽兩岸的問題？

他肯定是報社裏的低級工作人員，因為一九九三年我第一次去臺灣，想去看看我爸爸工作的地方。《中華日報》見故人子弟來訪，很高興也很熱情，找來一幅五〇年代的報社員工大合影，有很多人，但沒有我爸爸。

一年後我爸爸就回大陸來打游擊了，還寫游擊隊詩，解放後他當了潮州的公安局長，還是別的政委什麼官。後來就有問題了，臺灣回來的，很多事講不清楚，他長期有「臺灣特務嫌疑」。我從不知道爸爸的這段歷史，所以大字報貼出來嚇了我一大跳。我們這一代人，一聽說臺灣回來的，那種驚恐和懷疑很可怕。一方面，當然相信自己的爸爸，但受了那時的教育，又擺脫不了莫名的忐忑不安，不知道為什麼。

我爸爸做人長期謹小慎微，反右的時候他一句話都沒說，沒提任何意見。父親去世後，我才逐漸理解為什麼。對我爸爸來說，那陰影是很可怕的。當年一個年輕人為了謀生，為了文學理想，一年時間的工作和出遊，結果帶來後患無窮，整個後半輩子的壓抑。到了「文革」，自然逃不掉了，爸爸進了五七幹校，被叫做牛鬼蛇神，不能家人探視。

我算是一九六九年初中畢業的，之後不能讀書了，必須回鄉插隊。這要感謝我們潮汕的傳統，走南洋賺了錢，一定要回家蓋房子，以防子孫有難可以回家。我老家離爸爸工作的地方不遠，老房子還保留著，所以我回去了。要不我就得分配去海南插隊。

我父親跟父老鄉親關係不錯，所以鄉親們對我也挺好，務農半年後就讓我當民辦教師了。

這是很優厚的，我很感激。最感激的是，一九七一年秋天鄧小平回潮，還批准我回城讀了兩年高中，所以我的學歷比較完整。在我們這一代人中，這是非常難得的。曉虹就沒我這樣的幸運，她下鄉後就一直在下面，一直到回來考大學。

我去讀高中時，大家都很驚訝。當時在農村教書是很好的工作，讀完書回去還不知道能不能得到這樣的工作。我那時根本沒想到以後還有高考，只要能讀書就讀，沒想別的。

文革對我沒有特別大的影響，主要是父母的原因。家裏有很多書，當然現在看來不多，歷年的語文課本、北大王瑤、林庚的書都有，所以我和北大還是有緣。文革時學生把書封起來，但沒有違禁的，也就沒毀掉，後來我媽媽可以出來工作了，向學校申請解凍。所以我有書看，另外寫大字報，寫詩填詞，都是學習，所以語文受影響不大，影響大的是數理化，為了上高中，我花了一個暑假補數理化。大家的程度都不高，我進高中後，很快就趕上去了。第一個學期末成了最好的。大家都傳說，我除了體育其他都是一百分。其實很簡單，當時流行讀書無用論，而我是花了大價錢（代價）去讀書的，不是我比他們聰明，而是肯定比他們認真，比他們投入。

恢復的高考的時候，他們要我考理科，我知道自己不行。在鄉下中斷八年以後，專業是很難續的。外語只學過一學期，學的是Long live Chairman Mao！「毛主席萬歲」，就這麼一句。上大學後才從ＡＢＣ學起。只有文史不一樣，對人生的體會、閱讀，都是收穫，損失沒那麼大。

我看過曉虹大學時寫的研究《詩品》的文章，比我強很多。他們的學術訓練，尤其是古典方面的比我好，她們的學校比我好，少年宮的活動也多。下鄉時，北京、上海的知青都有自己的圈子，而我在鄉下，第一沒看過歌劇舞劇，第二沒有電視，第三沒看過火車。從鄉村到另一個鄉村，見識很有限。從那麼低的起點，到廣州上大學，到北京，這樣一步步走出來，三十年了，應該說不錯，只能這麼說。

前兩年紀念高考多少周年，把我的高考作文翻出來，我的學生也知道，我反對他們看，很尷尬。我不是謙虛，你想一九七七年的高考作文，會是什麼樣子！當年《人民日報》選登我的作文，除了政治正確，也得益於我是語文教師，起碼沒有錯別字，段落、主題都很清楚，中規中矩很規範。我的同學有的不服氣，他們程度比我好，是小作家，但他們寫的不是作文，是文藝作品，選我只是我的適合高考。那是我第一次在《人民日報》發文章，好處是讓我獲得一張入門券，進了中山。廣東還以為我多了不起，我爸爸說早知道這樣應該報北大。其實我當時報考中山大學，別人已經嘲笑我了。

身份二：平原君

我上大學二十四周歲，同學中有三十多歲有孩子的。大家都很刻苦，因為生逢其時，全社會都指望著我們，一上大學就知道自己以後前途一片光明，不會想畢業後怎麼找工作，如何適應社會，我們想的是社會怎麼靠我們來復興，這種感覺是大不一樣的。後來晉升、提幹，幹什麼都總是第一波，很順。

大學畢業二十周年時，我們在廣州聚會，來採訪的都吹捧，說七七、七八年的多了不起，是社會中堅，其實沒什麼了不起，按年齡也差不多排到位置了，位置和貢獻是兩回事，位置是永遠要人坐的，並不表示貢獻大。一百年誰會記得你是七七級、八〇級的，那時候算的是總賬，七七級不一定有一席之地。

我們的問題，除了知識的斷層，還有文革前的教育毒害，要做知識和思想的轉型和過渡。我們讀書時，有的課沒教材，課上完了才重印書。學文藝理論，教材是毛澤東在延安文藝座談會上的講話！我們要求多講點古代的和西方的文論，老師說，毛澤東的文藝思想不是文論，還不夠嗎？考試題目是「文藝工作者第一位的工作是什麼？」你敢怎麼答？

所以，我從來不說青春無悔這樣的便宜話，對我們這一代人，只能說在那麼大的挫折中，如何盡可能地減少損失。有的人善於調整，沒有被過早淘汰，現在成了所謂的成功人士，那是以一代人為代價換取若干人的成績，不應該說大話的。我的很多同代人，我知道的，我們農校的教工子弟，比我高幾屆，碰到一九六六年取消高考，到一九七七年恢復時，他們已經結婚生孩子，不能高考了。改革開放了，他們已經下崗，退休了。他們只比我大五六歲，就能很清楚地看到命運的殘酷，他們本來都很聰明，念了很好的中學，本來可以考很好的大學，但就是這一步沒有跟上，後來就再也趕不上了，很多人都是這樣的狀態。另外，就眼界來說、基礎教育來說，我們跟後來的年輕人根本沒法比。他們能做出更大的成就。

不過，別以為我自卑，不是的，我有你們沒有的東西。就專業知識而言，我們有侷限。另一方面，就是因為條件差，自我選擇的能力很強，會自我定位。名門正派有名門正派的缺陷，條件好，老師帶出來，同一代人的同質性太強。像我們這樣山高水低出來的，自己給自己做設計，學科的邊界對我來說不存在，什麼都可以試一試，不會受規矩的束縛，沒有「不能越界」的約束。對我們這一代人來說這是財產。跟名門正派比，你發現這些人有點野路子，不規範。到了整個社會都很規範，按照教學大綱培養出來的時候，你會特別懷念野路子，有活力和激情，有創造力，有衝擊性，有胡思亂想，有時候會出奇制勝。現在回過頭來看，我們在社會轉型期學習，不受學科限制，從一個領域到另一個。自由的狀態令人懷念。

我們打破常規的近現當代，提出「二十世紀文學」，大概就屬這類。老錢和我和黃子平都很野，黃子平沒念高三，老錢作研究明顯有生命投入，他不是技術性很強的那種，從考證、考據角度看，他有很多毛病，但他的激情和生命投入是後來的學者所沒有的，以後（人們）會懷念這一代人的學術姿態。梁啟超《清代學術概論》說，清初的學問「有一種生氣淋漓在」，王國維也說，清初的學問大，清中精，清末新。不同時代的學術氣象不一樣。

在中山讀完大學和研究生，我找工作聯繫中國社科院文學所，差不多定了，來見個面。去北大看黃子平，認識了老錢（錢理群），老錢覺得我應該來北大，中文系也同意了，可學校不幹，北大不收外來的人。王（瑤）先生說，那好，我今年開始招博士生。讀了書再留校。我就這樣成了北大第一批文學博士。

我現在研究的狀態很好，很多題目都是自己有興趣就做，等別人上來了，我已經做得差不多了，就走了。比如畫報的研究，左圖右史，西學東漸，到今天十多年，差不多了。

但我不敢推銷自己的經驗，因為我不申請課題。我拿課題沒有用，我出去開會，人家給我出車費，買書，很多出版社送我書，請客吃飯又不能報（銷），只有坐計程車有用。評職稱，博士導師，我都已經有了，所以不受限制。

現在的讀書人可憐。以前我們的學術環境好，讀書可以純粹憑自己的興趣，自己設計題目、控制進程，做得喜氣洋洋，不太考慮外在的東西。現在年輕人進來後要做課題，按照課題指南搞，要發文章，一大堆事情。他們表面上薪水多，課題多，出國容易，我們系的基本上都能派出去講學，但那種自由他們沒有。我也很感謝，特別得益於老一輩的遮風擋雨，當時北大中文系就我和溫儒敏兩個博士生，好多事他們都讓著我，我留校後沒有當過班主任。

我做研究的方法是「小題大做」，思考的問題都是典型的案例，傳統如何向現代轉變、文學表達的問題、教育問題，歸到一點，文史思想最後都要落到制度：文學的制度，教育的制度。我對具體的人感興趣，人的特定制度下的生活狀態、感覺。人文和社會科學不一樣，社會科學不考慮個體的人，他們關注數字，比如一百萬。而我們覺得一個人也是人，跟一百萬一樣重要，有時候這種關注點只是直覺和本能，凡是忽略個體的人、個體的生命的東西，你會自然的懷疑。

我的研究面很寬，但知道控制，比如《中國現代學術之建立》，講到具體的思想，我沒有哲學方面的學術訓練，所以不關注他們講什麼，只關注怎麼講。做教育只關注教育中的人和制度，不會做到具體的教育資本、教育經濟之類的問題，不會做到自己力所不能及的地步。

另外一個，研究很廣，但有核心。好像動來動去，其實萬變不離其宗，關鍵還是晚清民國這段時間，是我有力最多的地方。一個人研究什麼東西，跟個人能力有關，但說到底，人文學科的研究是跟個人性格、才情、趣味聯繫在一起的，我的有些研究背後，其實潛藏著個人的人生經歷、心事，只是我不願意說。我的每本書背後都有人生的體會在裏面，比如我研究武俠，是一九八九年後有人生的苦悶，於是讀武俠小說解悶。

我反對學術越界說話、借題發揮，像康有為寫《孔子改制考》，借學術寫政論。但也不要把學術作成純粹的技術活。在選題和思考的時候，背後要有東西，做學問要有壓在紙背的生命之感。沒有這一點，一個課題你能做別人也要能做，今天能做明天也能做。就沒意思了。別人常說，老錢和我代表兩個路線，其實不是，我們是一樣的，只不過老錢把感慨放在紙上，我把感慨壓在紙背。因為我們的學術訓練、我們的性格不一樣，角色也不同，他是老教授，我是年輕學者，老錢激情，我會比較冷靜，學生說我是冷幽默。

身份三：陳勝的後代

人生伴侶嘛，不好說，撞到哪一個就是哪一個了唄。嘿嘿。

曉虹是北京人，她讀的景山學校是試驗性質的，十年一貫制。她讀到八年級，就到吉林插隊去了。——她的年齡啊，那要保密。女士的出生年份不能說的，你不知道嗎？——哈，你知道她比我大一歲還說什麼？——曉虹上山下鄉到一九七五、一九七六年回來，歇了一陣，還工作過，幹的是「領袖的工作」，就是在皮毛廠做衣領和袖子。一九七七年她考上北京大學，就一直讀下來了。她碩士畢業時，中國還沒有博士。留校工作以後再讀學位，她就不願意了，所以一直是碩士。

我在中山（大學）就認識她，她和黃子平是同學。不，不是黃子平介紹的，我的性格不用別人介紹認識。

我們在一起會聊一些好玩的問題，比如謝泳寫文章說，他發現很多現在很儒雅的人，以前都很激進。後來他想明白了，一代一代政治運動中，最聰明的都被劃除了，留下來的都是有一點聰明、但不極端聰明，有點激情、但不特別激烈的。還有個學者研究說，中國人現在越來越馴服了，是因為以前造反的都誅滅九族，有反骨的基因都被消滅的，留下的都是馴服的良民。我說這個不錯，可以從生物學角度研究中國政治思想史，歸到基因問題了。

曉虹隨母姓夏，因為中國有一段講男女平等，他們家的孩子，老大、老三跟爸姓，逢雙的隨媽。曉虹是老二。她爸爸姓劉，以前在《人民文學》工作，她就說她是劉邦的後代，我說是的，你們修家譜，說祖宗是劉邦，然後點點點，省略號，就到了明代後期。她老是有這種驕傲，說，她們劉家的人多，劉邦、劉備、劉勰，再次一點，還有劉少奇，也比我們陳家的陳友貴好啊。我就說，我們家祖上是陳勝，打了天下給你們家了。

我們的專業和學術趣味比較接近，別人開玩笑說，我們一本書一個人讀就行了，一個人讀書兩個人用。我說沒那麼回事。不過我看了什麼書，覺得某個材料可能對她有用，會告訴她，她的文章我會看，我的文章她也看，會討論。我們做的都是晚清民國。但她上本科的課是宋元明清，偏於古代，偏於文體，我偏現代。我做教育、畫報，她不做。她做女性，我一般不做——只寫過一篇，是為了陪她去開會，兩個人一起去玩，在休士頓開女性的研究會，我那時正在做畫報研究，那篇文章還寫得挺好的，清北京畫報中的女學，從圖像史角度講女性。今年四月他們還開會，在海德堡，我就不去了，海德堡去得太多了。別的好玩的地方，我還會去玩。

我們在同一個單位，比如評個什麼東西，評上我她肯定會往後排，是有這個問題。在國外，大家都知道這一點，所以很注意，知道不能把她變成陳夫人。一般都把我們作為兩個獨立的個體，各自邀請。不過也出過問題，二〇〇五年秋天哈佛講學，本來說好兩個人都邀請，可具體操辦的人搞錯了，把她弄成了家屬的簽證，曉虹就很不高興，說要提前回來，不幹了。本來她也有課，時間短一點。後來他們就重新請她一次。其實偶爾當家屬也沒關係，有幾年她已經是北大老師，我還是博士生。老讓我跟在她後面當家屬，我也沒覺得怎麼不好啊是吧，嘿嘿。

其實她不計較這些。好玩的地方不叫上她一起去，她才會真的生氣，這個她是真在意，但別的不在乎。她不是那種競爭意識特別強的，拼命做學問、爭強好勝。不是的，她更講性情和趣味。她的第一本小說是我寫的序，我說她的性格是能坐著絕不站著，能躺著絕不坐著。怎麼舒服怎麼來。她書房裏掛一副對聯：掬水月在手，弄花香滿衣，差不多就是她做學問的態度，興之所至，順帶捎帶的。到現在，她還搞不清楚我們的國家主席和政協主席是誰，分不清兩個主席。

我們都喜歡旅遊，順便做學術演講。教兩個月的專業課，或作一個月的研究。這樣掙錢都不多，如果出國講漢學、教漢語掙錢很多，做研究生活就清苦。但我一般不願意在國外待太久。最快樂的是旅遊。老錢（錢理群）說別的不羨慕我們，就羨慕我們去了以色列，我們倆去辦手續的時候，工作人員說，北大只有校長去過那裏。

曉虹很少參加國內的學術會議，因為大多數地方都去過了，這兩年國外的走的比較多。我總嘲笑她的《晚清女性與近代中國》，因為她在後記裏寫，哪一章是哪個會議的，哪一章是哪個會議的，都是國外的會議，國內的很少。她每一回都按照會議內容，跟她做的東西靠近，差不多的交篇論文，為的是出去好玩。她做婦女（研究）是近代中國研究的一部分，只是做歷史，不作思想。她不是搞女權主義，不過剛好撞到了，反倒影響比較大。

她還有一個愛好是收藏，我總說，她退休以後可以寫一個「我的收藏」系列文章。她的藏品都是不入流的，就是不值錢的，但她有興趣。收藏項目嘛，軍火不收藏，火車汽車不收藏，除此之外，別的都收藏。

我們沒有孩子，家裏事也不多，外面都傳說我做了很多家務事，其實還是她做的多，我做的少。我們家的長期矛盾之一是，我們的夏曉虹老師堅決拒絕用保姆。她們那代人受共產主義的教育，平等觀念很強，覺得不能指揮別人幹活，不能用錢收買人家的勞動，奴役別人。我們家現在請小時工，一個星期來搞一次衛生，這是我長期奮鬥和爭取的結果。

王曉明——說了，總會好一些

個人簡歷

一九五五年生於上海。一九七七年考入華東師範大學中文系，一九七九年轉讀現代文學專業研究生，一九八二年獲碩士學位後留校任教。現為上海大學和華東師範大學教授。

主要譯著

《無法直面的人生——魯迅傳》、《潛流與漩渦——論二十世紀中國小說家的創作心理障礙》、《追問錄》、《所羅門的瓶子》、《刺叢裏的求索》、《半張臉的神話》、《沙汀艾蕪的小說世界》、《思想與文學之間》、《太陽消失以後》等。

訪談手記

藉著「中國文化論壇」「群賢畢至，少長咸集」的機會，我在「有崇山峻嶺、茂林修竹」的臥佛寺碧雲山莊裏逮到了王曉明。可採訪完後，我卻頗有點迷茫，因為這個人太雜糅，需要更多的時間消化品味。

他的頭髮一半黑一半白，他眼睛笑的時候臉上沒表情，他用平和的語調說意思很激烈的話。他坐在那裏，腰板挺直、手勢很少，方方正正像一塊磚。回答問題乾脆果斷，吐出的每一字，也都像磚，一塊一塊就能拼成牆，嚴絲合縫。但他的語氣和神情又溫綿親和，洩露出一絲上海男人的可愛。

總的來說，王曉明是一個鐵皮暖水瓶。他似乎不苟言笑，面部神經麻痹，但一旦笑起來，生動靈活、憨態可掬；他對世界做著非常理性和嚴肅的思考，落筆成章卻有極好的文采，有很多形容詞卻很少專業術語名詞，他寫的關於房地產分析的系列文章，是我這一年當中讀到的最精巧和別致的文字之一；他像古板的老學究那樣觀察和說話，卻像張揚生命激情的藝術家一樣活著……

其實，他有他的人情達練和世事洞明，不必說他配合拍照時的周到和細密。單一個具體而微的例子：他會慮及如何稱呼單名女性的問題，直呼其名太過生硬，他像魯迅一樣，在全名後面加一個「兄」字，不生分，也不冒昧。這樣的分寸拿捏，就像他做學問一樣，太熱了，媚俗，太冷了，拒世。他堪堪兒在中間，熱心腸冷眼看世界，冷面人做熱學問，其中分寸，恰到好處。

文章最初的題目是「風雨如晦熱中腸」，編輯批評道，你把時代說成什麼了？改成「知我者謂我心憂」，王曉明看了不滿意，改成了現在這個名字，再樸實不過了，但細細咂摸，其實有知識分子不露聲色的傲岸在其中。這其中的謙虛和驕傲，又是一對矛盾。

狗崽子：覯閔既多，受侮不少

我人生的第一件大事，是十一歲碰到「文革」。我出生在一個文學家庭，母親是學俄文的，翻譯過俄羅斯文學。父親王西彥，是作家。一九六六年六月，上海市長在萬人大會上宣佈上海文藝界第一批「黑幫」名單，一共八個，戲曲、繪畫、音樂，每個領域一個，其中文學界就是父親。父親其實沒什麼職務，就是資歷比較老，是延安過去的作家。我也就在「文革」一開始成了「狗崽子」，一開始就被革命排斥。

小孩子本來什麼都不懂，我卻清楚地記得，那天早上，我小學四年級，進教室不久，就有小學高年級的學生，他們已經有一點政治意識，聽了廣播，那天的報紙上也登了我父親的名字，他們就拿著掃把衝進教室，把我一頓暴打，我哭著回到家，上海作家協會的「革命」幹部已經坐在書房裏了。雖然關著門，但聽得見他們的大聲呵斥，父親聲音很低，大概是在檢討。我問我媽父親是不是黑幫。在這個之前，批判三家村時，我已經知道什麼是黑幫。媽媽說，是的。

事情都發生在同一天。我一直都記得。這是我第一次意識到，「文革」不但發生在報紙上，也進了我家裏。

後來造反派來我家抄家，在屋裏鬥我父親。都發生過。父母親和我在文革初期都挨打，但不是很厲害，都還活著，也沒有被打成殘廢，跟大多數受衝擊的人遭遇差不多。為什麼那時候那麼多人突然這麼野蠻，打人成風？我自己可以解釋的一點是，社會生活，人和人之間難免產生惡意，原因很多，就拿我小學那個班級來說，四五十個同學，大約一半是來自工人、菜場營業員、自行車修理鋪主等等的家庭，他們膽子大、會打架、不怎麼守紀律，功課往往不好，令老師頭疼。富裕家庭的子弟則相對溫和、懦弱，功課好，老師就有些偏向。這難免會讓那些淘氣的、出身貧窮家庭的孩子心裏不快，家庭好的孩子生活也優越些，這讓有的孩子心裏……也不算仇恨，但感覺不舒服。在秩序正常的情況下，這種不快可能只表現為孩子之間的惡作劇或不友好，但文革給他們提供了一種正當性，他們可以堂而皇之地把內心的不滿發洩出來，而且可以放縱，可以打人，可以毀滅那些讓他們不快的東西，享受這個發洩、毀滅的快感：一般的少年人，哪裏經得住這樣的誘惑？

當然，打人也有主動帶頭、積極打的，和被動跟隨之分。那時候不是所有人都有資格打人的，能打人，很光榮，是一種身份的表現，也是一種政治態度的表現。那時的觀念是不打不進步，別人打，你不打，不但說明你不勇敢，更說明你不革命。所以，「文革」初期，打人的人比被打的人多。現在出來說話的，只有被打的人。

工人：終窶且貧，莫知我艱

父親被打成「黑幫」，一個最直接的後果，是生活的艱難。母親一直是自由職業者，在六〇年代初中蘇關係惡化時，她就不能搞俄國文學翻譯了，因為沒法出版。父親的存款被凍結，工資削減到只發基本生活費，僅夠生存。家裏的東西都封了，大部分衣物都被封在櫃子裏，不能動。情況最壞的時候，窮到沒有錢買菜，就用豬油和醬油拌飯吃。我又正是長身體的時候，餓得慌。

那時的中學學制四年，其實第四年不上課，斷斷續續在郊區勞動了一年多。一九七二年中學畢業，我因為是獨子，不要上山下鄉，就進了北京西路上的一家工廠。我一共當了五年多工人，十七歲半進工廠，二十三歲進華東師大。

對文革，這些年我有一個重新認識的過程。（上世紀）七〇年代以前，想法比較簡單，只是單純的否定政治人物的個人品性和理論，由此否定整個運動。現在有點不同了，開始在爭權奪利、黨內鬥爭、宮廷政變等等之外，試著去理解當時的各種社會矛盾，從這些矛盾的糾葛和爆發去理解「文革」，是當時各種社會矛盾總的大爆發，是人性醜惡的大爆發。

對於我來說，如果沒有「文革」期間的那些感受和記憶，我後來的文學研究，對社會的理解，都會完全不同。如果沒有在工廠和郊區六年多的經歷，我現在談論社會底層和弱勢群體、民眾的苦難時，大概也就不會這麼激動，因為有切身的感受。經過了文革，再面對有些問題，我談這些問題就不再僅僅是學理上的討論了。

我在工廠表現很積極，還參加了共青團，但父親的問題直到一九七七年才解決，拖了十一年。在這之前，政審材料是一直跟著你的。雖然被劃作「人民內部矛盾」，但畢竟不「清白」，像一口大黑鍋始終扣在頭上，被人家另眼相看。所以我屬於那種非常積極努力往上走，但總也走不上去的人。政治上始終沒出頭之日。

那時候和現在不一樣，價值比較多元化，青年工人的人生理想不那麼單一，大家可以有不同的選擇。有的人政治上、思想上要求上進，要入黨入團——我有一個時候即是如此，但老也入不了。——由此走仕途，當幹部；有的人則選擇當所謂「二流子」，就是工作上能偷懶就偷懶，但平時盡可能穿得時髦、漂亮，頭上抹油，人緣好，會玩，能討女孩子喜歡。我的理想是當個有技術的工人，不是技術人員，我是沒資格當技術人員的，就是有技術的工人，像我師傅那樣，他是八級鉗工。當時有個說法，叫「偉大的鉗工」。鉗工在所有工種當中是技術性最強的，在產業工人當中很了不起的，八級鉗工的工資比一般小工廠的廠長工資還高。我們的工資是每月三十六塊，我師傅有八十多塊錢。

為此我還特意去讀了半年機床車床的培訓。就勞動態度來說，我算一個好工人。我不是特別聰明的人，手笨，學什麼都不快，但我靠花的時間多，不偷懶、肯下死力氣，所以到最後，技術上比同時進廠的人要好一點。到現在，我還有動手的習慣，碰到下水管堵了之類，我還會習慣性地拿出工具來自己修，雖然實際上往往修不好，最後還是打電話，多年不幹了嘛，但習慣還在。而我的孩子就會直接拿起電話撥維修號碼。

在工廠時，我沒有想到過將來還有讀大學的一天。我到現在，做了這麼多年讀書人了，字還寫得非常難看，父親就總說我的字寫得難看，就是因為當時完全放棄了讀書這條路。

不過在工廠裏，我也並非完全不看書，還是有些學習的。可能是因為在上海吧，是「四人幫」控制比較嚴密的地方，一般工人都貫徹政治學習的要求，上面一個新文件精神下來，馬上就要組織工人跟進學習，貫徹很有力，工人有大量的政治學習，特別是青年工人。比方說，批杜林了，就要接觸一些杜林的思想介紹。一九七四年「評法批儒」，我們就被組織起來讀《韓非子》、學商鞅變法。我這方面的學習是很積極的，要求進步嘛，再說我畢竟中學畢業，算是有一點文化，普通話也比較標準，廠裏也重視，平時車間裏讀報之類，都是我的活，所以一直還是看些書報的，也有些理論方面的學習，並非完全只捏銼刀。

還有一點，我家還是有些書的，雖然「文革」一開始就被封了，但還在家裏，到了「文革」後期，沒人管了，七八年過去了，封條也乾了，就可以偷偷揭下封條，拿些書出來看。家裏的書主要是文學類的，算是文學教育。記得那幾年，星期天只要不義務勞動，我就在家裏「偷」那些自家書櫥裏的書看。

要說我受到的最早的文學教育，那是一九六六年「文革」剛開始的時候，父親在單位的「牛棚」裏，母親和我這樣的黑幫，平時都縮在家裏不敢出門，出門隨時可能被認出來是「牛鬼蛇神」的家屬而挨打。到了晚上，我家就把窗簾放下來，假裝家裏沒人，燈也不開。因為燈亮著表示家裏有人，只要家裏有人，任何人都可以隨便破門而入，批鬥、搶東西。黑燈瞎火中，母親就低聲、偷偷地給我講些故事，消磨時間。她憑記憶講長篇小說的故事，雨果的《九三年》和《笑面人》，就是這樣知道的。在那種時候聽的，記得特別牢。

大學生：日之方中，在前上處

終於可以考大學了。我是一九七七年冬天考試，一九七八年初春入的學，到華東師大中文系讀本科。能考上不說明我厲害，那時候考題多簡單呀，數學的第一道題，是加減乘除，四則混合運算，嘿嘿。另外，當時工友當中，有好些「老三屆」的，比我基礎好得多，都沒有參加考試。因為當時大學畢業是全國分配，不知道會分到哪裏去。廠裏的年輕工人都是上海人，不願意離開上海，所以不去考。我呢，畢竟還是一個讀書家庭出來的，不管怎麼說，只要有機會還是要讀書的。

讀書當然是很好的。那時候，整個社會都充滿希望，好像舊時代終於結束了，新時代開始了，我們年輕人正好趕上了，要推動社會新的發展和前進，學生、老師的精神狀態和現在完全不同。那是一個光輝的時代、精神振奮的時代。

那時大學裏還有些教授，我說的是那一批所謂「從舊社會過來的」老教授，是真正繼承了學術傳統、有學問的，那是很了不得的。那時他們還不太老，還能上課，能聽到他們的課，是能接上學術傳承的。記得施蟄存先生，七十五歲了，給我們講《論語》，完全不需要講義，手裏只拿一張香煙殼子，記幾個要點，旁徵博引，我們佩服得不得了。

七七級的學生，一般思想都很活躍，敢說話，衝勁很大。比如政治課，規定了老師必須按教材要求講。只要報紙還沒公佈，鄧小平沒出來，劉少奇、彭德懷還沒平反，就必須按老的調子那麼講。但整個社會已經形成了共識，許多學生就對政治課的說法群起而攻之，課堂上有非常激烈的爭論，有個女老師都被學生說哭了，她其實是委屈，她的觀點其實和學生是一樣的，但是課堂上不能不那樣說。

另一方面，當時大學裏的中層幹部，大多是「文革」中培養出來的，他們對新時代就很抵觸。於是，華師大新來的黨委書記——他當時是銳意改革的，就要七七級的每個班派一個學生代表，每個月和各個處的處長一起，開一次會，學生代表當面提意見、提要求，校長馬上拍板，責令各個處長解決。當時就是這樣一種氣氛。

從一九二〇年代開始，中國的大學就形成了兩個系統，一個是學術系統，一個是政府的行政系統。這兩個系統在國民黨時代就有矛盾，有時還很尖銳，國民黨要用行政系統控制大學，要求學術系統服從行政系統，規定必須上黨義課啊，講三民主義啊，派駐教官啊，驅逐共產黨員啊，等等。但教授們多半討厭這一套，不合作。

一九五〇年代以後，以「紅」壓「專」，到處拔「白旗」，搞得越來越厲害。但到了一九八〇年代初，情況有所改變了，「紅」成了問題，「專」則好像不大受行政系統的干預。評職稱的標準當然還是混亂，但一般年輕教師不大管這一套。我一九八二年畢業留校任教，學術上的自我評價就看兩條：一，上課學生是不是歡迎，二，寫了文章老教授怎麼看。這兩方面受到肯定了，就自我感覺良好。至於文章能不能發，能不能當教授，那是不怎麼在意的。那時的學術標準，至少在一定程度上，是由學術系統自己評定的，是由那批最好的學者來體現的。

這個關係到了七〇年代末、八〇年代初有所反彈，行政系統有些後退，學術系統高揚。我一九八二年碩士畢業留校，自我評價就看兩條：學生的反映，和老教授的評價。這兩方面肯定我了，就好了。至於文章能不能發，能不能當教授，完全不在意的。學術系統的標準是由學術權威、由最好的學者來指引的。

到了一九九〇年代中期，情況又變了。一九六〇年代是突出政治、貶低學術，打壓擠占學術空間。現在卻是政府直接抓學術。很快就形成了一個新的學術評價體系，由行政系統直接管理，拿專案、發論文、評等級、評獎……這些最後都體現到每一個教師的收入上。這樣一套運作系統，培養出了一種新的「學術人」，他們能很快適應這個系統，非常能幹，善於按「課題指南」編制專案、申請經費，在規定的時間內把錢花掉、把稿子交出來，然後出版、評獎、當教授、當博導，然後再拿這些去申請更多的錢……至於文章有沒有意思、有沒有價值，自己是不是用心，那是不管的，也沒有時間管。在這一套運作裏面，學術越來越少，有的甚至完全沒有學術。應該說，非常適應這個系統的，並不是最好的學者。在這種情況下，也就很難有學術操守。一個學者，一個學科，在學術上好不好，似乎就看你運作得好不好。這樣用官僚體制來評價學術的體制再延續十年，恐怕年青的學者就不知道什麼是學術了。

現在大學裏的學術體系，跟政治官僚體系合一，而大學裏，校長和教授本來應該是兩種人，各司其職。可現在呢，官員當博導，學者去當官。大學越來越壞，沒有學術，是官僚化的天下。大學官僚化，衙門和公司合二為一，這正是中國官僚的特點。根據不同的需要，有時候是衙門，有時候又是公司，兩張面孔隨時切換。

我們二十年來的發展變化，其實真正厲害的一面還沒有顯現出來。如果一個社會裏，政治精英、知識精英、經濟精英，三者合一，這個社會一定固若金湯，牢不可破，被統治階級再怎麼折騰都沒有用，內力完全沒法動搖，外力來是另外一回事。這是最可怕的情況。以前的革命之所以能夠成功，是因為這三種精英是不同的，知識精英可能反對政治精英，政治精英與經濟精英也有矛盾，會互相抵觸。而現在的大學改革下來，非常成功的把大學教授改變成了統治階級的一部分。教授們別看個個慷慨激昂的，與上頭結合緊密著呢。

其實中國今天的社會，非常需要真正的馬克思主義。要知道，被壓迫階級的批判思想總是落後於壓迫的結構變化。現在的專制總是在過去專制的基礎上發展起來的，而我們今天，始終沒有發展出真正有力量的批判。這個工作是現在知識分子必須要做的。如果真正的知識階級出來，「三合一」的情況會有變化，才有希望。

學者：凡民有喪，匍匐救之

這兩年，我一直在做上海房地產市場和廣告的分析和研究。因為我感覺很奇怪，現在的年輕人為什麼那麼保守？保守與否根本只看一點：是否相信個人能夠改變世界、通過努力可以改變現實。年輕人，血氣方剛，應該張揚自我，相信自己，為什麼現在剛出生的牛犢就怕老虎，都一個個習慣性地委屈自己來適應社會？

如果是以前，我會從思想觀念上去分析，但現在，我覺得可能更重要的不是你怎麼想，而是你怎麼生活，不是抽象的觀念，而是具體的生活方式：你怎麼讀書、怎麼求職、怎麼消費、怎麼居住⋯⋯。在城市裏，怎麼居住可能是最重要的。房地產廣告說：住宅改變社會、改變中國，真是沒錯。一方面房價飛漲，另一方面住房成了最大的象徵：不僅是房子，更是生活本身，住房與富裕、成功、地位、優雅、高貴、獨立、國際品味等同起來。公寓和別墅，不僅是不同面積的住房，還是不同的生活方式。這樣的一個社會，的確會讓人覺得現實很強大、自己很渺小。從讀小學起，孩子們就逐漸習慣了放棄個人愛好，去適應父母、老師的要求，成人以後，哪裏還會相信什麼獨立自我、改變社會？那是幼稚病。這個時代，推動人嚮往具體的物質享受，輕蔑抽象的價值：看這雜誌彩頁，哇，多漂亮的項鏈！至於平等、詩意、社會主義⋯⋯統統是忽悠人的！

房地產影響到社會，還形成一種新的空間等級制，強調「室內」對於「室外」的優先地位。誰也不敢相信陌生人，只有鎖上家門才覺得安全。這刺激人們緊盯住自己眼前的利益，對別的事情越來越喪失興趣，山西礦難？這種事每天都有，真慘，別去想它了；巴勒斯坦打仗？跟我有什麼關係！

我在上海半個多世紀了，眼看著這個城市的空間一步步變化，原來的工業空間、公共政治空間、私人閒話聊天的社區空間迅速縮小、消失，而新的商業空間、政府和國有壟斷機構的辦公空間、住宅空間飛速膨脹。住房當然也是商品，但是要知道，它還是生活必需品。人可以不炒股不投資，但必須有地方住。而上海的房地產業從無到有，很快就完成了市場轉型，這個在全世界都是奇怪的現象，不可想像的。如果住宅房地產市場變得跟股票市場一樣，完全成為投資性市場，那是非常荒唐的，也是不可接受的。住房、醫療、教育，這些都是不能完全商品化、甚至不能主要成為商品化的，現在卻成了民眾新的三座大山。就像俗話說的，教育把人逼瘋，住房把錢袋套空，醫療提前送終。

我有時亂想，當房地產市場剛剛起步、房價還沒有飛漲、各種可能性都在的時候，研究者如果能夠迅速介入和跟進、有針對性地及時發言，本來應該是可以發出強大的聲音的，因為所有的消費者都會支援你。如果有了這個聲音，房地產市場的走向也許就會不一樣，不至於弄得現在這樣進退兩難。可是，人文社會學界沒有這樣做，有點近似於集體沉默，這是知識分子的失職。像我這樣現在來做，已經太遲了，市場已經變成這樣了，我充其量能做的，只是分析它如何變成了這樣。

從這個事情推想開去，現在很多社會的問題非常尖銳，知識分子還是應該說、也可以說的。說了，總會好一點。這是知識界應該做的工作。今天這個時代，其實是文化決定的時代。

一個社會的文化狀況這麼樣，從根本上決定了這個社會的發展狀況。人類社會最早的時候，是誰胳膊粗、力氣大，誰就能支配社會，後來是誰有錢誰能支配；現在則是誰腦子好、文化發達，誰就能支配天下。從這個角度來說，知識分子能不能發揮好自己的作用，是至關重要的。這也是知識分子的力量所在。讀書人，打架打不過人家，沒錢、沒權也沒勢，但你有腦子，可以有思想，可以影響文化，而思想和文化可以影響社會的發展，這個影響是無形的，沒辦法估量它的大和小。

學生常問我，你說的都對，可是光說沒用啊。不對，作用其實是有的。以晚清為例，章太炎曾經分析過，說社會的崩潰有幾種方式，一種是瓦解，分成幾塊，一種是魚爛，不可收拾。可事實上，清朝滅亡，中國既沒瓦解更沒魚爛，而是迅速統一成一個中華民國。袁世凱要復辟稱帝，立馬就垮臺，因為「共和」已經成了社會公認的價值符號。可是，現代的「共和」觀念在中國古代是沒有的，從來沒有，僅僅是三十來年的時間裏，由兩代文化人著書立說、四處宣傳，這樣確立的。一旦確立，就有這麼大的力量。所以，不要小看了思想的力量、文化觀念的力量，它可以很長久，也可以很強大。孔子當年多潦倒啊，但他留下幾句話、一本書，影響幾千年。所以，知識分子不要太考慮自己的努力有沒有用，要想你有沒有做到你最好的——你幹得好，肯定有用的，關鍵是你是不是幹得好。

我一直是個讀書人，但從一開始就不僅僅是要做學術研究，而是想通過研究現代文學來批判社會中的黑暗，影響和促進社會的發展。這也是最能給我成就感的。

我現在的研究工作分兩個方面，在上海大學主要做文化研究，分析中國的「改革主義」，看中國新的社會主流意識形態的運作方式，比如房地產市場，就是它的一個重要的發生和傳播機器，改變著人的觀念。在華東師大，我仍做中國現代文學的研究，當然，這個「現代」是個大的概念，在時間上一致延續到現在。在我看來，這兩方面的工作其實是統一的，互相聯繫，也可以互相支持——如果我做得好。它們都是在尋求中國和人類未來的發展。

我越來越傾向於肯定，如果把最大限度地滿足個人利益作為社會發展的主要動力，當做社會的正當性的主要內容，無論社會還是個人，都以實現「財富最大化」為第一目標，而且這個財富首先被理解為錢財，那麼，這樣的現代化就一定是一種錯誤的方向，對人類來說，其弊遠遠大於利。

把物質化的「財富」成為最主要的價值觀念，所有的社會生活和組織按照這個原則運作，一味強調市場就是最好的。這太簡單。資本主義可以最快的做到社會財富最大化，因為越是按照工具理性安排生活，越快獲得財富。但我們需要重新理解「財富」的含義，因為人絕不僅僅是庸俗經濟學所理解的那種只知道以工具理性追逐利益的「經濟人」。

人類應該可以創造出多種多樣的新的社會模式，它們既與如今通行的社會法則不一樣，又能夠在這個資本主義全球化的世界格局裏生存、、而且具有競爭力。簡單的想法是，往前走，變成美國就可以了，或者往後走，變回去，恢復儒家的三綱五常，都是不可以的。我們要找到一個全新的社會模式，人類要什麼樣的未來？什麼樣全新的現代化？這是需要極大的想像力和創造力的事情。

這樣的想像和創造，是需要條件的。全世界有很多地方的知識分子，並不具備這樣想像的可能和充分條件。我這樣說，政治上可能不正確，但我想這是事實。而中國是全世界不多的幾個有此條件的國家之一：中國有悠久的文明，是世界上唯一沒有根本斷過的歷史悠久的文明；還有現代文化的傳統，從康有為、梁啟超那一代人開始，到五四胡適、魯迅那一代，再往後，幾代人都在探索中國往哪裏去，當然必須現代化，與西方接軌，但這現代化只是途徑，是手段，這些文化人並不認同這樣弱肉強食的世界秩序，他們的真正目的是超越，是創造比現代西洋更好的世界！有這麼一個現代思想和文化的傳統，是今天的知識分子極大的優勢和榮幸。

中國的古代傳統和現代傳統，都是今天知識分子非常寶貴的精神資源，我們要充分意識到這一點，知道我們手裏有什麼資源，更知道我們要用這些資源幹什麼。

劉小楓——天不喪斯文

個人簡歷

一九五六年生，四川重慶人。一九八二年獲四川外語學院文學士學位，一九八五年獲北京大學哲學碩士學位，隨後入深圳大學中文系任教，一九八九年入瑞士巴塞爾大學，獲神學博士學位。一九九三年起，任香港中文大學中國文化研究所研究員，北京大學比較文化研究所兼任教授。現任中國人民大學中文系客座教授，香港漢語基督教文化研究所學術總監，香港中文大學中國文化研究所榮譽研究員。主要研究領域：美學、神學、政治哲學。

主要著作

《詩化哲學》，《拯救與逍遙》，《這一代人的怕與愛》，《走向十字架的真》，《個體信仰與文化理論》，《現代性社會理論緒論》，《沉重的肉身》，《儒家革命精神源流考》，《聖靈降臨的敘事》，《刺蝟的溫順》，《現代人及其敵人》，《揀盡寒枝》等。

訪談手記

聯繫採訪劉小楓費了很多周折。大概是聯繫接頭的中間人傳話環節有了出入，他明明已經答應接受採訪了，一聽說是「人物專訪」，立刻打退堂鼓，說他以為是僅談《經典與解釋》叢書，人物專訪就一定免了，實在沒有健康談這些，眼睛也得省著用。又道，「我不是『人物』，也不願做『人物』、甚至討厭『人物』——你一定要救我，而非把我老人家往火坑裏推啊……救命！」末了還假裝通情達理地加一句：「你一定要體諒我哦！」

我只好跟他再商量，e-mail一來一回地磨嘴皮子。好在這個老頑童言辭有趣，也不覺得憋悶。最後，他圖窮匕見，提出接受採訪的條件，「採訪以叢書為中心，完成後不要去找材料配『人物』性質的東西，尤其不要照片——咱這個樣子哪裏讓人看得……。同意的話，就發來提綱（問題），我書面回答，如何？」看看，後面這個商量性質的「如何？」問得何其虛偽！我心下裏自然惱火，他的話我能同意的只有一點，就是他的臉並沒有太多審美價值。不過人物專訪配照片，原本就不是為了審美。

妥協的屈辱條約還是簽訂了。耽誤了一陣日子，我才把問題發過去，他來信大叫屈：「還以為陳潔已經被『氣』走啦，正竊喜，竟然就來十一問，最後一問還有一到三，整死人啊」。

抱怨歸抱怨，他很快就整理了一萬多字出來。連我的問題都被他加工、修改、調整，以求跟他的自我表述貫通，「採訪稿」成了柏拉圖式的對話體。想到他的眼睛已很不好，日日守在電腦前，實在是很傷自己的，短時間內一字字敲出長稿來，我頗感動。

劉小楓顯然是一個非常不信任媒體的人，他親口說的：「現在的媒體多可怕呀」，所以他不說，只寫。必須親自確定發表出來的每一個字。寫完了，還不忙發給我，擔心「洩漏」，要問清楚用稿情況。他大概不好意思直接對記者耍大牌，跟我還客氣地稱「你看看」「你斟酌」，轉臉再通過中間人提要求：一萬多字的稿子，用兩個版，一次刊出，一字不改。

文章後來在《南方週末》發了一個版，不完全是他的心願，也完全不是我的心願。

世界原本就是如此不圓滿的。

但不管怎麼說，學人的意願是要謹奉的，所以這次結集，我同樣沒有違逆他的心願——這本是他的作品。我忘不了他對媒體的警惕，恰如我自己對媒體同樣保持著高度的警惕。

翻譯恰若手搓被

說起「翻譯」，就要從我自己的讀書經歷說起。八〇年代我在大學念書時，學習條件非常艱苦，尤其是很難找到相關研究文獻。一九八二年進北大後，我做的是現代德國美學，就跟搞現代外國哲學的同學混，對海德格爾入迷。

海德格爾的書不是一般的不好懂，道理明白不了，許多語詞也把握不了，不知道如何譯，怎麼做論文？一天，我在哲學系資料室突然發現，六〇年代的《哲學譯叢》上有些翻譯過來的研究海德格爾的文章，「資產階級學者」寫的，也有「無產階級學者」即蘇聯學者寫的，都大有幫助。文革前的《哲學譯叢》是被掃進資料室搞資料的老一輩學者主持編譯的，他們大多畢業於四、五〇年代，好些在國外留過學，選題頗有眼光，翻譯大多也精彩。當時找不到人可以請教，也沒有國人的學術著作可以參考，這些譯文成了我真正的老師，領我進入海德格爾的語詞世界——我當時就發了個願：今後自己也要注重翻譯研究文獻，為後來的讀書人積累。

所以，我在念碩士研究生二年級時就開始組織翻譯：第一本組譯的譯文集是介紹人本心理學的（《人的價值和潛能》，北京華夏版，一九八五年），沒有資助、沒有科研經費，全憑一股子青春熱情，連複印原文都是我這個窮學生自己掏錢——看看主編林方先生寫的前言，就知道組譯情況了。

組譯的第二本譯文集是受當時的北大中文系教授胡經之先生委託，選編、組譯西方文論的現代卷部分（《西方文藝理論名著選編》下卷，北大，一九八五年）——後來成了教材，不斷重印，新選譯的三十萬字的選題、組譯，都由我一個人操辦。

別人以為我和甘陽是老同學，其實我跟他不一個專業，也不在同一個系，他在的外哲所是北大校級單位——那個時候，搞外哲的牛得很呵，我們一聽說誰是「搞外哲的」，就好像他是

「七十四師」的。在搞外哲的眼裏，學美學的連雜牌軍都算不上。甘陽後來把我拉進「編委會」，不過因為他眼尖，看出我有自找苦吃的毛病，於是充分「利用」……

我愛自找苦吃，天性如此，加上母親從小嚴格管教——剛滿十二歲那天，就要我去洗大被子，說是到了勞動升級的年齡，因為父親十二歲就離家進民族資本家的工廠當童工……

那個時候，沒洗衣機也沒洗衣粉，得一點兒一點兒抹上肥皂用手搓呵搓……如今想起來就苦哦。剛開始抹肥皂時，覺得好絕望……何時才是盡頭！只好不去想盡頭，埋頭搓就是……於是養成了只管埋頭幹活的習慣。家裏的被子其實仍然是母親和姐姐洗，強制我洗幾次，不過為了磨練我的耐性。果然，上高中時，一次班主任派我們四個男同學去把教室的所有玻璃窗擦乾淨，其中有兩位是年級幹部，還有一個是紅衛兵連長什麼的；兩個小時後老師突然來檢查，發現只有我一個人在那裏擦啊擦……其他的都溜了。第二天老師在全班早讀時表揚我，我聽了很不好意思，因為我習慣了傻乎乎埋頭做事情而已——如今有人表揚我做了些事情，我也不好意思……命該如此罷了。

做翻譯的都會認為自己是在譯重要得不行的東西。本科三年級時，我迷上心理分析學，後來組譯「人本心理學文集」就是這種興趣的結果，當時認為最重要：心理問題解決了，一切問題就都解決了。接下來組譯西方現代文論，是接受的任務，所以選了些其實根本就不是文藝理論的東西。

碩士快畢業時，我開始組譯海德格爾的論詩文選和德國美學文選，當時認為這才最重要。「文化：中國與世界編委會」的翻譯計畫，甘陽是設計師，我補了點兒現當代神學方面的選題而已——當時認為這最重要。可見，對什麼是真正值得翻譯過來的東西，我一直在摸索，觸覺在變化；有些東西即便現在對我不重要了，也算是一種學術積累，別人興許覺得有用——比如那部人本心理學文集或德國美學文選什麼的。

溯流而上到源頭

一直在摸索……摸索什麼呢？摸索西方學術的底蘊何在。為什麼要摸索西方學術的底蘊，而不是「棲居」在某「家」、某「派」或某個「專業」？因為，我感到晚清以來中國學人面臨的問題沒完……從神學進入西學，是一個門徑而已，但當時以為是全部根底。

八〇年代末，本來我有機會去芝加哥大學宗教學系讀博士，卻非去歐洲不可——西方學問嘛，除了在歐洲學，還能在哪裏學？當時留學有句名言：你寫一百零一封申請信就成功了。我給法國、德國、瑞士的大學發了第三十七封信時，巴塞爾大學神學系的秘書看上我，幫我找到獎學金……上帝通過她眷顧我上了巴塞爾大學。

到了那裏，我才慢慢感到自己「專業」沒選對——我選的是「系統神學」，相當於神學理論，而我發現，最能學到西學功夫的其實是「神學思想史」或者說「教義史」專業，於是只好自己在這方面多花些功夫，尤其早期希臘教父、中世紀經院派和十九世紀的新教神學。

最富刺激的還是古希臘語和古典拉丁語課程——尤其古希臘語，先強化學習了一年……用外語學外語很辛苦（每天三堂課，每週兩次測驗），又上文選課兩年，始終興趣盎然。讀到古希臘和古羅馬作品的原文，我才切實感到西方學問的根底究竟在哪裏——這裏就是羅陀斯……要說《經典與解釋》（黃皮書）的緣起，就是這個時候起的念頭：西方真正值得翻譯的東西得從頭做起，為此首先得編古希臘語和古典拉丁語教材。

快畢業時，香港中文大學的中國文化研究所找我去做事。那個時候，國內學界氣氛很悶，也許香港可以做點事情。但在中文大學這樣的體制單位，個人發揮的餘地不大，有個基督教中心也邀請我做事，可以發揮個人的想法，我就去了，人家是基督教中心，我提出的翻譯計畫當然是這方面的。但「歷代基督教思想學術文庫」的設計本身已經打破教派劃分，注重古代基督教經典，我取的名稱也表明注重思想史脈絡。一個教派性機構能夠接受這樣的設計，已經很不容易——當時的合作者很謙虛，放手讓我設計、開展。

翻譯西方傳統經典從翻譯基督教歷代經典起步，是機遇使然，要是當時有個希臘船王提供資助，興許搞的就是「古希臘學術文庫」了。五年後（一九九九年）設計第二個五年翻譯計畫時，我向古希臘羅馬經典方面推移，結果遇到抵觸：咱們是基督教中心，為什麼要翻譯西塞羅——畢竟，人家本來就不是純粹的學術性機構，我把它變得太學術，如今人家不幹了……我試著轉移到內地，碰上華夏出版社的陳希米，但不知道她是否真有熱情，就先搞了個「西方思想家：經典與解釋」系列試試。

在香港時，合作的人大多不清楚做學術究竟是為了什麼，做一件事得費力解釋半天，而且往往徒勞，累人得很。後來基金會換的新上司甚至覺得，搞「歷代基督教思想學術文庫」也不應該是他們的事情，我只好走人，以免拖累別人……當然，剩下的選題還要拖累別人好多年。

到了中山大學便另起爐灶，短短四年，做的東西差不多等於在香港十年的總和。在內地做事情順心得多，儘管經費不足……想當年做「現代西方學術文庫」時多愉快！沈昌文、董秀玉兩位先生對我們這幫年輕人充分信賴，從來不指手劃腳……我第一次見到兩位先生是在湯一介、樂黛雲先生家，他們四位在談事情，我突然闖進去，樂先生介紹我後，沈昌文、董秀玉兩位先生對我客氣得不行……人家是前輩呵，結交的大牌學者一大把，我當時剛滿三十，嫩小夥一個……在後來多年的合作中，我體會到他們敬重學術本身，對中國學術的未來有使命感、責任感……這樣的出版社老闆難得啊。

「經典與解釋」是中山大學哲學系陳少明教授早就設立的一個科研課題，我參與進來擴大了而已……大約二〇〇〇年的時候，哲學系的馮達文先生和陳少明教授找我，希望與他們合作，我當時提出，這個專案值得擴展。離開香港時，幾個大學希望我去，我到中山大學哲學系，原因之一就是這裏可以做「經典與解釋」——現在唯一後悔的是回來晚了些，倘若早兩年離開香港……

我注六經，六經注我

「經典與解釋」的規劃是兩個系列，一個是專題性質的叢書《經典與解釋》，以某個專題為中心輯譯文獻，可以看出我對六〇年代老《哲學譯叢》的情結，想做那樣的東西——八〇年代以後，當年做譯叢的老先生們都恢復大教授的職位，不再搞編譯，《哲學譯叢》越來越沒看頭、沒保留價值了。我想繼承老《哲學譯叢》傳統，但定期做很累人，人家有一個編輯部呵，我一個人怎麼招呼得過來？於是想到以專題方式來做，主要提供有份量的研究文章——好些有份量的西方學術文獻是論文，而非專著，這是我當年讀老《哲學譯叢》的體會：一篇文章就可能改變自己的整個思考和問學方向，比如舍斯托夫那篇紀念胡塞爾的文章……皮羅的〈海德格爾與有限性思想〉。

再就是黃皮書系列的「經典與解釋」，涉及西方歷代的經典及其解釋，如「緣起」所說，目的在於賡續晚清以來中國學人認識西方學術傳統的未竟大業。這個系列包含多個子系列，已經推出的有「柏拉圖注疏集」、「色諾芬注疏集」、「盧梭注疏集」、「萊辛集」、「尼采注疏集」，即將推出的還有「馬克思與西方傳統」、「古希臘悲劇注疏」、「阿裏斯托芬集」、「舊約歷代注疏」、「新約歷代注疏」等等……我們的步驟是，先設立專案，慢慢做，子系列可以或應當設立的還不少，得有個輕重緩急，還要看是否有人力資源——五〇年代初，在毛主席、周總理親自關懷下，政府就擬定過新的翻譯西學經典的龐大計畫。老一輩革命家經歷過清末民初西方文明衝擊的大震盪，不僅會帶兵打仗，建國後搞工業、原子彈，心中也有中華文明的歷史命運這個弦，懂得要傳承我們的文明傳統，如今得認識西方文明傳統……晚清時期的文明關切得到延續，與「五四」的新派精神不同。

商務印書館的「漢譯名著」翻譯計畫是新中國建國初期搞的，後來的好幾代學人、包括現在的讀書人都還在受惠。但畢竟五十年過去了，「漢譯名著」計畫需要更新、擴展……但沒人搞。如今商務印書館也在追趕後現代學術，「漢譯名著」幾乎沒什麼推進，連重印舊籍好像也沒興趣。學界和出版界對現當代學術感興趣太自然不過，沒什麼不好，但西方的古典畢竟是人家的根底，咱們這麼大一個文明古國，倘若沒一家出版社自覺承擔古典的東西，也不像話吧。

巴黎高等人文研究院的中國研究部主任Throval博士前不久告訴我，八〇年代他任法國駐華使館文化參贊時，曾向中國社科院的頭頭建議，中國應該成立專門研究和翻譯西方古典經書的機構——他說，西方各主要大國都有研究中國古典經書的機構，大學中也有這方面的專職教授，中國這樣一個大國，有如此悠久的文明傳統，竟然沒有研究西方古典經書的專門機構，實在不相稱……人家日本、韓國都有專門研究古希臘、古羅馬和希伯萊文明的機構呵。

杜博士的建議過去快二十年了，咱們的大學裏仍然找不出一個以研究荷馬為業的教授，找不出一個以研究柏拉圖為業的教授——咱們西學的根底在哪裏？……

研究西方古學的人力，以前分佈在哲學系西哲專業、歷史系世界史專業和中文系外國文學專業，外語系有一點點。八〇年代時，哲學系西哲專業中還有幾個研究古希臘哲學的（比如人大的苗力田先生），老一輩去後，現在研究這方面的學者不是增多反而減少了；世界史專業在我國大學的歷史系中向來是弱項，而且基本上不搞西方古學，不研究古典史書，而是搞現代式的古代社會史或文化史研究；中文系搞外國文學的通常不通文字；至於外國文學界，古希臘—羅馬文學從來就沒地盤——社科院外文所按地域來劃分研究領域，古希臘—羅馬文學歸在了「中北歐文學研究室」，簡直莫名其妙……八〇年代初恢復研究生制度時，羅念生先生還健在，一九六五年從莫斯科大學念古典語文學專業回來的王煥生先生正年富力強，如今王先生已經退休嘍，無論羅先生還是王先生，在外文所竟然連碩士研究生都沒帶過一屆……誰關心過？老一輩革命家的文明擔當意識就是不同，周總理當年親自過問朱光潛先生的翻譯工作……在大講「階級鬥爭」的六〇年代，毛主席還指示要搞個資產階級的「外國哲學研究所」，並親點洪謙任所長。

甚至Throval博士都替咱們心急，說西方學界研究中國古學已有兩百多年歷史，對中國的文明傳統有自己的一套解釋；倘若中國學界自己不做古希臘——羅馬的古典學研究，中國學界永遠不可能獲得對西方文明獨立自主的解釋權——這番話讓我聽得來心驚肉跳，好像我們不花力氣搞西方古學研究卻花好多錢搞西方漢學，用人家西方人的解釋取代我們自家的解釋，自掘自家文明的墳墓似的……

人家說的是實話，九〇年代以來，我國大學在規模、專業等方面翻了多少倍？翻出了一個古典學專業嗎？日本學者迄今還竊笑：中國那麼大，連一個西方古典學專業都沒有哦……嘿嘿嘿一陣子鬼笑……去年我在臺灣講學，聽說那邊的教育部已經決定選一所大學先扶植一個古典學系，據說選中了輔仁大學。

翻譯的重點應該說是西方古典傳統，斷代斷在十九世紀末，以尼采為限，是個大傳統概念，但以古希臘、古羅馬、早期猶太教為主，基督教經典形成以前的東西，在西方才算嚴格意義上的原初古典傳統；基督教的古典傳統是在這個原初古典傳統的織體中形成的，又與此構成張力。近代以來，西方學術顯得要回到原初的古典傳統——所謂文藝復興的古典主義運動，於是形成新的古典傳統……啟蒙運動以後是另一回事了。不過，我更多把「古典傳統」看作一種心性傳統，在西方實際上代不乏人。因此，對西方的古典傳統，更重要的是關注個人性經典作品……正如說到中國的古典傳統就得數人頭：孔、孟、荀、董、蘇……籠統提「兩希」或「西方傳統」已經過於大而化之，得落實到具體人頭——荷馬、赫西俄德、柏拉圖、色諾芬、西塞羅、維吉爾、奧古斯丁……這樣才有推進。

入選書目的具體選擇理由，每本書的前言裏大致都有介紹，一看就清楚。譯者來源原則上是：譯者同時或首先是研究者，做什麼研究就翻譯什麼。目前還沒有完全做到這一點，但一直在朝這個方向努力，至少在翻譯原典方面，已經基本上如此……主要靠博士研究生和博士畢業的年輕大學教師……我做組譯工作差不多已經二十五年，從來不「抓壯丁」。業內人士都知道，翻譯是辛苦活，稿費也不算高，何況如今翻譯學術經典也不算「科研成果」，因此，在我們這裏做翻譯，都得憑自己的學術志趣和熱情。

大型系列叢書出版一般都有龐大資金支援，但是我沒有……好些朋友說，為什麼不申請國家社科基金或教育部的科研基金？其實，我連續申請過三次，都沒中榜——評審專家一看是「古典」的東西，不現代也不後現代、不前沿更不實用，就撇嘴。中山大學給我一點兒經費，按校內文科科研人力分佈的人頭給，「經典與解釋」專案並沒有得到過任何特別關照的經費支援。我只有兩個研究生幫做雜務——每週要寄出的郵件（稿件）就不少，月付每人三百元（約定工作時每週兩個半天）——事情多啊，審稿、滿世界找書、複印資料……我們搞西方經典的注疏體翻譯，以清代學人做古籍注疏為榜樣，得充分吸收西方學界的成果，有時為了找某個注釋本真的很費勁，完全靠研究生們的熱情和……艱苦奮鬥的革命精神。

有人說我編書發了大財……出版社給我的主編費每千字三元，做滿一千萬字可以積蓄到三萬元，一千萬字什麼概念？要做學術的話，無論編譯者還是出版社，都別去想盈利這件事——對編譯者來說，這是純粹個人的性情和熱情，對出版社來說，則是在做公益事業……你說還有文明的承擔？就不要提那麼高啦……有的古籍出版社出古籍經典，一套動輒幾千元，還不零賣，當成盈利來搞……我們的「經典與解釋」沒給出版社一點兒資助，人家也要保本才行呵……找企業家贊助？恐怕很難，對文明有承擔的還是真正的共產黨員，革命老前輩汪道涵就是個書迷，家裏的書重重疊疊把書架都壓彎了，晚年還搞了個「東方編譯所」，可見是個有心人——聽朋友說，他喜歡看我編的書……現在的企業家可能對搞足球隊更有熱情。

是要有一股子艱苦奮鬥的精神……前兩年我在病中聽兩彈一星記錄片的錄音，發現當初製造兩彈一星的科研人員，絕大多數是本科畢業生，沒多少博士、教授，他們邊幹邊學、邊學邊幹，精神真的可嘉。同樣，翻譯古希臘詩歌、並接替羅念生先生編完《古希臘語－漢語詞典》的水建馥先生長期在出版社當編輯，翻譯古希臘—羅馬經典史書成就斐然的王以鑄先生一直是出版社的編輯，既非博士、也非大學教授，全憑自己的熱情，用業餘時間……楊憲益老先生翻譯古希臘羅馬文學經典也是用業餘時間……真正有熱情、埋頭苦幹的人有哇，咱們算什麼？這些前輩幾十年如一日，才是我們的榜樣！我號召我這個專業（古典詩學專業）的研究生們向這些前輩們學習，把個人的問學熱情與中國學術的未來聯繫起來，在翻譯和做注疏中學習成長……當然，誰興趣變了，要脫離革命隊伍，隨時可以轉業……

我們也沒有設學術顧問團，顧問顧問，顧而不問……我們不需要顧問，需要的是幹實事的人，需要的是追慕紅軍精神的「紅小鬼」。去年長征勝利六十年出版了不少回憶錄，很受教育——當年共產國際派來的以李德為首的顧問團差點讓咱紅一方面軍全軍覆沒。反過來看，多少「紅小鬼」在戰鬥中成長為將軍？我們的「經典與解釋」系列就是新長征，會磨練出年輕的學術幹才，不信等著瞧……

我喜歡古典音樂，讀經典要像演奏家讀譜，有人問Richter是否每天練琴十小時，他說自己每天早上起來讀譜至少三個小時……古典音樂的演奏者得透徹傳達古典作品的心聲，而古典作曲家的心聲僅記錄在樂譜符號中，悉心讀譜就是要盡力理解作曲家的心聲，依循曲式、旋律進行、和聲織體和各種表意記號去接近作曲家在這部作品中所要傳達的東西。解釋經典也如此，要依循寫作樣式、篇章結構、敘述織體和各種修辭記號去接近經典作品所要傳達的東西，而非憑著自己所謂的才氣發揮一通。我的意思是，解釋經典不要離譜……車爾尼有一本《鋼琴每日練習四十課》（作品337號），都是些十來小節的短句，要求每句一次練二十遍……有一天我突然想到，何不把經典作品中那些讓自己刻骨銘心的短小段落每天練上二十遍？這樣試試以後，我發現自己對整個樂曲的理解大大加深……

苦命人做無用事

初中畢業那年（一九七一年），有一天，我帶著《宋詞一百首》上到長江對面的南山，躺在林子裏讀；五月的太陽懶洋洋的，讀著竟然睡著了，還做了個夢，夢見有個神仙模樣的白鬍子老頭兒從半空踩著軟梯下到南山，摸著我的頭說：崽兒，你命苦呵，一輩子得盡做無用的事……這話我一直記在心裏，老想躲無用的事，於是專找沒人做的事做，以為那就是有用的。當年推介西方神學，就是因為覺得這個學問在西方那麼重要，卻沒人做……推介西方神學並非一定與個人信念有關——信耶穌基督的上帝不一定非搞神學不可啊。推介西方古典學問，也是看到學界沒什麼人做才做，與「激進」、「保守」有什麼相干？有人說我從海德格爾、施特勞斯走回柏拉圖，越來越保守……可不止一個西方的大學者說過，柏拉圖是馬克思的先驅哩，保什麼守哦……

後來我才發現，那白鬍子老頭兒的讖語沒錯：我做的都是無用的事。什麼叫「無用的」學問？沒經濟效用、沒社會功用、沒創造發明的實用……但無用的學問才是基礎性的。在任何一個文明國家，教育和學術的基礎都是古典學問……古漢語能用來寫廣告、簽合同、給領導起草報告？但你把中學語文課本裏的中國古詩文課文全拿掉試試，把我們學界文史哲中的古代「專業」統統取消試試，我們的教育和學術會多麼平面、單薄、輕飄？西方學界把他們文史哲中的古典「專業」統統取消，他們的學術會是什麼樣子？反過來看，咱們學界和高等教育界中的西學領域沒西方古學，咱們的西學看起來像不像根竹筍？西方大學中的漢學系，即便念中國現當代文學專業的，也得修古漢語——咱們大學裏念英國文學、法國文學、德語文學的研究生（還別說本科生），修過古典拉丁語？到北大外語學院、北外、上外這些咱們外國文學的最高學府去打聽一下，有教授拉丁語的專職教師和必修課程沒有……大學教育的根本在於教養、教化，現在完全成了學技術……技術當然得學，但缺乏教養的技術人也不好聽吧——如今政府提倡辦高等職業教育，非常英明，早十五年搞，大學就不會淪為職業技高了。要守住大學的教養教育，就得靠中西方的經典……做「經典與解釋」與任何政治取向不相干，僅僅為了中國的學術和大學教育有更為厚重的底蘊……沒必要每個大學都搞古典學系，但我們一個沒有，也丟人哦……

也有人批評我越來越成為西學的「二道販子」？這算批評嗎？我怎麼聽起來是過高的誇獎？要成為真正的學術上的「二道販子」，實在不容易。孔子是二道販子，「倒賣」六經；柏拉圖是二道販子，「倒賣」蘇格拉底；西塞羅是二道販子，「倒賣」柏拉圖；朱熹是二道販子，倒賣四書……「夫子步亦步，夫子趨亦趨」。一次在北京講學，有人問：如今三農問題、下崗工問題、城市農民工問題那麼多，你作為一個知識分子，整天埋頭搞古典，良心安不安？當時我的回答是：孔子生活的時代也不容易吧，比我們當今的處境可能還慘——禮壞樂崩呵……人家孔子去整理古書，咱學孔子，不學「有思想」的知識分子，良心才安頓下來……

你要是問「翻譯是為他人作嫁衣裳的工作，於學術建設意義重大，卻不算個人學術成果，您是富於獨創性的學者，為何花大力組織這費力不討好的事？」我只能反問，翻譯是「為他人作嫁衣裳」？做翻譯得益的首先是譯者自己——你要念透一個文本，最好的方式就是翻譯。我也不是你說的「富於獨創性的學者」……不瞞你說，在我們這個行當，「富於獨創性的學者」其實是罵人話，說誰有「獨創性」等於說他在胡說八道……至於說「花大力組織」，這倒確實，為了後來的讀書人，盡點綿力至少對得起古人——我在學著做古典的「二道販子」，重要的是進什麼貨……要說「費力不討好」，不討誰的好？需要討誰的好？

我們的編輯出版主要由兩個編輯工作室承擔：一個是華夏出版社由陳希米主持的編輯室，一個是上海六點文化公司倪為國主持的編輯室。組譯的事情我搞了二十年，深感出版社的有心編輯是我國學術發展的大功臣……在八、九〇年代學術出版不景氣的年代，要不是董秀玉、黃築榮、倪為國、許醫農竭盡全力支持，那些年裏我編的東西沒可能出版。陳希米主持的編輯室才四五個人，幾年來勤勤懇懇地做，憑的還不是對學術的熱情……

幾家出版社共同搞一套大型叢書，中外都不乏先例：德國著名的「大學文科基礎叢書」有上百種，由四家名牌出版社連袂推出，一個封面、出版社名則分屬；八〇年代的「外國文學研究資料叢刊」由外國文學、中國社科、上海譯文三家連袂出版，一個封面——就大型叢書而言，這是個好辦法。如今倒是不斷有出版社希望參與我們的計畫，但我一個人哪裏招呼得過來？……所以暫時無法擴展。目前最需要的是提高編輯出版的質量……首要的困難是審校力量不足……馬列經典的出版據說校讀達二十遍之多，要是經費充足，我希望可以多多請人審校，多一雙眼睛就少幾分失誤……

翻譯當然要講究通曉原文，但就古典文本而言，更重要的是講究版本。柏拉圖的原文在哪裏？西塞羅的原文在哪裏？抄件是原文？根據抄件翻譯？就好像洋人問，翻譯司馬遷的《史記》是按原文翻譯的嗎？《史記》的原文在哪裏？業內人士問的是：憑靠什麼校勘本為底本——我們的「經典與解釋」的所謂「解釋」，首先指的是：翻譯和解讀經典要講究依據校勘、注釋本，這是做古學最起碼的規矩。今人翻譯西方的古代經典，把版本問題交待清楚的不多，有的版本根本就沒選對，還不如前輩學者重視版本和注疏……看看周作人先生譯的歐裏庇得斯劇作所下的注釋。

我帶的研究生都是做古典文本的，一人抱一經，一上來就要學古希臘語和古典拉丁語，隨之要搞清楚文本的校勘和注疏方面的情況……查明文獻其實不難，難的是找到好的校勘和注疏本，咱們的國家圖書館不重視收這方面的書呵——有個學生做阿里斯托芬，查了一下國內文獻，在國家圖書館和北大圖書館這兩個國家級的收藏西學文獻最大的圖書館裏，阿里斯托芬的相關文獻加起來共一百八十個條目（國圖八十，北大一百），而香港大學就有兩百九十一個條目。哎唷，中國的學術啊……

我們不久還要推出「中國傳統：經典與解釋」系列，由六點文化公司出版。國學經典的集釋和注疏，清代學人做了不少，近百年來也有些進展，但還需要繼續推進……還有好些重要的古典文本沒有集釋和注疏，清人並非把重要的古典文本的集注和或注疏搞完了；何況，晚清和民國時期的好些重要的集釋注疏，還沒有點校、整理出來，前輩們的好些成果亟待挽救——可惜，就像翻譯西方經典不算學術成果一樣，在國學方面，校勘、注釋前人的經典注疏，也不算科研成果，願意來做這方面工作的不多，除非有真正的學術熱情，比如我最近看到的欒保羣、呂宗力校點的清人黃汝成集釋的《日知錄》……

如今我國管教育和科研的部門規定的「科研成果」核算莫名其妙到了極點——你要是看到如今的博士論文評議書，不笑死就氣死：沒有專門供文科用的評議表格，上面的評議專案是理工科格式：什麼創新性、實驗資料、預計的實用效果……我們填的申報科研項目表也這樣——實在扯淡……申報研究柏拉圖的專案要什麼創新？把柏拉圖的某個文本複述清楚已經很了不起啦，有什麼實驗資料？柏拉圖研究需要什麼實用效果……莫名其妙呵！當今人文學界嚴重遭受兩大蟲災：什麼與國際接軌的「學術規範」呵，再就是「文辭顯於世，鄉黨慕循其跡」……

百年來，我們的國學經典解釋基本上是在追西方這樣那樣的時髦「主義」，八〇年代以來，美國的意識形態論爭話題居然也不時成為我們史學研究的問題意識……莫名其妙。如何使得傳統經典在當今重新說話，是我們的經典解釋的老大難問題……不過，這事急不得，「五四」以來的經驗教訓就是急了點兒——先撥亂反正：搞注疏、翻譯，才算真正的「研究」……當代學人的研究，只要切合我們的「經典與解釋」的宗旨，踏踏實實解讀、注疏經典，就在我們的出版範圍；我的博士生寫博士論文都是注一經、甚至一經中的一個部分……一篇博士論文倘若寫整部《奧德賽》，能寫得細緻嗎？這樣才能學到扎實的學問功夫，因為真正教學生的不是我，而是經典本身以及前人的注疏，我教的不過是語文而已……古之博士，「明於古今，通達國體，今校官無博士之才，弟子何所效法」？所以我去年收了六名博士生……如果我這裏每年有五個博士生，十年就會搞出五十部西方經典的注疏來——不過，主管教育的部門今年又出臺新規矩：有國家科研項目的才可以招博士，我沒國家項目，今後也就沒法招啦，只好回到單幹的老路……

我的學術其實一以貫之，對那些不能理解我的人來說，「經典與解釋」能幫助他們理解我，對理解我想做的事情肯定有幫助，還闢謠——當年在香港時，想以翻譯基督教歷代經典為起點向整個西方傳統擴展，如今已經大致攤開整個西方傳統，基督教經典含括其中……我剛離開香港時，有人就不懷好意四處散佈說我不搞基督教了……現在可以看到，「經典與解釋」在翻譯基督教歷代經典方面還會有更深入的推進：《舊約》和《新約》的歷代注疏是基督教歷代經典的底蘊，由於西方現代哲學的影響，過去人們老關注所謂基督教哲學，忽略了西方歷代大思想家的解經——即便是寫了《神學大全》的湯瑪斯・阿奎那，也有好多重要的東西在他的解經書裏面……保羅的《羅馬書》，西方思想史上不少大家寫過義疏……經學是根底，中西方皆然，要重整中國學術，如今就得從治經做起。

二十多年來我做的事情主要是編書，選編的文集遠遠多於我寫的東西，而我寫的書也基本上是述評——說到底，我並沒有什麼「自己的思想」，倒是一直在努力跟著前人想，因而根本就沒有是否理解「我的思想」這回事情；需要我不斷認真想的是：究竟跟著哪個前人想才正確……屈原還是蘇格拉底、陶淵明還是荷爾德林、曹雪芹還是陀思妥耶夫斯基、萊辛還是歌德、朱熹還是蘇軾、王國維還是廖平……「經典與解釋」能幫助人們理解這一點。

我最近出版的一個文集名為《揀盡寒枝》，「寒枝」是什麼意思？「前記」裏說得很清楚：這本文集是自己讀書二十年的經驗教訓，「寒枝」指書本，轉了那麼多所謂的「領域」，關心的問題始終沒有變。現在的書名都要求有英譯，我託朋友請教葉嘉瑩先生怎麼翻譯「揀盡寒枝」，她說沒法英譯，現有的英譯都是不知所謂。怎麼辦？我忽然想起賀拉斯的一句詩，覺得很合適，就用上了，也是截的前半句，意思是：無論氣候、環境如何變，性情、心沒變。什麼性情、什麼心沒變？書呆子性情沒變，與中國學術同呼吸共命運的心沒變——在經典與解釋的世界，整天與歷史上的偉大心靈交往，孤寂從何說起？

至於問到我個人最得意的著作是什麼？這話是問作家、文人的：你有什麼「得意之作」啊？作家、文人寫的東西才叫「作」，做學問的人做的東西叫「述」、「編」、「譯」、「疏」……沒什麼好得意的。古人已經區分寫文章與治經，治經是學問，寫文章不是——作家隨時可以到一個山間別墅去寫作，做學問的可不行，因為得帶上一大堆資料，「書到用時方恨少」，你知道要帶哪些呢？……搞學問把經典說的東西轉述清楚，已經不容易了。要是今後搞文學了，再問這個問題不遲。

好吧，回答最後一個問題：我對「經典與解釋」計畫的期待，與我十二歲搓洗被子時的期待一樣……

贅言

我喜歡人。

這話聽起來很奇怪，卻是事實。我喜歡不同的人生中流露出的人性，看不同的人格和人品用各自的方式展示，在人海人潮中流覽不同的人面、不同的人聲、不同的人心，在人間人世裏閱讀紛繁的人情、紛繁的人事、紛繁的人道。

所以有了這本書，書裏面有二十個人。

每一次訪談——我稱為「讀人」，都是好玩的經歷，我讀過一隻手的葉廷芳、一條腿的江平，前者是因為天災，後者是因為人禍。我也讀過董秀玉的笑、資中筠的哭，前者是天理，後者是良心。

當然，對我來說，記錄他們的口述，也未使沒有太史公的難言之隱：「意有所鬱結，不得通其道也，故述往事，思來者。」我自然也清楚，他們不可能對我完全開放，他們的講述都是有選擇的，有意無意也是有目的的。這曾經是相當困擾我的問題之一，我也曾經將全部的力量用來跟他們較勁，刨開他們慣常對人說的那些浮土語言，掘出岩石層下深深的東西，甚至冒著惹毛對方的危險，提各種尖銳的問題。卻總不能滿意，絕對真相似總如早春的草色，「遙看近卻無」。

不過現在，這個問題對來我說已經不構成困惑了。世間並沒有一個完全客觀和真實的「過去」存在，過去只能以「被回顧」的形式存在，歷史本來就是現在加之於過去的一種顯現，是以一種不那麼真實的狀態存在和構成的。

所以，我所謂的讀人，不僅是使勁地挖他們，聽他們說什麼，還包括了咂摸他們為什麼說這些，為什麼這麼說。這是「讀」的趣味。這個趣味，不是講述者提供的，而需要讀者自己去完成。當然，這種趣味需要別的材料來支援，比如其他途經的說法、不同角度的訴說和評價。沒有一本書是單獨有趣的，也沒有一本書能單獨提供全部事實。歷史是複式的。

在編排上，我想過幾個方案：按姓氏筆順或拼音，沒有比這個更技巧卻犯傻的方式了，按聲望，那是自掘墳墓。我用的是年齡排序，讓最年長的排最前面，順著時間的臺階漸次從歷史的縱深走到近前來。事實上，我個人能從年齡中讀到兩代半知識分子非常明顯的不同來，他們用各自的人生，書寫著中國當代的知識歷史。我想展示的，不僅是人，還是這些人構成的一種形式的歷史。

一個必要的說明是，文章雖然是口述史形式（也確實沒有借助賈雨村君），但並不完全是被訪人口述的話，因為口語直接整理出來，是根本不可能成文的。比如，「我就那個什麼了，去她那兒，他也在，怎麼說呢，結果就這樣了」，這裏面的每個代詞，都得換成名詞。聊天中不確切的引經據典，言及的書名、地名、專用名詞，都要事後核實。所以，要刪節、補充、調整、裁剪，還要儘量保持口語的特點，很是繁瑣。（一句題外話，因為有了如許的採寫經歷，我對口述史這種形式是暗存疑慮的。）

另外，我並沒有完全按照被訪人的修改意見來定稿。有些東西，被訪人聊天中說到了，回頭又不願意公開，而這實在出於多餘的顧慮，我便保留了。（當然，也確實有些東西，重要或者有趣，卻不宜公開討論，便直接「甄士隱」了。）加上有些審稿來來回回好幾次，其中一兩字，改了或者沒改，便有些混亂。我還有一個非常可怕的壞毛病：文章放在那裏，今天沒事改兩句話，明天沒事又改三個字，永不消停，無有止境。加上在幾臺電腦之間倒騰，一篇文章便有了無數個版本，有的只是幾個字詞的區別，有的則是章節的調整。另一個同樣可怕的情況是，常有媒體來找我要稿，而不同性質不同領導不同歷史的媒體在不同的時期，言論尺度是不同的，不同到了天壤之別和瞬息萬變的程度。有時候「大饑荒」是敏感詞，就刪掉這一句或那一段；有的編輯不敢用「三權分立」四個字，就改成「西方的分權理論」，到了總編那裡，又成了「西方的理論」；有時候報紙有骨氣，偷偷塞進去一句「一九八九年春天」，居然也發出來了；可有時候因為一個「公共知識分子」的名詞，或者對文革多用了一個形容詞，整篇文章就斃了。總之，這類遊戲永遠玩不完。我又習慣保存每一份文稿，這也是導致混亂的原因之一。總之，我要說的是，如果被訪者發現這裏展現的文章不是他審定後的版本，請原諒。我只保證：第一，我寫的東西都是被訪人確實表達過的意思。第二，被訪人嚴格說明不能說的，這裏面沒有。

上述兩項說明也表示，全部的文字都只能由我個人負責。

還有一個或許多餘的說明，鑒於這本書裏的人，多少都是「有身份」的，我字裏字外便可能透露出太多的「隨意」，讓人感覺不夠莊重或尊敬。但我實在很不喜歡「尊敬」這個東西，它在中國的傳統中過於隆重和格式化，設置好程式，一個機器人也可以表現出合格的尊敬。我更願意說，我很「喜愛」自己訪問過的人。我身上實在沒有哪怕一個能做粉絲的細胞，做不到在任何「Big Man」面前戰戰兢兢、誠惶誠恐，更做不來頂禮膜拜、五體投地這類難度係數太大的動作。一個有成就或有身份的人，除了好家世、好運氣，多有超過常人的努力和能力，但他總還是人，我想不出任何理由，讓一個人對另一個人俯首稱臣或頤指氣使。我更相信人同此心、心同此理，相信天下所有人都會嫉妒、會貪婪，也有理智、會反思，相信所有人賺到錢了都會高興，憋著尿的樣子也一樣難看，我還相信，所有人被愛的時候心都會溫柔，而世界所有的問題，癥結只一個，就是缺乏愛。

這麼說，沒有對被訪者不敬的意思，我用我的方式表達尊敬，恰恰因為我喜歡他們。個人認為，喜歡是最高層次的尊敬。

讀歷史12　PC0254

書齋談往
——現代中國二十學人的口述人生

作　　者／陳　潔
主　　編／蔡登山
責任編輯／林泰宏
圖文排版／郭雅雯
封面設計／王嵩賀

發 行 人／宋政坤
法律顧問／毛國樑　律師
印製出版／秀威資訊科技股份有限公司
114臺北市內湖區瑞光路76巷65號1樓
電話：+886-2-2796-3638　傳真：+886-2-2796-1377
http://www.showwe.com.tw
劃撥帳號／19563868　戶名：秀威資訊科技股份有限公司
讀者服務信箱：service@showwe.com.tw
展售門市／國家書店（松江門市）
104臺北市中山區松江路209號1樓
電話：+886-2-2518-0207　傳真：+886-2-2518-0778
網路訂購／秀威網路書店：http://www.bodbooks.com.tw
國家網路書店：http://www.govbooks.com.tw
圖書經銷／紅螞蟻圖書有限公司
114臺北市內湖區舊宗路二段121巷28、32號4樓
電話：+886-2-2795-3656　傳真：+886-2-2795-4100

2012年12月BOD一版
定價：380元
版權所有　翻印必究
本書如有缺頁、破損或裝訂錯誤，請寄回更換

Copyright©2012 by Showwe Information Co., Ltd.
Printed in Taiwan
All Rights Reserved

國家圖書館出版品預行編目

書齋談往 : 現代中國二十學人的口述人生 / 陳潔著. -- 一版. -- 臺北市 : 秀威資訊科技, 2012.12
面； 公分. -- (讀歷史 ; PC0254)
BOD版
ISBN 978-986-326-030-1(平裝)

1. 知識分子 2. 口述歷史 3. 中國

546.1135 101021815

讀者回函卡

感謝您購買本書，為提升服務品質，請填妥以下資料，將讀者回函卡直接寄回或傳真本公司，收到您的寶貴意見後，我們會收藏記錄及檢討，謝謝！

如您需要了解本公司最新出版書目、購書優惠或企劃活動，歡迎您上網查詢或下載相關資料：http:// www.showwe.com.tw

您購買的書名：＿＿＿＿＿＿＿＿＿＿＿＿＿＿＿＿

出生日期：＿＿＿＿年＿＿＿＿月＿＿＿＿日

學歷：□高中（含）以下　□大專　□研究所（含）以上

職業：□製造業　□金融業　□資訊業　□軍警　□傳播業　□自由業

□服務業　□公務員　□教職　□學生　□家管　□其它＿＿＿

購書地點：□網路書店　□實體書店　□書展　□郵購　□贈閱　□其他

您從何得知本書的消息？

□網路書店　□實體書店　□網路搜尋　□電子報　□書訊　□雜誌

□傳播媒體　□親友推薦　□網站推薦　□部落格　□其他＿＿＿＿＿

您對本書的評價：（請填代號　1.非常滿意　2.滿意　3.尚可　4.再改進）

封面設計＿＿　版面編排＿＿　內容＿＿　文／譯筆＿＿　價格＿＿

讀完書後您覺得：

□很有收穫　□有收穫　□收穫不多　□沒收穫

對我們的建議：＿＿＿＿＿＿＿＿＿＿＿＿＿＿＿＿

＿＿＿＿＿＿＿＿＿＿＿＿＿＿＿＿＿＿＿＿＿＿

＿＿＿＿＿＿＿＿＿＿＿＿＿＿＿＿＿＿＿＿＿＿

＿＿＿＿＿＿＿＿＿＿＿＿＿＿＿＿＿＿＿＿＿＿

請貼
郵票

11466
台北市內湖區瑞光路 76 巷 65 號 1 樓
秀威資訊科技股份有限公司 收
BOD 數位出版事業部

....

（請沿線對折寄回，謝謝！）

姓　　名：＿＿＿＿＿＿＿＿　年齡：＿＿＿＿　性別：□女　□男

郵遞區號：□□□□□

地　　址：＿＿＿＿＿＿＿＿＿＿＿＿＿＿＿＿＿＿＿

聯絡電話：(日)＿＿＿＿＿＿＿＿＿＿(夜)＿＿＿＿＿＿＿＿＿＿

E-mail：＿＿＿＿＿＿＿＿＿＿＿＿＿＿＿＿＿＿＿